光文社古典新訳文庫

詩学

アリストテレス

三浦 洋訳

kobunsha classics

光文社

Title : ΠΕΡΙ ΠΟΙΗΤΙΚΗΣ

Author : ΑΡΙΣΤΟΤΕΛΗΣ

凡例

一　本訳の底本としたのは、Oxford Classical Texts（OCT）に収められているカッセルの校訂本：Kassel, R., *Aristotelis De arte poetica liber.* Recognovit brevique adnotatione critica instruxit Rudolfus Kassel. Oxford, 1965である。訳文の下部にある数字とアルファベットは、十九世紀にドイツで刊行されたアリストテレス全集（通称「ベッカー版」）における当該箇所の頁・欄・行を示す参照番号で、参照箇所を指定する場合はこの参照番号を用いる。なお、底本と異なる読み方をした箇所は注に明記した。

二　注や「解説」で底本以外の校訂本を参照した場合、各校訂本の著者名を次のように表示する。

バイウォーター：Bywater, I., *Aristotle on the Art of Poetry*, Oxford, 1909.

ブッチャー：Butcher, S. H., *Aristotle Poetics* 4th ed., London, 1951.

エルス：Else, G. E., *Aristotle's Poetics*, Cambridge, Massachusetts, 1957.

ルーカス：Lukas, D. W., *Aristotle Poetics*, Oxford, 1968.

ハリウェル：Halliwell, S., *The Poetics of Aristotle: Translation and Commentary*, London, 1987.

タラン：Tarán, L. and Gutas, D., *Aristotle Poetics*, Leiden ; Boston, 2012.

三　注でＤＫと表示するのは、Diels, H., und Kranz, W., *Die Fragmente der Vorsokratiker*. 3Bde., Berlin, 1951-1952 からの引用である。

四　記号等の使用については以下の通りである。

「　」……ひとかたまりの語句の単位を示したり、語句を強調したりする場合に用いる。

『　』……書名や作品名を示す場合に用いる。

（　）……底本で丸括弧となっている場合、または、語の意味を訳者が補足説明する場合に用いる。

［　］……底本にはないが、訳者が補足として挿入した場合に用いる。

〈……〉……底本の原文に欠損がある場合や意味不明の文字列がある部分に用いる。

傍点……「解説」において訳者が語句を強調したい場合に用いる。

五　底本に注はなく、付せられた注はすべて訳者によるものである。

六　訳文中の太字の見出しは訳者が付したものである。

七　底本にはないが、論点を整理するため、本文中で（1）（2）……の記号を用いたり、「第一に……第二に……」と語句を補ったりする場合がある。

八　ギリシャ語のカタカナ表記については、固有名詞を除いては母音の長短を区別し（例：ミーメーシス、ドラーン）、固有名詞、または短い母音表記が一般的な語句は短母音に統一する（例：ソークラテースではなくソクラテス、ディーテュランボスではなくディテュランボス）。また、χはκと区別せずk音として扱い、θはτと区別せずt音として扱う。ただし、ϕはp音ではなくf音として扱う（例：ソポクレスではなくソフォクレス）。

九　ギリシャ神話の内容は、ホメロスの『イリアス』と『オデュッセイア』、ヘシオドスの『神統記』、アポロドロスの『ビブリオテーケー』、オウィディウスの『変身物語』など多くの作品に含まれているが、注や「解説」で参照したり、引用したりする場合は一括して「ギリシャ神話」と称し、個々の典拠は挙げない。

目次

訳者まえがき

本書は、古代ギリシャの哲学者で「万学の祖」と呼ばれるアリストテレス（紀元前三八四〜前三二二年）が、当時の芸術の精華というべき悲劇などについて論じた創作論です。日本語訳では、伝統的に『詩学』という書名で呼ばれてきました。この書名は、「詩」についての学問的な研究書を想像させるため、叙事詩論はともかく、悲劇や喜劇などについて考察する本書の内容が書名とどのように関連するのか、現代日本では少しわかりにくいかもしれません。理解の鍵は、古代ギリシャにおいて「詩」と呼ばれたジャンルの広がりにあります。

古代ギリシャで興隆した悲劇や喜劇は、より古い時代の叙事詩などと同様、それぞれが独特の韻律を持つ詩の形で書かれていました。例えば、悲劇の中の台詞に当たる部分も、一定のリズムの型を持つ詩で書かれていたのです。韻律と詩作が密接な関係を持つ点では、日本古来の定型詩が七五調などの韻律で書かれてきたこととといくぶんか似ています。「韻文＝詩」というとらえ方には、おそらく普遍性があるのでしょう。そのようなことから、二つの叙事詩、『イリアス』と『オデュッセイア』で知られるホメロスが「叙事詩人」と呼ばれるのはもちろん、古代ギリシャ演劇の作家たちは今日でも「悲劇詩人」、「喜劇詩人」という呼称でしばしば呼ばれるのです。してみると、悲劇や喜劇について論じることは、「詩」について論じることにほかなりません。

とはいえ、『詩学』は、古代ギリシャに存在した詩の全ジャンルを網羅的に扱った著作ではありません。例えば、教訓詩や抒情詩、哀歌など、古代において意義の小さくなかった詩作ジャンルが、本書では考察対象に含まれていないのです。これには明確な理由があります。アリストテレスが本書の中で「詩作」という言葉を使うとき、一部の例外的な文脈を除けば、ギリシャ語で「ミュートス」と呼ばれる〈ストーリー〉の創作を本質とするものを指します。つまり、韻律と詩作の関係よりも、悲劇や喜劇が持つような〈ストーリー〉と詩作の間に本質的な結び付きを見出し、その観点から詩作について論じることが『詩学』の主題なのです。それゆえ、悲劇などと同類に括れない詩のジャンルについては、その文学的価値の大小とは無関係に、しかるべく本書の考察から除外されています。その点が見通しよくなるよう願い、この新訳では〈ストーリーの創作論〉という副題を付しました。

また、『詩学』は西洋における芸術論の古典中の古典としても知られています。それは、本書の中に、今日の私たちが「芸術」の名で呼ぶさまざまなジャンルへの言及が見られるからです。その理由は主に二つあります。

第一に、ギリシャ悲劇などに登場するコロス（合唱舞踊隊）の歌や器楽演奏、舞踊、さらには、上演に使われた書割の絵や視覚効果も『詩学』の議論の視野に収められていることです。つまり、古代の演劇は、さまざまな芸術ジャンルが力を結集した〈総合芸術〉の性格を色濃く持っていたために、その創作は、狭い意味での詩作にとどまらない広汎な内容を持っていたわけです。

第二に、優れた詩作のあり方について考察する過程で、他の創作ジャンルとの比較が行われることです。とりわけ、絵画の表現が詩作のあり方としばしば比べられ、両者の共通点が取り出されます。美学的な観点から詩と絵画を比較して論じる「詩画論」は近代にも流行しましたが、その源流の一つが『詩学』なのです。

このように、『詩学』は芸術論として幅を持つ著作であるにもかかわらず、アリストテレスの文体が非常に簡潔であるために（これは『詩学』に限りません）、「電信のような文」と酷評されたり、「偉大な言葉の節約家」と揶揄されたりすることもあります。あるいは、公刊を意図しない講義ノートだったとか、論文として完成に至る途上のメモのようなものだったと推測する向きもあります。

しかし、一つ一つの議論の論理的な展開を追うと、『詩学』の各部分には内容上の飛躍がなく、論述の流れが不自然な順序をたどることもありません。むしろ、実に緻密な論理で全体が構成され、哲学的な方法論によって貫かれていることがわかります。見たり聞いたりの経験で得た事柄と論理的に導かれた事柄を混同することなく、本質的な事項と非本質的な事項を序列化し、必然的な事象と偶然的な事象を分けて整理してゆく論述の精緻さは、学問の巨匠ならではの筆致でしょう。紛れもなく、本書はアリストテレスの哲学体系の一部をなす著作なのです。訳者はその点を意識し、ギリシャ語の文意を日本語で表現するに当たっては、何よりも論理的な展開が明確になるよう心がけたつもりです。また、本書の伝承過程で校訂者によって作られた章分けは必ずしも適切ではないため、各部分の論題がわかるよう、原文にはない見出しを随所に付しました。

本書が後世の芸術論や美学、文学、演劇などに与えた影響は巨大です。『詩論』を残した古代ローマの詩人ホラティウス、『美学』を著した近代美学の提唱者バウムガルテンへの影響はいうに及ばず、現代に至るまで、およそ芸術を論じた西洋の文学者や思想家で『詩学』をまったく参照しなかった人物は見当たらないといってよいほどです。その中には、『詩学』に詩作の規範と理想を求めた詩人のミルトンやシラーもいれば、アリストテレスの議論と対決することで自身の芸術観を研ぎ澄ませていった哲学者のニーチェや劇作家のブレヒトもいます。シェイクスピア本人が直接『詩学』を知っていたかどうかは不明ですけれども、この稀代の作家について論評した人々の中には『詩学』に精通した人々がいました。二十世紀から二十一世紀にかけての同時代人でいえば、現代ギリシャの映画監督アンゲロプロスが、ブレヒトの演劇論を経由する形で『詩学』の叙事詩論と悲劇論を意識した作家でした。

いったい、なぜ紀元前四世紀の著作が、時代を超えて多くの芸術的知性たちに刺激を与え続けてきたのでしょうか。その答えを『詩学』の中に探し出そうと試みられる読者にとって、この新訳が役立つものになるならば幸いです。

詩学——ストーリーの創作論

第一章

本著作の主題

これから論じてゆこうとするのは、「ストーリー創作を中心とする」詩作術それ自体と、その諸ジャンルについてであるが、各々のジャンルはどのような力[1]を持っているか、それゆえ詩作が素晴らしいものとなるためにストーリー[2]はどのように組み立てられるべきかということが主題となる。

さらには詩作の諸要素について、それらがいくつあり、どのようなものであるかを明らかにする。同様の方法で、詩作の研究に関わる他の事柄についても論じてゆくが、まずは、事柄の本性《ほんせい》からして第一に取り上げるべき諸問題から始めることにしよう[3]。

1447a8　a10

詩作とは何か

［まず、詩作とは何かといえば］叙事詩の創作と悲劇の創作、さらに、喜劇の創作とディテュランボスの創作[4]、そして、［演劇などで伴奏する］縦笛《アウロス》の吹奏と竪琴《キタラー》の弾奏の

1　ギリシャ語の原語はdynamis。観客の心に働きかける「悲劇の力」や「喜劇の力」を示すことが、素晴らしい悲劇や喜劇の創作について論じる前提になるため、各ジャンルの「力」の解明と、優れたストーリーの構成法が主題として並記されている。第六章注14参照。

2　原語はmȳthosで、具体的な一つの「話」、もしくは、悲劇などの一要素としての「筋」を意味する。本書の主要部分では「筋」の意味で用いられるが、「話」を意味する文脈（例えば、第五章一四四九b九、第十三章一四五三a一八、第十四章一四五三b二二）もあるため、どちらも表せる「ストーリー」を訳語に用いた。

3　「本性」と訳した原語はphysis。「自然」、「自然本性」とも訳せるが、自然界の存在物に限らず、事柄が本来持つ性質を指す。事柄の本性に従えば、総論から各論へ、基本的・原理的な事項から具体的・実際的な内容へ議論を進めるのが理にかなうため、本書ではこの方針が貫かれている。

4　酒神ディオニュソスへの讃歌を原型とし、時代、地方、詩人によって様式が変わった合唱抒情詩。紀元前六世紀後半以降には、アテナイの祭である大ディオニュシア祭において悲劇や喜劇とともにディテュランボスのコンテストが行われた。「解説」参照。

大方を見ると、実状として、これらのすべては総じて「模倣」[5]である。しかし、総じて模倣だといっても、それらは三つの点で互いに異なる。すなわち、第一に、模倣に用いる素材、第二に、模倣する対象、第三に、模倣する方式において差異があり、皆同じ仕方というわけではない[6]。

模倣に用いる素材の差異　総論

〔最大の差異となる「素材」については〕色や形を素材に用いて多くのものの像を描く手法で模倣する〔画家などの〕人々（さらに分ければ、創作術を心得て行っている者と、単に経験的な熟練で行っている者）もいれば、音声[7]を素材に用いて模倣する〔音楽家などの〕人々もいるというように、〔創作を広く見渡すと〕差異が見られる。それと同様の差異が、先述した詩作術の諸ジャンル間にもあり、総じていえば、それらは模倣を行う際にリズムと言葉と音階[8]を素材に用いるのであるが、三つの素材のいずれかを単独で用いるか、それとも組み合わせて用いるかという点ではジャンルごとに異なるのである。

a20

各論

例えば、三つの素材のうち、音階とリズムだけを組み合わせて用いるのが縦笛の吹奏術や竪琴の弾奏術である。さらに、[器楽が持つ]力の点でそれらと同種のものが他

5　原語はmīmēsis。画家が対象の色や形を真似て、その像を絵の具でキャンバスの上に描くように、詩人がストーリーの中で主人公の行為を描くことは、言葉を駆使して行為を真似ること、すなわち模倣することである。このような創作上の「模倣」が、真似を得意とする人間の自然本性に由来するというのが本書の主張（第四章一四四八b五―一九）である。「解説」参照。

6　以下の議論では素材、対象、方式が三層をなす。すなわち、素材で分けられた各グループの中で対象の差異が示され、さらに対象を同じくするもの同士が方式の差異で分類される。

7　原語はphōnē。この語は『弁論術』第三巻第一章一四〇四a二二において、模倣に用いられる「人間の声」を意味しているが、ここでは広義の「音声」を指すと解釈する。

8　原語はharmoniā。『政治学』第八巻第五章一三四〇a三八―b七によれば、この語は地域や民族によって音の組織が異なる「旋法」を意味し、例えばディテュランボスには人の心を興奮させるフリギア旋法（古代王国フリギアにちなんで呼ばれる旋法で、「全音・半音・全音」を単位とするものなどがある）が適するとされる（同書同巻第七章一三四二b一―一二）。本書では旋法ごとの性格が問題にされないため、一般的な意味で「音階」と訳した。

にもあれば、加えて構わない。さしずめ、笙笛《シューリンクス》[9]の吹奏術などがそうである。それに対し、音階なしにリズムそのものを単独で用いるのが舞踊術である。つまり、舞踊を行う人々というのは、身体運動化されたリズムを通じて、人間の性格なり、感情なり、行為なりを模倣するのである。

また、言葉を素材に用いる場合、韻律を伴わず、素の言葉を単独で用いるジャンルと、韻律というリズムを言葉に組み合わせて用いるジャンル（さらに分ければ、複数の種類の韻律を互いに混ぜ合わせるものと、単一の種類の韻律を用いるもの）とがあるけれども、実状として、今日に至るまでそれらには名称がない。[10]例えば、「韻律を用いていないものでは」ソフロン[11]とクセナルコス[12]が作ったミーモス劇[13]と、ソクラテスが登場する対話篇[14]には、それらを名指す共通の名称が存在しないし、「韻律を用いるものでは」三脚韻[15]や哀歌調[16]、そのほかの韻律を用いて模倣を行うとしても、それらを名指す名称はやはり存在しない。

ただし世の人々は、詩作するということを韻律の使用と結び付けるため、「哀歌調の韻律を使用すれば」哀歌詩人、「六脚韻[17]を使用すれば」叙事詩人というような名称で呼んでいる。それというのも、「詩人」と呼ぶ基準を、模倣を行うという点には置かず、

b10　1447b

まったく無差別に、韻律を用いるという点に置いているからである。実際、医学や自

9 長く太い管から短く細い管へと配列して束ねた笛。

10 「名称がない」と訳した anônymoi は複数形のため、韻律の有無に対応する「韻文」、「散文」という二つの名称が存在しないことを指す。しかし、タラン、ハリウェルの校訂では単数形の anônymos を採用しており、この場合には「文学」に当たる言語作品の総称がない旨を意味する。いずれにしても、アリストテレスの意図は、言語作品のジャンルが実在するにもかかわらず、それに対応する名称がない点を指摘するところにある。このような実在と名称の不一致は他の著作でも指摘され、例えば、『動物部分論』第三巻第六章六六九b八―一二では「肺を持つ動物」の類を指す名称がないと述べているほか、『ニコマコス倫理学』第二巻第七章一一〇七b一―二では名称のない徳の実在に言及している。

11 紀元前五世紀後半にミーモス劇を創始したといわれる人物で、シチリア島シラクサの出身。

12 ソフロンの子で、ミーモス劇の詩人。

13 神話よりも日常生活を題材にし、俗語や方言を多用した散文の笑劇。地誌や歴史書を除けば韻文が中心だった時代に、文芸作品が散文で書かれた最初の例とも考えられている。「ミーモス」は「物真似」を意味し、台詞がなく身振りだけの作品は「すべて」を意味する「パント」を付して「パントミーモス（パントマイム）」と呼ばれた。

14 よく知られたプラトンの著作のほか、クセノフォン、アレクサメノス、アイスキネスなどもソクラテスが登場する対話篇を残した。

然学の内容を持つものですら韻律を用いた言葉で発表すれば、「詩人」と呼ばれるのが慣わしになっている。しかし、叙事詩で知られるホメロス[18]と、自然学を研究したエンペドクレス[19]とでは、韻律を用いた点以外には何ら共通点がないわけであるから、「模倣を行った」ホメロスを「詩人」と呼ぶのは正しいにせよ、エンペドクレスに対しては、「詩人」と呼ぶよりも「自然学者」と呼ぶ方が正しい。同様に、たとえもし、ありとあらゆる韻律を混用してみせる人があったとしてもなお、「韻律の使用ではなく模倣を行っていることに基づいて」「詩人」と呼ばれるべきである。そのよい例が、あらゆる種類の韻律を駆使して吟唱詩『ケンタウロス』を創作したカイレモン[20]である。

さて、一つか二つの素材を用いるジャンルについては、上述の内容で規定されたとしよう。しかし、先に挙げた三つの素材すべてを用いるジャンルがいくつか存在する。ここで「三つの素材すべてを用いる」とは、「舞踊の」リズムと「リズム、言葉、音階から成る」歌と「リズム、言葉から成る」韻律の使用を指す。ディテュランボスの創作およびノモス[21]の創作、悲劇および喜劇がそれに該当するが、前二者は三つの素材すべてを常に同時に用いるのに対し、後二者は作品の部分ごとに用い方が変わる点に差異がある。

以上述べてきたように、さまざまな詩作術が模倣を行う際に用いる素材には、これだけ差異が存在するわけである。

15 韻律の単位を三回繰り返すのが三脚韻で、ここでは「短・長」という音節の連なりを基本とするイアンボス調の三脚韻を指す。「解説」参照。

16 「長・短・短」という音節の連なりを六回繰り返して一行とする六脚韻に、「長・短・短・長・短・短・長」という音節の連なりを二回繰り返して一行とする五脚韻が続き、この二行を一組とする詩形。「解説」参照。

17 前注参照。叙事詩では六脚韻の韻律が用いられた。

18 紀元前八世紀末に活躍したと推測される伝説の詩人。アリストテレスはホメロスを二つの叙事詩、『イリアス』と『オデュッセイア』の作者と考えているが、現在ではこの考え方に疑問を呈する学説が強まっている。第四章注15参照。

19 紀元前五世紀のシチリア島アクラガスの哲学者。断片のみ伝わる二つの著作、『自然について』と『浄め』は叙事詩の形式で書かれ、六脚韻の韻律が用いられている。「解説」参照。

20 紀元前四世紀中頃のアテナイの悲劇詩人。断片のみ伝わる『ケンタウロス』が「吟唱詩」と呼ばれているのは、吟唱に適した作品であったからだと推測される。

21 竪琴の伴奏に合わせて独唱される太陽神アポロンへの讃歌。紀元前七世紀中頃に、レスボス島出身のテルパンドロスがこの様式を確立したと伝えられる。

第二章

模倣する対象の差異　総論

［次に「対象」に着目すると、ストーリーの創作において］模倣を行う人々は、何らかの行為を為す人物を模倣するのであり、行為者というのは、優れた人物か劣った人物であるのが必然である。というのも、人物のさまざまな性格は、ほとんど常に、優れているか劣っているかという一点で決まるからで、つまりは、悪徳ないし美徳によってすべての人物の性格が分かれるからである。したがって、模倣対象となる人物は、私たちより優れているか、劣っているか、あるいはまた、私たち並みかのいずれかになる。それはちょうど、画家たちが人物を模倣する場合と同様である。というのも、画家たちのうち、ポリュグノトス[1]はより優れた人物たちを、パウソン[2]はより劣った人物たちを、ディオニュシオス[3]は私たちと似たような程度の人物たちを対象にして像を描

1448a

いていたからである。

各論

こうした対象間の［性格的］差異は、前章で挙げた詩作各ジャンルの模倣にもあり、

1 紀元前五世紀に活躍した画家で、タソス島出身。第六章一四五〇a二七—二八では「優れた性格画家」と呼ばれているほか、『政治学』第八巻第五章一三四〇a三六—三八では「若年者はパウソンの作品ではなくポリュグノトスの作品を見るべきであり、他にも画家や彫刻家の作品の中で性格を主要素とするものを見るべきである」と述べられている。

2 詳細不明の人物。『形而上学』第九巻第八章一〇五〇a一九—二一では「パウソンの描いたヘルメス像のように、内側に潜んでいるのか、外側に現れているのか不明瞭である」と述べられており、いわゆる「騙し絵」を描いていたらしい。

3 紀元前五世紀に活躍した画家で、コロフォン出身。紀元後一世紀ローマの博物学者プリニウスは『博物誌』第三巻第一一五節において、ディオニュシオスが人間だけを描いたゆえに「人間画家」と呼ばれたことを伝え、紀元後二〜三世紀ローマの著述家アイリアノスは『ギリシャ奇談集』第四巻第三章において「壮大さ以外はすべてポリュグノトスの技術を正確に模倣した」と叙述している。

いま述べた具合に、異なる種類の対象を模倣することによって異なる種類の模倣にな
るだろうことは明らかである。実際、舞踊や縦笛、竪琴の演奏のそれぞれにおいても、 a10
こうした異質性が生じうる。[4]

さらには、韻律を伴わない言葉を用いるジャンルや、韻律を伴うけれども音楽を伴わない言葉を用いるジャンルに関しても同様で、例えば、ホメロスは私たちより優れた人物たちを、クレオフォン[5]は私たちと似たような程度の人物たちを、パローディアー[6]を創始したタソス島出身のヘゲモン[7]と『デイリアス』の作者ニコカレス[8]は私たちより劣った人物たちを模倣の対象とした。

また、ディテュランボスとノモスに関しても事情は同じである。例えば、ティモテオス[9]「のノモス」とフィロクセノス[10]「のディテュランボス」とでは、描かれるキュクロプス[11]の性格が異なるように、人は異なる仕方で対象を模倣できよう。そして、悲劇と喜劇の隔たりも、まさにこの差異においてである。というのも、喜劇は現実にいる人々よりも劣った人物たちを、悲劇は優れた人物たちを模倣の対象にしようとするからである。

4 同じ論点は『政治学』第八巻第五章一三四〇a二八―b五にも見られる。

5 紀元前五世紀か前四世紀のアテナイの叙事詩人。悲劇詩人という説もある。第二十二章一四五八a一八―二一では、語法が通俗的な詩人の例に挙げられている。また、『弁論術』第三巻第七章一四〇八a一四―一六では、クレオフォンの表現が喜劇的だといわれている。

6 叙事詩の様式をもじり、滑稽な内容や通俗的な題材を扱った詩。

7 紀元前四世紀に活躍した喜劇詩人。タソス島からアテナイへ出て、パローディアーを最初に作り、コンテストで上演したといわれる。

8 アテナイの喜劇詩人。『デイリアス』の詳細は不明だが、「デイリアー」が「臆病」を意味するため、『イリアス』をもじった「臆病者の叙事詩」を示唆する題名かもしれない。

9 紀元前五〜前四世紀の詩人かつ音楽家で、ミレトス出身。『ペルシャ人』と題したノモスが人気を博したと伝えられる。なお、原文の同じ行にある意味不明の gāis は削除する。

10 紀元前五〜前四世紀のディテュランボス詩人で、キュテラ島出身。『政治学』第八巻第七章一三四二b七―一二では、『ミュシアの人々』と題したディテュランボスをドーリス旋法で創作しようとして果たせず、フリギア旋法を用いたことが伝聞として述べられている。

11 ギリシャ神話に登場する一つ目の巨人族。フィロクセノスは、シラクサ王ディオニュシオス一世の詩を酷評して怒りを買った経験から、片目の見えない王へのあてつけで『キュクロプス』を創作したといわれる。それゆえ、フィロクセノスが一つ目の巨人を劣った性格に描いたのに対し、ティモテオスは優れた性格に描いたものと推察される。

第三章

模倣する方式の差異

さらに、詩作の模倣にとって第三の差異をなすのが、模倣する「方式」、すなわち各対象をどのように模倣するかということである。たとえ同じ素材を用い、同じ対象を模倣するにしても、方式は異なりうるわけで、叙述して伝える方式と演じる方式に分かれる。

叙述して伝える方式はさらに二通りに分かれ、ホメロスの叙事詩のように、ストーリーの叙述者が別の人格、つまり登場人物になって語る方式と、［一時期のディテュランボスのように］叙述者が［登場人物の］何者にも変身することなく同一人格のまま語り通す方式がある。[1] 他方、演じる方式は、すべての登場人物を、実際に行為し、現実に活動してみせる仕方で模倣する方式である。[2]

様式上の差異　総括

かくして、模倣には三つの差異［すなわち種差］があり、始めの方でも述べたように、それらは素材と対象と方式である。したがって、ある観点から見れば、悲劇詩人ソフォクレス[3]は叙事詩人ホメロスと同じ模倣者であることになるだろう。なぜなら、両者とも優れた人物たちを対象として模倣するからである。[4]しかし別の観点から見れば、ソフォクレスは喜劇詩人アリストファネス[5]と同じ模倣者であることになるだろう。

1　プラトンの『国家』第三巻三九四Ａによれば、ディテュランボスは叙述して伝える方式をとっていた。しかし、より後の時代には、悲劇のように登場人物同士が対話する台詞を含む場合もあった。「解説」参照。

2　以上の分類は『国家』第三巻三九四Ｃに見られるものと同じだが、プラトンは、叙述者が登場人物の何者にもなりきらずに語る場合を模倣と見なさない。「解説」参照。

3　紀元前五世紀に活躍したアテナイ三大悲劇詩人の一人で、大ディオニュシア祭のコンテストで十八回優勝した。七篇の作品が現存する。代表作の『オイディプス王』は本書の中で優れた作品の例に挙げられている。

4　第四章一四四九ａ五の「以前なら叙事詩人になった者が悲劇詩人に」なったという叙述は、この観点をとっていると考えられる。

なぜなら、両者とも実際に行為し、演じる方式で模倣するからである。ある人々は後者の観点に立ち、悲劇と喜劇がともに「演劇（ドラーマ）」と呼ばれるのも、「行為する（ドラーン）」人物たちを模倣するからだと主張している。

それゆえドーリス人[6]たちは、後者の観点から、悲劇と喜劇の両方を自分たちが創始したとも主張する。まず、喜劇については、ギリシャ本土の都市メガラ[7]に住んだドーリス人たちが、自分たちのもとで民主政の成立した時期に生まれたと主張するとともに、シチリア島に建設された新都市メガラ[8]のドーリス人たちは、そこで生まれた喜劇詩人エピカルモス[9]が、キオニデス[10]やマグネス[11]といったアテナイの喜劇詩人よりも遥か以前の詩人だったことを指摘するのである。また、悲劇については、ペロポネソス半島に住むドーリス人たちの中に、自分たちこそが創始者だと主張する者がいる。ドーリス人たちが証拠に挙げるのは、「喜劇（コーモーディアー）」や「演劇（ドラーマ）」に関連する語彙である。例えば、郊外の村落を指して、アテナイ人なら「デーモス」と呼ぶところを、ドーリス人は「コーメー」と呼ぶ点を指摘する。その上で、「喜劇役者（コーモードス）」という呼称は、「浮かれ騒ぎをする（コーマゼイン）」を語源とするのではなく、喜劇役者たちが蔑《さげす》まれて都市から追われ、村落（コーメー）か

ら村落へとさまよい歩くことに由来すると主張する。さらに、人間が「行為する」こ

5 紀元前五世紀後半~前四世紀前半に活躍したアテナイの喜劇詩人。十一篇の作品が現存する。作品や作風については「解説」参照。

6 イオニア人、アルカディア人、アイオリス人などとともに古代ギリシャ民族を構成した種族の一つで、ドーリア人とも呼ばれる。メガラ地方やクレタ島に定住したほか、スパルタを建国したと伝えられる。ドーリス方言は合唱抒情詩や悲劇においてコロスが合唱する歌の詩に用いられた。

7 アテナイ西方にあった都市国家。

8 紀元前八世紀に建設されたドーリス人の植民都市。このメガラが古い時代の喜劇を象徴する都市となったことについては「解説」参照。

9 紀元前六世紀後半~前五世紀前半にシチリア島で活躍した喜劇詩人。ドーリス方言を用い、さまざまな作風の作品を書いた。プラトンは『テアイテトス』一五二Eで、喜劇詩人の頂点に立つ人物としてエピカルモスの名を挙げている。

10 紀元前五世紀前半に活躍したアテナイの喜劇詩人。大ディオニュシア祭で初めて喜劇コンテストが行われた紀元前四八六年に優勝したといわれる。「解説」参照。

11 アテナイの喜劇詩人で、紀元前四七二年に大ディオニュシア祭の喜劇コンテストで優勝したのを含め、十一回優勝したといわれる。紀元後二世紀頃の作家アテナイオスの『食卓の賢人たち』第九巻三六七以下によれば、マグネスは若い頃、エピカルモスに師事していた。

1448b

とを指して、アテナイ人なら「プラッテイン」と呼ぶところを、ドーリス人は「ドラーン」と呼ぶ点を指摘し、それから派生した「演劇（ドラーマ）」という呼称がドーリス起源だというのである。[12]

以上、模倣の持つ差異について、それらがいくつあり、どのような内容なのかが述べられたとしよう。[13]

12　「プラッテイン」から派生した名詞の「プラーグマ」は「行為」あるいは「出来事」を意味し、本書において頻繁に用いられる。それに対し「ドラーマ」が用いられる文脈は限られ、舞台上演されない叙事詩などとの対比で「演劇」を意味する場合（第十七章一四五五b一五、第十八章一四五六a一五）と、劇中の回想や伝聞の内容ではなく実際に演じられる部分としての「劇」を意味する場合（第十四章一四五三b三二、第十五章一四五四b三、第二十四章一四六〇a三一）がある。

13　模倣の差異（種差）が確定し、この後、詩作の発生原因論へと移行するのは、動物学などで確立されたアリストテレスの研究方法に従っている。「解説」参照。

第四章

詩作の発生原因は二つある

［次に、なぜ詩作が存在するのかを考えると］推察するに、[1]総じて詩作術というものは二つの原因によって発生したのであり、[2]それらは自然本性的な原因である。

第一の原因——人間の類的本性としての模倣

模倣することが人間には幼少期から自然本性的に備わっているため、他の動物とは違って、最も模倣を得意とし、最初期の学習も模倣を通じて行う。それがゆえに、[3]人間なら誰もが模倣像を喜ぶということも、自然本性的に備わっているわけである。その証拠は、現実に経験される出来事のうちにある。例えば私たちは、下等動物の姿や死体など、実物を目にするのが苦痛な対象であっても、それらを極めて精緻に描いた像を観賞するときには喜びを感じるのである。

それはなぜなのか、さらに大本の原因に遡ってみると、哲学者に限らず一般の人々にとっても同様に、学習してわかる[4]ことが最も快いという事実がある[5]（ただ、一般の

1 原語は「～のように見える」の意味を持つ eoikási であるが、ここでは第一～三章に基づいて推論した内容が示されていると解釈し、「推察するに」と訳した。

2 第一章によれば、詩作は「模倣」という類の中にあり、「リズムと言葉と音階」を素材に用いる点で、他の素材を使う模倣から区別される。これを踏まえると、詩作が自然発生した原因は、「模倣」の発生原因と、「リズムと言葉と音階」という素材の発生原因との二つになる。「解説」参照。

3 原文の te……kai の構文は「模倣すること」と「模倣像を喜ぶこと」が因果関係にあることを含意していると考えられる。

4 原語は manthanein。『詭弁論駁論』第一巻第四章一六五b三〇―三四によれば、この語には、「(既に持っている) 知識を用いて理解すること」と「知識を獲得すること」の二つの意味があり、前者は「わかる」、後者は「学習する」にほぼ相当する。

5 この一文は、プラトンの『フィレボス』五二Bの「学習の快は苦と混じり合ってはいないものであって、多くの人々ではなく、極めて少数の人々だけのものというべきだ」というソクラテスの台詞への反論とも考えられる。

人々は、学習に携わる程度がわずかなだけである）。わかることの快さゆえに模倣像を喜んで観賞するとはどういうことかといえば、「この像は、あの人を模倣したものだ」というように、個々の像が何であるかを推論し、わかることが観賞者に生じるという意味である。[6]そういい切る理由は、なるほど、［絵画の］模倣の対象となった実物を、たまたまそれ以前には見たことがないのに作品観賞から快が生じる場合もあるだろうが、その場合は、模倣像としての作品が快の原因になるのではなく、作品の仕上げ方や色彩、それらに類する他の原因が快を生むことになるだろうからである。[7]

第二の原因——詩作の「素材」

私たち人間にとって、［第一の原因に由来する］模倣することそれ自体[8]に加え、［詩作の素材となる］音階やリズム[9]（詩の韻律[10]もリズムに含まれることは明らかである）もまた自然本性に基づいて存在するわけであるから、それらに対し特別に生来の素質を持つ人々が、最初は即興から始めて少しずつ発展させ、詩作を発生させるにいたったのである。

b20

6 これと同様の説明が『弁論術』第一巻第十一章一三七一b八―一〇にも見られる。

7 絵画に描かれた模倣像を見て、それが「何であるか」を理解できなくても、色彩や仕上げ方が見事であれば、その作品が「どのようであるか」を感じて感覚的な快を得られる。同様に悲劇の場合でも、作品の本質が「何であるか」、つまりストーリーの意味を理解できなくても、韻文のリズムや音楽、視覚効果から感覚的な快を得られる。アリストテレスがプラトンから受け継いだ「何であるか」と「どのようであるか」の対比が、『詩学』では模倣の本質と非本質的要素との対比に応用され、韻律は詩作にとって非本質的であり、音楽や視覚効果は詩作術からはずれるという主張の伏線をなしている。

8 本章において、名詞の「模倣」ではなく動詞の不定形の「模倣すること」が用いられているのは、第一の原因を説明し始める一四四八b五と、この箇所だけである。アリストテレスは、現実に行われている行為を示す場合に動詞の不定形を用いるため、両箇所は意識的に対応されているのであろう。強意の表現として「模倣することそれ自体」と訳した。

9 プラトンの『法律』第一巻六三五D―六五四Aでも、音階とリズムに対する感覚が人間には自然本性的に備わっていると述べられている。

10 第一章一四四七b二五と同様、言葉も含む意味で「韻律」といわれている。なお、この括弧書きは、プラトンが『国家』第十巻六〇一Bで「韻律、リズム、音階」と並べて書いているのを意識し、「リズム」の中に「韻律」を包含できると指摘したものかもしれない。

「対象」の差異による詩作の二大分岐

しかしながら詩作は、詩人たちが固有に持つ性格に従って大きく二群へと分かれた。すなわち、かたや威厳のある詩人たちは、素晴らしい行為や優れた人間たちの行為を対象として模倣し、かたや軽薄な詩人たちは、劣った人間たちの行為を模倣した。前者が神々への讃歌や人間への頌歌を創作することから始めたのとちょうど同じように、後者は諷刺歌を創作することから始めたのである。[11]

その証拠といえば、[12]ホメロス以前に関しては、諷刺的な詩をここに挙げることはできないが、その種の詩を書く詩人が大勢存在したというのは十分ありそうなことである。他方、ホメロス以後に限れば、彼の作とされる『マルギテス』[13]をはじめ、それに類似する諸作品が存在する。これらの作品では、適する韻律としてイアンボス調も取り入れられた。それゆえ、今日では諷刺的な詩が「イアンベイオン」とも呼ばれるにいたっているのであるが、それは、昔の人々が互いを諷刺する（イアンビゼイン）ときにこの韻律を用いていたからである。このようにして、［演劇発生以前の］古人たちは二群に分岐し、英雄叙事詩の詩人になる者と、諷刺詩の詩人になる者とが発生したのである。

演劇の「方式」への移行

ホメロスは、悲劇に通じる真面目な題材に関して最高の詩人であった。それは、詩作に優れていたというに尽きず、演劇的ストーリーとなりうる行為の模倣[14]も行った唯

11 「神々への讃歌や人間への頌歌」は、プラトンが『国家』第十巻六〇七Aで、詩作の中でこれらだけは「[理想の]国家に受け入れられるべきだ」とソクラテスに語らせているジャンル。プラトンは讃歌や頌歌を「非模倣的な詩作」と見なしており、この点でアリストテレスとは異なる。「解説」参照。

12 ここで用いられているmen ounには事実を強く指し示す働きがあり、証拠となる経験的事実を導入していることから、このように訳した。論理的に導いた事柄を経験的な証拠で裏づける仮説演繹法に似た論法は、本章一四四八b九—一二、第六章一四五〇a三五—三八、第十三章一四五三a一七—二二、第十四章一四五四a九—一三などにも見られる。

13 『マルギテス』という題は「狂った人」を意味するが、若干の断片しか残っていない。六脚韻(第一章注16参照)にイアンボス調(第一章注15参照)が混合された韻律で書かれ、古代にはホメロスの作と信じられていたが、作風、言語などの面から見てホメロスより後の時代の作品だと今日では考えられている。

14 「演劇的」とは、いわゆるドラマティック(劇的、扇情的)ではなく、第二十三章一四五九a一八—二一で説明されるように「一つの全体として完結した行為」を描くことを指す。

一の詩人であったからだが、同様に喜劇の分野でも、その様式を暗示した最初の詩人となった。すなわち、諷刺ではなく、滑稽さを主題とする演劇的ストーリーを創作したのである。つまり、『マルギテス』が喜劇に対して持つ関係は、ちょうど叙事詩『イリアス』と『オデュッセイア』が悲劇に対して持つ関係と類比的なわけである。[15]

かくして悲劇と喜劇が姿を現すと、詩人たちはそれぞれ自分に固有の自然本性に従い、いずれかのジャンルの詩作へ飛びついていった。以前なら諷刺詩人になった者が喜劇詩人になり、以前なら叙事詩人になった者が悲劇詩人になるというふうにして、それぞれの詩人が発生したのである。それは、悲劇および喜劇の演劇的な様式が、諷刺詩および叙事詩の様式よりも壮大であり、いっそう尊ばれたからである。

悲劇の様式確立まで

それでは、［このようにして出現した］悲劇は、果たしてもう既に様式上の諸側面[16]において十分な状態になったのか、それとも十分ではないのか。この問題を考察することは、問題それ自体を本質的に判断する観点[17]だけでなく、劇場上演と関連する非本質的な観点[18]にもわたることになり、[19]［以下に述べるように］別の話になる。

いずれにしても、悲劇は始め即興から発生したのであった（即興から発生した点は喜劇も同じであるが、かたや悲劇はディテュランボスの先導者たちから、かたや喜劇はいまなお多くの都市国家に風習として残る男根崇拝歌の先導者たちから発生した）[20]。そして、悲劇にふさわしい要素だと判明したものがあれば、それを発展させるという

15 『イリアス』は、十年にわたったトロイア戦争の終わりに近い数十日を描いた叙事詩。『オデュッセイア』は、トロイア軍を攻略したギリシャ軍の英雄オデュッセウスが故郷イタケに帰り着くまでの苦難の十年を描いた叙事詩。

16 「諸側面」の原語は eidē。従来は、第六章が示す悲劇の六つの構成要素か、第十八章が示す悲劇の四つの種類を意味すると解釈されてきたが、ここでは漠然と悲劇のさまざまな側面を指していると考えられる。この直後に述べられる俳優の数や書割の導入など、悲劇の非本質的な側面も視野に収められていることから、第六章以降の本質的な議論とは異なる。

17 いい換えれば、悲劇の本質的側面を見る観点。

18 第六章一四五〇b一八―一九で「悲劇の力は、たとえ上演されなくても、そして俳優がいなくても、存在する」といわれるように、上演に関わる事項は悲劇の非本質的側面になる。

19 原文の te……kai の構文は「本質的に判断する観点」と「非本質的な観点」を切り離し、後者を強調していると考えられる。

ようにして、少しずつ成長した。さらに、次に述べるように多くの変遷を重ね、悲劇に固有の本性[21]を獲得したゆえに変遷を止めたのである。

まず、俳優の数に関しては、アイスキュロス[22]が初めて一人から二人に増やした。同時に彼は、合唱舞踊隊であるコロスの役割を減らし、俳優たちの台詞が主導的な役割を果たす仕組みを作った。[23]その後、俳優が三人に増えたことと、舞台に書割が置かれるようになったことはソフォクレスに負っている。[24]

また、規模の点でも変化がある。悲劇は、［もともと関係の深かった］サテュロス劇[25]的な様式から遷移することによって、短いストーリー構成と滑稽な言葉づかいから脱却し、時を経て威厳を増したため、四脚韻[26]からイアンボス調へと韻律の変わったものが発生した。つまり、初期の詩作はサテュロス劇的で舞踊との結び付きが強かったたゆえ、それに合う四脚韻を用いていたのが、作品中に俳優たちの会話が発生して以来、会話の本性そのものが適した韻律を見出したのである。なぜなら、会話するのに最も適した韻律がイアンボス調だからである。[27]その証拠に、相手がいて対話する際、私たちはイアンボス調で話すことが最も多く、六脚韻で話すことはまれにしかない。あるとすれば、会話が調子はずれになっているときである。

さらに、俳優たちが台詞を交わす「挿話」[28]の場面も、数に変化があった。

20　悲劇について述べる箇所で喜劇に言及するのは奇妙に見えるが、この一文から、二大分岐後の悲劇と喜劇が見比べられているのがわかる。男根崇拝歌とは、さまざまな地方のディオニュシア祭で、豊穣の象徴である男根の模型を先頭にして行進する際に歌われた猥雑な歌。

21　「本性」には非本質的な性質も含まれる。『自然学』第二巻第一章では寝椅子を例にとり、木材が「材料の意味での本性」といわれるように、俳優の数や書割は上演の「材料」にすぎなくても「悲劇の本性」に属する。他方、悲劇の本質は第六章一四五〇a三八—三九で「悲劇の第一原理であり、いわば悲劇の魂である」といわれるストーリーである。

22　紀元前六世紀後半～前五世紀前半に活躍したアテナイ三大悲劇詩人の一人で、大ディオニュシア祭のコンテストで十三回優勝した。七篇の作品が現存する。『アガメムノン』、『供養する女たち』、『慈しみの女神たち』の「オレステイア三部作」は、ギリシャ悲劇の中で唯一残る三部作。

23　紀元前一世紀ローマの詩人ホラティウスは『詩論』二七五—二七九で、アイスキュロスが悲劇に仮面を導入したとも記している。

24　この記述はソフォクレスの『オイディプス王』に登場する三人の俳優を念頭に置いたもので、歴史上、三人の俳優を初めて使ったのはアイスキュロスだという説もある。なお、ギリシャ悲劇では俳優が三人より多くなることはなく、登場人物が四人以上の場合、一人の俳優が複数の役を兼ねた。他方、ギリシャ喜劇では四人ないし五人の俳優が登場した。

その他の要素が、それぞれどのように整えられていったかということについては、既に語られたものとして割愛することにする。というのも、それらの一つ一つについて詳しく述べることは膨大な仕事になるだろうからである。[29]

a30

25　酒神ディオニュソスの従者で、半人半獣の精霊であるサテュロスがコロスとして登場する滑稽な劇。悲劇のコンテストでは、一人の詩人が三つの悲劇と一つのサテュロス劇を上演する習慣があった。完全な形で現存するサテュロス劇はエウリピデスの『キュクロプス』（第二章注11参照）だけである。ただし、アリストテレスが念頭に置いているのは、サテュロス劇そのものではなく、「サテュロス劇的な」ディテュランボスだとも考えられる。

26　韻律の単位を四回繰り返すのが四脚韻で、ここでは「長・短」という音節の連なりを基本とするトロカイオス調の四脚韻を指す。「解説」参照。

27　こうした韻律の特性は、『弁論術』第三巻第八章一四〇八b三二—一四〇九a二一でも詳述されている。

28　第十二章一四五二b二〇—二一の説明によれば、悲劇の中でコロスの歌と歌の間にはさまれ、台詞のやりとりが行われる部分。構想された普遍的なストーリーに従って「いつ、どこで、誰が、何を、どのように行う」という設定を具体化した場合は理想的な挿話になるが、さまざまな挿話の寄せ集めで全体を構成すると統一性の低い「『挿話的な』ストーリー」（第九章一四五一b三三—三四）になるというのが本書の主張である。

29　この一文に明らかなように、悲劇の非本質的側面の発生に関する個別的記述は「別の話」として付け加えただけで、それを書き尽くす意図をアリストテレスは持っていない。第四章は基本的に論理的・哲学的な「詩作の発生原因論」であって歴史記述ではないゆえ、これを「古代文学史」ととらえるのは誤解である。

第五章

喜劇の様式確立まで

他方、喜劇の方はどうかといえば、劣った人間たちを対象とする模倣であることは既に述べた通りである。ただし、この場合にいう人物たちの劣悪さとは全面的な意味での悪ではなく、彼らの滑稽さが、醜悪なものの一部に属するという意味である。すなわち、滑稽なものとは一種の失態であり、それゆえ醜悪ではあるけれども、「悲劇中の惨劇のように」苦痛に満ちたものや、破滅的なものではないのである。例として喜劇用の滑稽な仮面を挙げれば、すぐに得心できるであろう。歪んで醜悪ではあるが、苦痛を含む表情ではない。[1]

さて、悲劇の変遷については、誰に担われて変革が発生したかということも含めて忘却されずに伝えられてきたのに対し、喜劇の場合、初期には真面目に取り合われなかったため、経緯が忘れ去られてしまった。実際、喜劇上演者たちのコロスにしても、執政官が公的に与えたのは、かなり後代のことで、それまでは市民有志に担われていたのである。[2]

喜劇詩人と呼ばれる人々が記憶されるようになったのは、喜劇が諸側面において一定の様式を既に備えてからのことである。しかし、「劇場上演に関わる」仮面や導入部[3]や俳優の数などの一切を誰が設定したかはわかっていない。[4] ただし、「喜劇にとって本

1449b

1 第四章一四四八b二六―二七で述べた喜劇の模倣対象の性格への補足説明。喜劇の本質的側面が悲劇と対比されている。なお、悲劇でも仮面が用いられたが、本書には言及がない。

2 『アテナイ人の国制』第五十六章第三節によれば、執政官が富裕市民の中からコロスに費用を援助する「コレーゴス」を三人選び、詩人たちには公的にコロスが提供された。大ディオニュシア祭で喜劇コンテストが始まったのは紀元前四八六年であるが、喜劇のコロスが公的に提供されたのは紀元前四五六年頃と考えられている。

3 原語は prologos。喜劇の導入部の様式は時代や詩人によって異なり、俳優同士の対話の場合もあれば、独白の場合もあった。とくにアリストファネスの喜劇では導入部が非常に長く、一連の主要な出来事が起こるため、単なる前口上ではない。

4 この一文は、喜劇にとって非本質的な劇場上演に関わる事項を述べたものと考えられる。

質的な］ストーリー創作についていえば、当初は（エピカルモスとフォルミスの出身地である）[5]シチリア島から伝わってきたものであるが、アテナイ人の中ではクラテス[6]が最初に諷刺詩の姿を脱し、普遍性を持った話、つまりストーリーを創作し始めたのである。

叙事詩と悲劇の様式比較

さて、叙事詩は、韻律を伴った言葉を素材に用い、真面目な事柄を対象として模倣するところまでは悲劇と一致するのであった。しかし、単一の韻律（六脚韻）を用いる点と、[7]叙述して伝える方式をとる点では異なっている。また、［方式が異なるゆえに］長さの点でも異なる。悲劇は、［上演時間が］できるだけ太陽がひとめぐりする間におさまるようにするか、おさまらない場合でもわずかな超過にとどめるよう努めるのに対し、叙事詩は［演劇のような上演の方式をとらないため］時間的に無制限であり、この点でも悲劇と異なるわけである。[8]もっとも最初は、悲劇においても、叙事詩と同様に時間的な制約が設けられていなかった。[9]

b10

悲劇がわかる人は叙事詩もわかる

作品の構成要素に関しては、両者に共通のものと、悲劇だけに固有のものとがある。まさにそれゆえに、悲劇について作品の良し悪しがわかる人なら誰でも、叙事詩についてもわかる。なぜなら、叙事詩が持つものはすべて悲劇のうちに含まれているから

5　カッセル、タランなどの校訂では削除されているが、写本によってはこの箇所に「エピカルモスとフォルミス」という記述があるため、それを生かして括弧書きを挿入した。フォルミスはシチリア島出身で、同郷のエピカルモス（第三章注9参照）と同時代の喜劇詩人。

6　アテナイの喜劇詩人。紀元前四五〇年に大ディオニュシア祭のコンテストで初めて優勝したと伝えられる。

7　「長さ」が指すものとして、①詩行の分量、②ストーリー内の出来事が展開する時間幅、③上演時間の長さが考えられるが、ここでは①を指すと思われる。

8　悲劇は野外上演されたため、日の出から日没までの半日が時間的限界となるのに対し、演劇方式によらない叙事詩には時間的な限界がないということ。ここで「時間」といわれるのは前注③に当たる。上演時間の都合により、叙事詩に比べ悲劇の詩行の長さ（前注①）は短く抑えられるのである。しかし、歴史的には前注②の解釈を支持する人々が存在し、いわゆる「三一致の法則」が本書に由来するという誤解を生む原因となった。「解説」参照。

9　悲劇のコンテストが行われていなかった時代の状況を指す記述かもしれない。

である。[10] 他方、悲劇のうちに含まれているもののすべてが叙事詩のうちに含まれているわけではない。

10　この記述に、悲劇論を尽くせば叙事詩論も完了するという基本的な考え方が読み取れる。実際、第六章以降の悲劇論は悲劇と叙事詩をほぼ無差別に扱い、その後で叙事詩だけの特質に焦点を合わせた叙事詩論が第二十三〜二十四章で展開される。

第六章

悲劇の本質の定義

さて、六脚韻による模倣[1]［すなわち叙事詩］と喜劇については後に述べることとし、悲劇論に移ろう。そこで、これまでに述べてきた事柄からすると、悲劇の本質の定義がどのようなものになるか、それを取り出しておくことにする。

悲劇とは、真面目な行為の、それも一定の大きさを持ちながら完結した行為の模倣であり[2]、作品の部分ごとに別々の種類の快く響く言葉を用いて、叙述して伝えるのではなく演じる仕方により、［ストーリーが観劇者に生じさせる］憐れみと怖れを通じ、そうした諸感情からのカタルシス（浄化）をなし遂げるものである[3]。

まず、定義の中で「快く響く言葉」[4]といったのは、リズム［あるいは韻律］や音階を伴った言葉のことである。また、「別々の種類」といったのは、［俳優たちの台詞など」作品のある部分は韻律を伴った言葉だけでなし遂げられ、それにかわって「コロスの合唱など」他の部分は歌によってなし遂げられるという意味である。 b30

1 しばしば叙事詩は「六脚韻による模倣」と呼ばれるほか、「叙述による模倣」（第二十三章一四五九a一七、第二十四章一四五九b三三、三六―三七）とも呼ばれる。ここには、優れた人間の行為を模倣する点で本質を共有する悲劇と叙事詩が、たまたま韻律と方式の差異で区別されるにすぎないという見方が反映されていよう。

2 第五章までと異なり、模倣の三つの種差のうち対象が筆頭に挙げられている。その理由は、詩作ジャンルの中から悲劇を取り出す際、模倣対象が最も重要だからであろう。

3 「憐れみと……なし遂げるものである」の部分は「カタルシス節」と呼ばれる。第五章までに登場しない「憐れみ」、「怖れ」、「カタルシス」の語が現れること、とくに「カタルシス」の意味が本書のどこでも説明されないことから、その解釈は本書の一大問題とされてきた。「解説」参照。

4 「快く響く」と訳した原語は hēdysmenon。この語の使用は、おそらくプラトンの『国家』第十巻第七章六〇七Aの「快く装われた女神ムーサ（hēdysmenē Mousa）」を意識したものであろう。プラトンはこの表現を、快だけを目的とする模倣的な詩作への批判に用いているが、本書でも「快く響く言葉」は「悲劇に固有の快」とは別の副次的な快を生む要素と見なされるため、プラトンの意向を部分的にアリストテレスが継承したと見ることもできる。

悲劇の六つの構成要素

［次に、悲劇の本質の定義に基づいて考えれば］実演によって模倣を行うことから、必然的に悲劇の構成要素となるものがある。まず、方式の面では、［衣装や舞台装置など］視覚的な装飾がそうであろう。

次に、歌曲と語法であるが、これらは模倣に用いる素材の面で構成要素となる。ここで「語法」というのは、韻律を伴った言葉の組み立てそのものを指すのであるし、「歌曲」の方は［説明を要しないほど］語の意味がまったくもって明らかである。

さらに［対象の面での構成要素に移れば］、悲劇は行為の模倣であり、行為は行為者によって為されるわけであるから、必然的に、行為者の性格や思考という点での一定の質が関わってくる（なぜなら、性格と思考によって行為の質も決まるといわれるからであり、すべての人間が成功するも失敗するもそれらに基づくからである）。このうち「行為の模倣」とは、すなわち「ストーリー」である（ここで「ストーリー」というのは、行為から生じる出来事を組み立てたものという意味である）。次に、「性格」とは、行為者の質がそれによって決まるといわれるものである。さらに、「思考」とは、言論によって何らかの事実を論証したり、意見を表明したりする際に含まれて

1450a

いるものである。

以上より必然的に、[6] すべての悲劇は六つの構成要素を持つことになり、それらによって悲劇作品の質が決まる。すなわち、ストーリー、性格、語法、思考、視覚効果、歌曲である。これらの構成要素のうち、模倣の素材に関するものは二つ（語法、歌曲）、模倣の方式に関するものが一つ（視覚効果）、模倣の対象に関するものが三つ（ストーリー、性格、思考）あり、これ以外にはない。

実際、少なくない悲劇詩人たちがこれらの要素を活用しているといえる。すなわち、すべての悲劇作品が一様に視覚効果、性格、ストーリー、語法、歌、思考を備えているのである。

5 原語の prāgma は「行為」あるいは「出来事」を意味するが、とくに両者の密接な関係が表される文脈では「行為から生じる出来事」と訳す。

6 「必然的に」という語がしばしば登場するのは、数学の証明で「Aから必然的にBが導かれる」というときのように演繹的な推論が行われているからである。ここまでの議論では、「悲劇の本質の定義」が演繹の原理、すなわち推論の起点になっている。

構成要素の重要性の順位

これら六つの構成要素のうち、重要性の点で最大のものは、出来事の組み立て［つまりストーリー］である。

そういえる理由を挙げていけば、第一に、悲劇は人物そのものの模倣ではなく、行為と人生の模倣だということである。幸福も不幸も行為のうちにあるわけだから、何らかの行為こそが人生の目的であり、人物の質そのものが目的ではない。なるほど、性格が人物の質を決めはするが、幸福になるか反対になるかを決めるのは行為なのである。よって、悲劇においても、性格を模倣するために行為を為す、というのではなくて、行為を模倣するために性格を一緒に取り込む、という関係にある。したがって、行為から生じる出来事、つまりはストーリーこそが悲劇の目的であり、目的はあらゆるもののうちで最も重要であるから、ストーリーが最大の構成要素となるわけである。

第二に、行為なくしては悲劇が成立しえないのに対し、性格を欠如させても悲劇が成立するだろうということである。実際、近頃のたいていの詩人による悲劇作品は無性格劇であり、［他の創作分野も含め］総じて多くの創作者がこうした傾向を示している。例えば、画家たちの中では、往時のポリュグノトスと比較的現在に近いゼウクシス[12]の関係がそうである。ポリュグノトスは優れた性格画家であったのに対し、ゼウクシスの絵画には性格がまったく欠如している。

第三に、たとえ詩人の誰かが、登場人物の性格を表すような一連の演説的言論[13]を台詞として並べ、それが語法の点でも思考の点でもよい出来栄えになっていたとしても、 a30

7　「人物そのものの模倣」とは、以下の説明からわかるように「人物の性格の模倣」を指す。

8　『ニコマコス倫理学』第一巻第七章一〇九七a二五―一〇九八a一八、同巻第八章一〇九八b二〇―二二によれば、人生の目的は「よく生きる」という行為であり、幸福に生きることと同じである。

9　「幸福も不幸も……行為なのである」の部分をカッセルの校訂では削除しているが、写本通り訳出した。

10　例えば、主人公の勇気ある行為を模倣するとき、勇気ある性格も一緒に取り込むことになる。

11　ここでは poiētēs というギリシャ語が、詩人だけでなく画家などを含めた「創作者」の意味で用いられている。

12　紀元前五～前四世紀に活躍した画家で、ヘラクレイア出身。陰影画（もしくは書割）を発展させ、本物そっくりに描いたことで名声を博したと伝えられる。

13　「演説的言論」と訳した原語は rhēsis で、「弁論術（rhētorikē）」と同系の語。『詩学』と『弁論術』の関わりは第十九章で述べられる。

先に述べた悲劇の働き[14]「すなわち、憐れみと怖れの喚起を通じての、そうした諸感情からのカタルシス」をなし遂げはしないだろうということである。むしろ、これらの要素の活用という点では不足していても、ストーリー、つまり出来事の組み立てを持っている作品の方が、はるかに良く悲劇の働きをなし遂げるであろう。このことと平行的なのが、絵画における線と色の関係である。なぜなら、最も美しい色彩の絵の具をむやみに塗りたくったとしても、「何を描いたものかがわかるように」白黒で像を線描した場合と同じほどには観賞者に喜びを与えないだろうからである。[15]

以上に加えて第四に、悲劇が観劇者の心を最も動かすのは、行為の成り行きの「逆転（どんでん返し）」と、登場人物同士などの「再認」によってであり、[16]これらはともにストーリーの要素をなす。

第五に、詩作に取り組み始めた人々が、出来事を組み立てることよりも先に、まずは語法や性格の点で精緻な詩作ができるようになるという事実も、ストーリーが最大の構成要素であることの証拠となる。「詩作の歴史では」草創期のほとんどすべての詩人たちにも同様の傾向があった。

以上の理由により、ストーリーこそは悲劇の第一原理であり、いわば悲劇の魂であ

a33　(1450b3－a39)　a32

ることになる。そして、二番目に来るのが性格（人物）である。悲劇はまずもって行 a39
為の模倣であり、何よりもそのことゆえに、同時に行為者の「性格の」模倣にもなるのである。[17]

三番目は思考である。思考とは、語りうる事柄を語り、語るのが適切な事柄を語る b3

14　原文は文字通りには「悲劇の働きであったもの」という句だが、この過去形が「悲劇の本質の定義」で既に提示したことを表すと考えて、こう訳した。第一章一四四七a九で詩作各ジャンルの「力」と呼ばれていたものが、ここでは「働き（ergon）」と表現されているゆえ、「悲劇の力」と「悲劇の働き」はほぼ同じ意味内容を持つ。「解説」参照。

15　カッセルの校訂は「このことと平行的なのが……喜びを与えないだろうからである」の部分を、三段落先の「二番目に来るのが性格（人物）である」の後に置いているが、ベッカー版第三版を含む十九世紀の校訂本の大多数とエルスの提案に従い、この箇所に移す。その理由は、第一に、悲劇と絵画の比較という前段落の観点とうまく連続するからである。第二に、絵画における「線」と「色」の対比が、第四章で述べられた「模倣像がもたらす快」と「仕上げ方や色彩がもたらす快」の対比とほぼ重なり合うのに対し、「行為」と「性格」はそのように対比される関係になく、模倣において「一緒に取り込む」ものだからである。

16　「逆転」と「再認」は、第十一章で説明される。

17　本章注10参照。

能力を指し、言論という側面からすれば政治学や弁論術の仕事に属するものである。実際、登場人物たちに語らせる際、昔の詩人たちは政治家のように語らせたし、いまの詩人たちは弁論家のように語らせる。[18]〔語り手に関わる点は同じでも〕先に述べた性格の方は、人物の行う選択[19]がどのようなものであるかを示すような要素であるため、語り手が何を好んで選択し、何を嫌って回避するかという内容を台詞でまったく語らなければ、性格は表れない。それに対し思考の方は、語り手が何らかの事実について、こうであるとか、こうでないとかいうことを論証したり、何らかの見解を一般的な形で表明したりするときに含まれているのである。

四番目は台詞などの語法である。ここで「語法」というのは、先にも述べたように、言語表現による意味伝達のことで、言葉が韻律を伴っていてもいなくても同じ力を持つ。[20]

残る二つの構成要素のうち、快い効果を生み出すものとして最大なのは歌曲である。他方、視覚効果は、確かに観劇者の心を動かしはするが、創作術から最もはずれるものであり、詩作術に固有に属する要素としては最下位に位置する。なぜなら、悲劇の力は、たとえ上演されなくても、そして俳優がいなくても、存在するからである。[21]

b10

また、視覚効果の仕上げにとって決定的なのは、詩人たちよりもむしろ仮面や扮装などを作る衣装係の技術だからである。 b20

18 エウリピデス（第十一章注11参照）のほか、紀元前四世紀のテオデクテス（第十一章注3参照）などの作品には弁論術からの影響があるといわれる。他方、比較的古い時代の悲劇に登場する王や王妃、王子たちの台詞は政治家に似ている面がある。

19 「選択」とは、『ニコマコス倫理学』第三巻第二章で詳述されるように、行為者が個別の状況を熟慮して自分のとるべき行為を選ぶことで、そこには行為者の倫理的性格が表れる。

20 言葉が韻律を伴えば「快く響く言葉」（本章一四四九b二八―二九）となって快をもたらすが、意味伝達の「力」は散文の場合と同じだということ。近代美学の提唱者バウムガルテンが『美学』第一部第一章第一節第二六項において、美学は「立証（argumentum）」の「力（vis）」だけでなく「雅（elegantia）」も要求すると述べているのは、この箇所から着想を得た可能性がある。それゆえ、ここで「言語表現」と訳したonomasiāが『美学』同節第二〇項の「記号の意味表示作用（significatio）」と何らかの共通性を持つのかもしれない。

21 同じ主張は第十四章一四五三b三―七、第二十六章一四六二a一一―一三にも見られる。

第七章

ストーリーはどのように組み立てられるべきか

以上のことが規定されたので、この後は、行為から生じる出来事が、どのように組み立てられるべきかを述べてゆこう。この考察から始めるのは、出来事の組み立てこそが悲劇にとって第一の要素であり、最大の要素だからである。

ストーリーの全体性——完結性の考察①

さて、［先に「悲劇の本質の定義」で示したように］悲劇とは一定の大きさを持ちながら完結した行為の模倣であること、いい換えれば、全体としての[1]まとまりを持った行為の模倣であることは、既に私たちによって定められている（「一定の大きさを持ちながら」と規定しておいたのは、全体としてのまとまりを持ってはいても、大きさを持たないもの[2]が存在するからである)。

ここでいう「全体」とは、始めと中間と終わりを持つもののことである。このうち「始め」とは、それ自身は他の部分に後続する必然性のないもので、それ自身の後に他の部分が存在したり発生したりすることを本性とするもののことである。反対に

1　以下では、ストーリーに求められる完結性が、より具体的な全体性（本章）と統一性（第八章）に分けて論じられる。例えば、部分A、B、Cから成るストーリーが完結しているとは、A・B・Cの配列順が全体をまとめるのに適切で、A↓B↓Cが因果関係で結び付いて一本の筋に統一されている状態だからである。

2　「全体としての……大きさを持たないもの」という規定が何を意味するかについては、さまざまな解釈がある。しかし、ここでの主題である「完結的（telēs, teleios）」という特質がギリシャ哲学史上、「イデア」や「形相《けいそう》」と呼ばれる概念と密接な関係を持っていたことを想起すべきであろう。その観点からすると、アリストテレスが『魂について』第二巻第一章四一二a一九—二一で生き物の形相と結論づける「魂」は全体としてのまとまりを持ちつつ空間的な大きさを持たないので、一つの例になりうる。本書第六章一四五〇a三八—三九でストーリーが「いわば悲劇の魂」と述べられた直後だけに、大きさを持つストーリーと大きさを持たない魂の対比が念頭に置かれていたとの想像も可能であろう。また、円などの数学的対象もこの規定に該当することについては「解説」参照。

「終わり」とは、必然的にそうなるにせよ、多くの場合にそうなるにせよ、それ自身は他の部分の後に存在することを本性とするものであり、それ自身の後には何もないもののことである。また、「中間」とは、それ自身が他の部分の後にあるとともに、それ自身の後にも他の部分があることを本性とするもののことである。

それゆえ、組み立ての優れたストーリーとなるには、任意のどこから始まってもよいわけではないし、任意のどこで終わってもよいわけでもなく、いま述べた形式原理（始め、中間、終わり）が用いられていなければならない。

適切な大きさ

また、［「一定の大きさ」に関していえば］美しいもの[3]というのは、生き物であれ、一般に何らかの要素から組み立てられた事物であれ、［いま述べたように］諸部分が秩序を持たなければならないだけではなく、［全体の］大きさにも条件があり、任意の大きさであってよいわけではない。というのも、美は大きさと秩序のうちに存するからである。それゆえ、あまりに小さな生き物は美しくありえないであろう。なぜなら、観賞しようにも、ほとんど感知できないほどの短時間になるため、渾然として識別できないからである。また、あまりに大きな生き物も美しくありえないであろう。なぜなら、観賞しようにも、一挙には視野に収められないため、観賞者にとって一つの全体として観ることがかなわないからである。例えば、一万スタディオン[4]もの大きさの生き物がいたとすれば、そういうことになるであろう。

したがって、物体[5]にしても生き物にしても、「美しいものであるためには」大きさを持ちながら、その大きさが一挙に視野に収めやすいものでなければならないように、 1451a

---

3 原語はkalon。悲劇のストーリーが「美しいもの」の一つとして考察されていることが、この初出の表現からわかる。また、生き物とストーリーを類比する以下の論述は、『動物部分論』第一巻第五章六四五a二一―二三の「すべてのものの中に自然的で美しいものが何か存在すると考えて、臆することなく各種の動物の探究へと進まなければならない」という主張を想起させる。

4 「スタディオン」は長さの単位で、時代と地方によって異なるが、アテナイを含むアッティカ地方では約一八〇メートル。一スタディオンは六〇〇プースに等しい。

5 原語はsōmaで、「身体」と解釈することも可能だが、前の段落で述べられた「一般に何らかの要素から組み立てられた事物」に近いものと考え、「物体」と訳した。例としては、古代の彫像や神殿が考えられる。

ストーリーの場合にも、長さを持ちながら、その長さが記憶されやすいものでなければならない。

［では、どう限度を決めるかといえば］第一の観点として、悲劇の競演の都合や観客の感覚の都合[6]との相関で決められる長さの限度は、創作術と関わらない。例えば、もし［現行の数倍に当たる］百本の悲劇作品を競演しなければならなくなったとしたら、[7]［大まかに時間を計る日時計の代わりに］水時計を使って［細かく時間を計りながら］競演することになるであろう。人々がいうには、そのやり方は、水時計を使う場合が時としてあるのと同様なのである。[8]

第二の観点は、悲劇というものの本性それ自体に基づく限度である。[9]作品の全体が明瞭に把握できる範囲にある限りは、長ければ長いほど、壮大さのゆえにより美しくなるのが常であるけれども、要点だけなら、長さの限度についておおよその規定を述べることができる。すなわち、ストーリーを構成する出来事が、もっともな展開で、あるいは必然的な展開で、[10]連続して起こることにより、登場人物の境遇が不幸から幸福へ、もしくは幸福から不幸へ転じることができるほどの大きさを持っているとき、それが長さの限度として十分なのである。

a10

6 「競演の都合」とは、コンテストで一日に上演される作品数から決められる一本の長さの限度、「観客の感覚の都合」とは、日の出前や日没後は暗くて野外観劇できないなどの都合を指すと考えられる。

7 大ディオニュシア祭では、一日に悲劇三本（一本が二時間程度）とサテュロス劇一本（一時間程度）が上演され、それが三日間にわたった。後に喜劇一本（二時間程度）も加わり、一日に五本、三日間で十五本が上演された。それが悲劇百本に増えたら、という仮定。

8 「人々がいうには……同様なのである」の部分はタランの校訂に従った。古代の法廷などでは弁論に割り当てられた時間を水時計で測ったため、「水時計を使う場合が時としてある」とはそれを指すのかもしれない。もう一つ可能性があるのは、悲劇のコンテストで実際に水時計を使った時代があったという解釈であるが、これが歴史的事実かどうかは不明である。

9 第一の観点が悲劇の創作にとって非本質的であるのに対し、第二の観点は本質的である。

10 「もっともな展開で（kata to eikos）」と「必然的な展開で（kata to anagkaion）」は、しばしば並べて用いられる。『弁論術』第一巻第二章一三五七a三四で「もっともなこと（to eikos）とは、多くの場合に起こることである」と説明されるように、いつも例外なく起こるというわけではないが、十分ありそうな事柄として信憑性の高いものを指す。とくに『詩学』では、「もっともなこと」が「説得力があること（pithanon）」（第九章一四五一b一六、第十七章一四五五a三〇、第二十五章一四六一b一一）と結び付いている。

第八章

ストーリーの統一性——完結性の考察②

［今度はストーリーの完結性を統一性の面から考えると］ある人々が考えているように、「一人の人物」をめぐるストーリーでありさえすれば統一性があるというわけではない。なぜなら、一人の人物には多くの、数限りない出来事が起こり、その中のいくつかは、寄せ集めても決して統一性のあるものにはならないように、行為の場合も、一人の人物は多くの行為を為すのであり、それらを寄せ集めたからといって統一性のある「一つの行為」になりはしないからである。それゆえ、『ヘラクレス物語』や『テセウス物語』などに類する作品[1]を創作した詩人たちの全員が誤りを犯しているように思われる。というのも彼らは、例えばヘラクレスが一人の人物だったのだから、当然そのストーリーも一つになると考えているからである。

a20

それに対しホメロスは、他のさまざまな点でも傑出しているように、この点でも、創作術の熟達によってか生来の素質によってか、優れた洞察を行っているように思われる。というのもホメロスは、『オデュッセイア』を作るとき、［伝説に含まれる］オデュッセウスに起こった出来事のすべてを詩に取り込むようなことはしなかったからである。『オデュッセイア』に取り込まれていない出来事としては、例えば、パルナッソス山で負傷したことと、トロイア戦争への召集のときに狂気を装ったことが挙げられる。[2] それは、これらのうち一方の出来事が起これば必然的な展開で、あるいは

1 『ヘラクレス物語』と『テセウス物語』は現存しないが、ギリシャ神話によればヘラクレスはゼウスとアルクメネの息子で半神半人の英雄、テセウスはアイゲウスとアイトラの息子でアテナイを建国した伝説の英雄。この後に述べられる『オデュッセイア』もオデュッセウスという英雄を主人公にしているため、比較の対象として例に挙げられたのであろう。

2 『オデュッセイア』第十九歌三九二—四六六では、オデュッセウスがパルナッソス山で狩りをした際、猪の牙で腿を傷つけられたことが過去の回想として語られているが、負傷の場面そのものはストーリー中にない。狂気を装って召集を逃れた場面も、やはり作品中に登場しない。

もっともな展開で、他方の出来事も起こるという関係にないからである。ホメロスは、私たちがいま述べているような意味で統一性のある行為を主題として『オデュッセイア』を組み立てたのであり、『イリアス』もまた同様である。[3]

かくして、他のさまざまな模倣ジャンルにおいても、統一性の意味で「一つ」になっている模倣は一つのものを対象とするように、ストーリーの場合も、それが行為の模倣であるからには、一つの全体としてまとまりを持った行為を対象とすべきである。そして、さまざまな出来事の諸部分は、ある部分を移し変えたり抜き去ったりするとストーリーの全体が変質し、動揺してしまうように組み立てられなければならない。なぜなら、あってもなくても何ら顕著な差を生じさせないものは、統一性のある全体を構成する部分ではないからである。

a30

3 『イリアス』についてはストーリーの統一性が第二十三章で述べられている。アリストテレスはホメロスを、伝承の題材の扱い方という点でも模範的な詩人と考えている。

第九章

詩人は普遍性を狙う

これまで述べてきたことから、もう一つ明らかになることがある。それは、詩人の仕事とは、実際に起こった出来事を語ることではなくて、起こるであろうような出来事を語ること、つまり、もっともな展開で、あるいは必然的な展開で、起こりうる出来事を語ることにあるという点である。すなわち、［出来事を語る点では似ているが］歴史家と詩人の違いは、語る際に韻律を用いないか用いるかということにあるのではなく（例えば歴史家ヘロドトス[1]の著作は、韻律を伴った文章に直すこともできるが、それでも依然として、韻律の有無にかかわらず、歴史記述であることに変わりないであろう）、歴史家は実際に起こった出来事を語り、詩人は起こるであろうような出来事を語ることにある。

1451b

それゆえにこそ、詩作は歴史記述と比べ、より哲学的でもあるし、真剣に取り組む意義もより大きい。[3] というのも、詩作はむしろ普遍的な事柄を語るのに対し、歴史記述は個別的な事柄を語るからである。

ここでいう「普遍的」とは、どのようなタイプの人物にとって、どのようなタイプの事柄を述べたり行ったりすることが、もっともな展開、あるいは必然的な展開で起こるかということである。詩作は、登場人物に固有名を設定しつつも、この普遍性に狙いを定めるのである。[4] それに対し「個別的」とは、特定の個人であるアルキビアデ

1 紀元前五世紀の歴史家。ペルシャ戦争史を中心にした『歴史』を著し、「歴史の父」といわれる。

2 ここでいわれる「歴史記述」とは時系列で個別の出来事を記述するような性質のもので、あらゆる種類の歴史学ないし歴史哲学を視野に入れた言明ではない。

3 「真剣に取り組む意義もより大きい」と訳した原語は spoudaioteron。この語は、プラトンが『国家』の詩人追放論で「人が真剣になって (spoudazein) 模倣像の制作に打ち込む」(五九九A) ことに懐疑を示した箇所への反論とも考えられる。「解説」参照。

4 詩人の仕事は作品世界を普遍的なものとして描くことにあり、それが達成されれば、第七章から論じられてきたストーリーの完結性が実現されるため、このように総括される。

スが何を行ったか、あるいはどんな目に遭ったかというようなことである。[5]［悲劇と喜劇を比較すれば］固有名を使いつつ普遍性に狙いを定める仕方は、喜劇の方で既に明瞭になっている。というのも喜劇詩人たちは、もっともな展開でストーリーを組み立てておき、その上で、たまたま案出した固有名を設定するからである。[6]これは、喜劇詩人に先行する諷刺詩人たちが、特定の個人を題材に決めてから創作したやり方を脱している。

他方、悲劇の場合には依然として、実際に起こった事柄にまつわる固有名に執着する。その理由は、実際に起こりうる事柄は説得力を持つからである。つまり、起こったことのない事柄ならば、それが起こりうる事柄だと私たちは決して信じないのに対し、既に起こった事柄ならば、起こりうる事柄なのは明らかなわけである。というのも、そもそも起こりえない事柄であったならば、起こらなかっただろうからである。

とはいえ、悲劇であっても、よく知られた固有名は一つか二つだけにとどめ、他は創作した固有名を使っている作品もあれば、アガトンの『アンテウス』[7]のように、よく知られた固有名をまったく使わない作品もある。この作品では、ストーリーを構成する出来事も固有名も同様に創作されたものであるが、だからといって観劇者に与える喜びが減殺するようなことは少しもない。したがって、悲劇作品の題材として、何が何でも伝承のストーリーに執着しようとすべきではないのである。実際、そのよう

5　アルキビアデス（紀元前四五〇年頃〜前四〇四年）はアテナイ出身の政治家で、アテナイとスパルタが戦ったペロポネソス戦争中、スパルタに亡命し祖国に反逆。後に帰国したが、再び亡命した小アジアで暗殺された。当時のギリシャでよく知られた人物だったことから、ここで個人の例に挙げられたのであろう。なお、プラトンは『饗宴』などでアルキビアデスとソクラテスの親密な関係を描いたほか、紀元後一〜二世紀の著述家プルタルコスはギリシャ人とローマ人の英雄を比較する『対比列伝』の中でアルキビアデスと伝説の将軍ガイウス・マルキウス・コリオラヌスを組み合わせている。

6　悲劇論の途中で喜劇に言及するのは奇妙に見えるが、ここで考察されている完結性（全体性、統一性）は、ストーリーを持つ詩の全ジャンルに要求されるため、悲劇と喜劇が差別されていない。ここで「もっともな展開でストーリーを組み立て」るといわれるのは普遍的なストーリーの構築を指し、その後で「固有名を設定する」ことにより個別的で具体的な挿話を持つ作品になるという創作過程は、第十七章で説明される内容とほぼ重なり合う。

7　アガトンは紀元前五世紀に活躍したアテナイの悲劇詩人。紀元前四一六年にレナイア祭の悲劇コンテストで初めて優勝したが、『アンテウス』の詳細は不明。第十八章ではアガトンが残した言葉や作品中の合唱の問題点などについて述べられている。

なことをしようとするのは滑稽である。なぜなら、「よく知られた」出来事や固有名といっても、少数の人々に「よく知られた」事柄にすぎないわけで、それでもなお、すべての人々に喜びを与える作品になっているからである。

以上から明らかなように、詩人は韻律の創作者であるよりも、「普遍性を持った」ストーリーの創作者でなければならない。模倣を行えばこそ詩人なのであり、行為を模倣する限りにおいてそうなのだからである。それゆえ、たとえ実際に起こった出来事を作品化することがあったとしても、詩人としての資格は少しも減じない。なぜなら、実際に起こった出来事の中には、もっともな展開で起こりうる出来事ととらえて差支えないものがあり、まさにその点で、それらの出来事を作品化した人は詩人の資格を持つからである。[8]

普遍性を欠く拙劣なストーリー

「詩人の仕事を念頭におけば」単線的なストーリー、[9]すなわち単線的な行為の模倣の中では、挿話的なものが最も拙劣である。ここで「挿話的な」ストーリーというのは、作品中で継起する複数の挿話同士が、もっともな展開、もしくは必然的な展開をなさないストーリー[10]のことである。

このような作品が創作されるのは、詩人が劣っている場合は詩人自身のせいであり、詩人が優れている場合は俳優のせいだということになる。というのも、優れた詩人であっても、競演用の作品を創作する際は［俳優に演技の見せ場を与えるため］、作品の可能性を超えてでもストーリーを引き延ばし、しばしば展開の連続性を歪めざるをえなくなるからである。[11]

1452a

---

8 本章冒頭で歴史記述の個別性と詩作の普遍性を対比したことへの補足として、実際に起こった出来事を扱っても場合によっては詩作として成立することを注記したものである。

9 第十章で説明される。

10 いい換えれば、普遍性を持たないため作品として完結していないストーリー。

11 この記述は、『弁論術』第三巻第一章一四〇三b三三において「いまや詩人たちより俳優たちの方が大きな力を持つ」といわれていることと関連していよう。コンテストの弊害の指摘とも解釈できるが、アリストテレスは上演そのものを悲劇にとって非本質的だと見なすため（第六章一四五〇b一八―一九参照）、俳優に依存することで拙劣な作品が作られることに敏感だったのかもしれない。

「憐れみ」と「怖れ」を呼び起こす展開

さらに悲劇は、単に完結した行為の模倣であるばかりでなく、怖れや憐れみを呼び起こす出来事の模倣でもあるわけだから、[12]この観点からすると、悲劇に特有の憐れみや怖れの感情が生じるのは、とりわけ出来事が予想に反する展開で、しかも相互に因果関係を持って起こるときである。実際、そのような仕方で起こったときの方が、ひとりでに起こったり運良く偶然に起こったりしたときよりも[13]いっそう驚くべき出来事となるであろう。

このようにいう理由は、運良く偶然に起こった出来事においてですら、何らかの意図的な因果関係から生じたように見える場合、最も驚くべき出来事になると思われるからである。例えば、アルゴスにあったミテュスの彫像が、それを眺めていた殺害犯、つまりミテュスにとって死の原因となった人物の上に落下して「あたかも復讐のように」死に至らしめた場合がそうである。[14]このような出来事は、わけもなく起こったようには見えないのである。したがって必然的に、この種のストーリーは比較的優れていることになる。

12　ここまでは、「悲劇の本質の定義」に含まれる「完結した行為の模倣」という規定に従い、どうすれば完結したストーリーになるかが論じられてきたが、ここからは、悲劇に求められる「憐れみと怖れ」を呼び起こすストーリーにするにはどうしたらよいかが論じられる。

13　「ひとりでに」と訳した原語は apo automatou、「運良く偶然に」は apo tykhēs。これらは『自然学』第二巻第四～六章で分析され、前者を広い意味で用いるときには、そこに後者も含まれるとされる。

14　プルタルコスの『モラリア』に収められた『神罰が遅れて下されることについて』五五三Dには、「アルゴス人のミテュスの場合、党派争いで殺された彼の彫像が広場で眺められていたとき、ミテュス殺害犯その人に倒れかかって命を奪った」と記されている。ミテュスは紀元前四世紀の人物と見られる。なお、「殺害犯」と訳した ho aitios tou thanatou に含まれる aitios には「原因」の意味合いがあるため、ここで述べられる擬似的な因果関係を考慮して二重に訳した。

第十章

二種類のストーリー

［もっと優れたストーリーについての考察に移れば］ストーリーには単線的なものと複雑に絡み合わされた[1]ものとがある。それは、取りも直さず、ストーリーによって模倣される行為それ自体が、この二種類に分かれるようなあり方をしているからである。

ここで「単線的な行為」というのは、先に規定した通り、連続的な一つの行為が為されながら、逆転も再認[2]も伴うことなく、登場人物に境遇上の変化が生じる場合である。

それに対し「複雑に絡み合わされた行為」とは、その行為が逆転か再認の一方ないし両方を伴うことによって、そこから登場人物に境遇上の変化が生じる場合である。この逆転や再認は、ストーリーの組み立てそのものから生じるのでなければならない。

つまり、先に起こった出来事から必然的な展開で、あるいは、もっともな展開で逆転や再認が生じるようになっていなければならない。[3] なぜなら、ある出来事が別の出来事の「ゆえに」起こるのか、それとも、別の出来事の「後に」起こるにすぎないのかでは、大きく違うからである。[4]

1 原語の peplēgmenos は、糸の絡まりや縺《もつ》れを意味する plokē（第十八章一四五六a九）と同系語であることから、「複雑に絡み合わされた」と訳す。その対となる「単線的（haplos）」は、糸が一本に伸びている状態を想定した訳語である。
2 「逆転」と「再認」は、第十一章で説明される。
3 第九章で述べられたストーリー展開の普遍性が「逆転」と「再認」にも要求されるということ。
4 出来事Aの「後に」出来事Bが起こるだけでは、原因Aの「ゆえに」結果Bが起こると認めるに十分ではない。十八世紀英国の哲学者ヒュームが論じたような因果関係の問題が、ここではストーリーの組み立てという観点から触れられている。第七〜九章でストーリーの完結性が論じられた際、出来事の順序に関わる全体性だけでなく、因果関係に関わる統一性も併せて述べられ、それらを実現するのがストーリーの普遍性だと説かれたのと同じ論点。第七章注1参照。

第十一章

逆転

［「逆転」と「再認」の説明に移れば］まず「逆転」とは、先ほど述べた仕方[1]［つまり予想に反する仕方］で正反対の方向へ行為の成り行きが変転することであるが、しかもこの変転は、私たちが主張しているように、もっともな展開、あるいは必然的な展開で生じるのでなければならない。『オイディプス王』の中に、その好例がある。ある男がやって来てオイディプスを喜ばそうとし、母親に対する怖れからも解放しようとするのだが、オイディプスの素性を明かしたために、かえって正反対のことを為したのであった。[2]また、『リュンケウス』では、リュンケウスが処刑されるために引き立てられ、ダナオスは処刑するために随行したのだが、そこにいたるまでに為されたさまざまな行為が正反対の結果をもたらし、ダナオスが殺され、リュンケウスは救われ

ることになった。[3]

再認

次に「再認[4]」とは、その名も示すように認知していない状態から「再び、あらためて知り直す仕方で」認知へと変転することであるが、幸福もしくは不幸へ向かう定めにある人々は、認知に伴い、愛情を抱くようになるか、あるいは憎悪を抱くようにな

1　第九章一四五二a四の「出来事が予想に反する展開で、しかも相互に因果関係を持って起こる」を指す。第七章あるいは第十章を指すという解釈もあるが、「逆転」は「予想に反する展開」の典型的な例であり、第九章後半から開始された「憐れみと怖れを呼び起こす」ストーリー研究の要素でもあるから、そのことを思い起こさせようとする記述であろう。

2　ソフォクレスの『オイディプス王』九一一―一〇八五の場面。コリントス王ポリュボスに育てられたオイディプスはテバイ王となっている。そこに使者が訪れてポリュボスの死去を知らせると、「おまえは父親を殺すであろう」という不吉な神託が当たらなかったと考えたオイディプスは喜ぶ。しかし、使者はオイディプスが捨て子だった事実も明かすため、オイディプスは自分が実は前テバイ王ライオスの子であり、神託通りに父親を殺し、母親のイオカステと結婚した事実を知ることになる。

る方向へ変転することになる。最も優れた再認は、逆転と同時に起こる場合であり、『オイディプス王』の例がそれに当たる。[5]

ところで、再認には別の種類もあるにはある。いま述べた「認知していない状態から認知への変転という」事態に限れば、[6]命を持たないものや偶発的な出来事に対しても、ある意味では再認が起こりうるし、ある人物がある行為を為したか為さなかったかについても再認するということがありうるからである。

しかし、最もストーリーの部分を成すにふさわしい再認、いい換えれば、最も行為の部分を成すにふさわしい再認は、先に挙げたような「人物同士の間で愛情もしくは憎悪への変転を伴う」場合である。なぜなら、この種類の再認こそは逆転と相まって、観劇者に憐れみや怖れを生じさせることになるからである[7](悲劇が、憐れみや怖れを生じさせるような行為の模倣であることは前提にされている)[8]。それというのも、不幸に転じることや幸福に転じることが、[9]そうした愛憎の変転に際して起こるだろうからである。

1452b

かくして、再認とは何よりも人物同士の再認であるから、ある場合には、一方の人物が他方の人物に対してただ一方向的に再認する。これは、一方が誰であるのかが他

方には明らかなときである。また、ある場合には、双方向的に再認しなければならな

3 『リュンケウス』は、パセリス出身の悲劇詩人で弁論家であったテオデクテス（紀元前三七五〜前三三四年）の失われた作品。その内容は不明だが、ここで言及されたダナオスには伝説が残る。ダナオスにはアイギュプトスという名の双子の兄がおり、父ベロスのエジプト王位継承をめぐって兄弟は争う。ダナオスはアイギュプトスが持つ五十人の息子を恐れ、自分の五十人の娘とともにアルゴスに逃れたものの、アイギュプトスの息子たち（その一人がリュンケウス）が求婚に来て成婚となる。婚礼後、花嫁たちが花婿たちを殺害する事件が起こるが、リュンケウスはダナオスの長女ヒュペルムネストラと最終的に結ばれる。この物語とは別に、リュンケウスがダナオスを殺害してヒュペルムネストラとともにアルゴスを支配したという伝承もあり、アリストテレスが述べる事柄はそれに基づくものと推測される。

4 原語の anagnōrisis は「認知」とも訳されるが、ana が持つ「再び」の意味合いを重視して「再認」と訳した。例えば、この後に引用される姉イフィゲネイアと弟オレステスの再会は、もともと弟が姉を知っていればこそ姉だと認識して「再び知る」場面になる。

5 オイディプスは自分自身の素性や、妻が実は母親であったことを「再認」すると同時に、不吉な神託がはずれて幸福になるはずが逆に不幸になるという「逆転」の中に置かれる。

6 原文は乱れているが、タラン、バイウォーターの校訂に従って hōs hoper を採用する。

7 この記述が示すように、「再認」と「逆転」は憐れみや怖れを生じさせる要素である。

い。[10]例えば、エウリピデス作[11]『タウリケのイフィゲネイア』の中で、イフィゲネイアは［オレステス宛ての］手紙を送ろうとしたことから弟のオレステスに再認されるが、オレステスの側がイフィゲネイアに気づかれるには、さらに別の再認が必要であった。[12]

受難

さて、悲劇のストーリーの［憐れみや怖れを呼び起こす］二つの要素は、以上のような「逆転」と「再認」であるが、第三の要素が「受難[13]」の惨劇である。これらのうち「逆転」と「再認」については述べてきた通りだけれども、「受難」とは、破滅的であったり、苦痛に満ちていたりする行為を指す。例えば、ありありと現れている死や激しい苦痛、負傷などの惨劇がそれに当たる。

8 第六章の「悲劇の本質の定義」で示したため、目下の議論の前提になっているということ。

9 ここでは、悲劇のストーリーが幸福、不幸のいずれに向かう場合も差別なく考えられている。

10 無生物に対する再認とは異なり、人物同士の場合は一方向と双方向があるということ。

11 紀元前五世紀に活躍したアテナイ三大悲劇詩人の一人で、大ディオニュシア祭のコンテストで五回優勝した。悲劇七篇とサテュロス劇一篇が現存する。第十三章一四五三a二八—三〇では「悲劇らしい悲劇を創作することにかけては最高の詩人」といわれている。

12 『タウリケのイフィゲネイア』のあら筋については第十七章一四五五b三—一五参照。

13 以下の説明通り、「受難」は単なる人生上の苦難や精神的苦悩ではなく、今日、「悲劇的」と形容される出来事に近い惨劇である。それゆえ、憐れみや怖れを呼び起こす第三の要素といわれる。一般に、ギリシャ悲劇が殺人や死の場面を直接には見せないことからも知られるように、視覚的な外面のむごたらしさは必要なく、出来事に内在する凄惨さが悲劇を悲劇たらしめる。

第十二章

悲劇の量的な構成部分

悲劇が用いなければならない種別の構成要素という意味での諸部分（ストーリー、性格、語法、思考、視覚効果、歌曲）については先に述べたが、[1] それとは別に、悲劇は量的な意味で独立した諸部分に区分することもできる。それらを挙げれば、第一に導入部（プロロゴス）、第二に挿話（エペイソディオン）、第三に終結部（エクソドス）、第四に合唱舞踊（コロスが担う部分）である。さらに、合唱舞踊は入場の歌（パロドス）と間奏の歌[2]（スタシモン）に分かれる。以上挙げた部分はすべての悲劇作品に共通するが、舞台上で俳優が歌う歌[3]と、嘆きの歌（コンモス）は特定の悲劇作品だけに見られる。

まず、導入部とは、悲劇の中でコロスの入場に先立つ部分の全体である。次に、挿

b20

話とは、悲劇の中でコロスが一つの歌の全体を終えた後、次の歌との間に挟まれる部分の全体である。また、終結部とは、悲劇の中で、もはやコロスの歌がその後には入らない部分の全体である。さらに、合唱舞踊のうち入場の歌とは、コロスによる最初の語りの全体で、間奏の歌とは、アナパイストス調[4]とトロカイオス調[5]の韻律をともに含まないコロスの歌である。他方、嘆きの歌とは、コロスと舞台上の俳優の間で交わされる悲歌のことである。[6]

悲劇が用いなければならない種別の構成要素という意味での諸部分については先に

---

1 本章は、第十一章と第十三章のつながりを妨げているため、この章を削除すべきだと考える校訂者もいる。なるほど、アリストテレス自身がこの位置に置いたとは考えにくいが、「部分ごとに」（第一章一四四七b二八、第六章一四四九b二六）が意味する「量的な意味での部分」を本書の中で説明する必要はあっただろう。ここよりも、第六章末尾で悲劇の六つの構成要素を示した後に置いた方が文脈には合う。

2 コロスが踊り場（オルケストラ）に入り、定位置（スタシス）について合唱する歌。

3 独唱と、俳優同士が交互に歌うものとがある。

4 「短・短・長」という音節の連なりを基本とする韻律。「解説」参照。

5 第四章注26参照。

述べたが、量的な意味で悲劇の区分となる独立した諸部分については以上述べた通りである。

6　例えば、ソフォクレスの『オイディプス王』では第二挿話と終結部の中に「嘆きの歌」が含まれ、全体の構成は、導入部↓入場の歌↓第一挿話↓第一間奏の歌↓第二挿話↓第二間奏の歌↓第三挿話↓第三間奏の歌↓第四挿話↓第四間奏の歌↓終結部となっている。アテナイ三大悲劇詩人の作品は、四つか五つの挿話を持つ。

第十三章

ストーリー構成の細部へ

いま述べてきた事柄（ストーリーの二種類や逆転、再認、受難）に続いて論じるべきであろうことは、ストーリーを組み立てるにあたって何に狙いを定め、何を注意深く避けるべきか、つまりは、悲劇の［憐れみや怖れを呼び起こす］働きがどのようなところから生じてくるかということである。[1]

最も優れた悲劇の人物設定と展開

さて、最も優れた悲劇作品の組み立ては、単線的なものではなく複雑に絡み合わされたもの（逆転か再認の一方ないし両方を伴うもの）でなければならないし、[2] しかもそれは、怖れや憐れみを呼び起こす出来事の模倣でもなければならない[3]（なぜなら、

b30

そのことが、この種の模倣[4]にとって固有のことだからである）。これを前提に置くと、次のように考えられる。

まず、極めて有徳な善き人物[5]が幸福から不幸へ転じるようすを映し出すべきでないのは明らかである。なぜなら、この場合、怖れも憐れみも呼び起こさず、忌まわしい[6]だけだからである。

さりとて、悪人が不幸から幸福へ転じるのであってもならない。なぜなら、この場

1　ここから考察がいっそう細部に向かい、人物設定やストーリー展開のパターンなどが具体的に論じられる。

2　第十一章一四五二a三八―b一で「逆転」や「再認」を含むストーリーが憐れみや怖れを呼び起こすと述べられたのを踏まえた記述。本章が複雑に絡み合わされたストーリーを主題とする一方、第十四章は「受難」に焦点を合わせる。

3　第九章注12参照。

4　「この種の模倣」が悲劇を指すのは明らかだが、本質を共有する叙事詩も含む可能性がある。

5　悲劇の一要素である「性格」の研究は第十五章から始まるが、ストーリー研究は登場人物の「性格」と密接に関わるため、ある意味では既にここから開始されている。

合、人間愛に[7]訴えかけもしなければ、憐れみや怖れも呼び起こさないわけで、そういう意味では悲劇に必要なものが何一つ備わっていないため、あらゆる構成のうちで最も悲劇にふさわしくないからである。

では、今度は、並はずれた悪人が幸福から不幸へ転落するのならよいかといえば、そうではない。このような構成は、「どんな悪人に対してでも同情する」人間愛を呼び起こすことがありうるとしても、憐れみや怖れを呼び起こさないからである。というのも、「憐れみ」とは、不幸になるにふさわしくないのに不幸になった「優れた」[8]人物に対して起こるものであるし、「怖れ」とは、私たちと似たような人物が不幸になった場合に「同じ不幸が自分を襲うかもしれないと感じて」起こるものだからである。[9]したがって、いま述べたような出来事は、憐れみを呼び起こすものにも、怖れを呼び起こすものにもならないわけである。

それゆえ、残るのは、以上挙げた善人と悪人の中間に位置する人物である。つまり、徳と正義において特段に傑出した人物ではなく、さりとて、悪徳や邪悪さゆえに不幸へ転じる人物でもなく、ある種の[10]失敗が原因となって不幸に陥るタイプの人物である。例えば、オイディプスやテュエステス、[11]さらには彼らに類する家柄の出の著名人たちのように、大きな名望と幸福のうちにある人物がこれらの条件を満たす。

このように見てくると、素晴らしいストーリーというのは、一部の人々が主張する二重の構成ではなく、むしろ一本の筋の構成でなくてはならない。しかも、第一に、一本の筋が不幸から幸福への変転ではなく、反対に幸福から不幸への変転であること、

6　「忌まわしい（miaron）」とは道徳的な反感や憤慨を呼び起こすような性質で、第十四章一四五三b三七—一四五四a二では子が親を殺害しようと目論む場合が例に挙げられている。

7　原語の philanthrōpos には二通りの解釈があり、①極悪人が当然の報いとして不幸になると、正義が実現されたとして満足する処罰感情、②極悪人でも不幸になれば同情する博愛の感情である。このうち②を採用した。その理由を挙げると、第一に、本章一四五三a三一—三六の「二重の構成（善人が幸福に、悪人が不幸になる）」は処罰感情を満たすストーリー展開であるが、これは「喜劇に固有の快」を生むゆえに悲劇と無関係なのは明白であるから、ここであえて処罰感情が憐れみや怖れから差別化されるのは不自然である。第二に、第十八章一四五六a二一では「驚くべき展開」が「悲劇的であったり、philanthrōpos であったりする」と述べられ、「悲劇的」に近い概念として philanthrōpos が並べられているゆえ、他者への「憐れみ」に近い「人間愛」を意味すると考えられる。第三に、『ニコマコス倫理学』第八巻第一章一一五五a二〇や『政治学』第二巻第五章一二六三b一五—一六では「人間愛」が市民同士の「友愛（philia）」に近い意味で用いられており、処罰感情とは似ていない。

第二に、不幸の原因が悪徳ではなく、大きな失敗であること、第三に、不幸になる人物は、上に述べたような中間的な人物であるか、もしくは、劣った人物よりはむしろ優れた人物であるのが必然的だということになる。

また、歴史上、実際に起こったことも、いま述べた事柄の証拠となる。すなわち、草創期の詩人たちは、どのようなストーリーでも手当たり次第取り上げていたが、今日では、最も優れた悲劇作品は少数の家門だけを題材にして組み立てられている。例えば、アルクメオン、[12]オイディプス、オレステス、メレアグロス、[13]テュエステス、テレポス[14]ほか、畏るべき目に遭ったり、畏るべきことを為したりした人々が題材となっているのである。

エウリピデス作品の悲劇らしさ

かくして、創作術の点で最も優れた悲劇作品は、以上述べてきたような構成を持つことになる。

それゆえ、二重の構成を主張する人々が誤っているばかりでなく、エウリピデスの作劇法を非難する人々も同じ誤りを犯しているといえる。すなわち、エウリピデスは

8 第二章一四四八a一七—一八の「悲劇は優れた人物たちを模倣の対象にしようとする」と矛盾して見えるが、二つ先の段落では「中間的な人物であるか、もしくは、劣った人物よりはむしろ優れた人物」と精密に規定されている。悲劇の登場人物に対する観客の判断には振れ幅があり、例えばオイディプスを、自分より優れていると見る観客もいる一方、自分と似たような人物だと判断する観客もありうる。

9 この部分に後続する eleos から homoion までは、文意が重複するため削除する。なお、「憐れみ」と「怖れ」については、ほぼ同様の説明が『弁論術』第二巻第八章一三八六a二七—二九にある。アリストテレスの倫理学との関係については「解説」参照。

10 「失敗 (hamartiā)」と呼ばれる行為には多くの種類がある (『ニコマコス倫理学』第二巻第六章一一〇六b二八—二九、第三巻第六章一一一一a三三—b二、同巻第七章一一一五b一五—一七、同巻第十一章一一一八b二一—二二、第八巻第八章一一四二a二一—二三)。しかし、悪徳と対比される失敗は、ある状況でたまたま個別の事柄に気づかないという意味での過ちか、一時の欲望や衝動にかられて不正な行為をなす過ちである。道を譲らない男に対して腹を立てたオイディプスが、父親と知らずに殺害してしまう行為が一例となろう。

11 リュディア王タンタロスの息子ペロプスの息子。テュエステスは兄アトレウスとミュケナイ王権を争い、国外に追放された。「失敗」が何を指すかは不明だが、アトレウスの妻アエロペと密通したり、自分の娘ペロペイアと交わったりした行為を指すのかもしれない。

私たちが述べてきたことを悲劇において実行し、作品の多くが不幸な結末に至って終わるが、既に述べたように、これは正しいわけである。その最大の証拠は、この種の悲劇作品が競演の場で舞台にかけられるとき、もしも結末まで首尾よく上演されるならば、最も悲劇らしい悲劇に映じることである。そしてエウリピデスは、たとえ他の諸点をうまく捌《さば》かなかったとしても、[15] 悲劇らしい悲劇を創作することにかけては最高の詩人に映じるのである。[16]

二重の構成

二番目に良い構成は、一部の人々が一番良いものに挙げる二重の構成で、とくに『オデュッセイア』に見られる［勧善懲悪の］種類のものである。すなわち、善人は不幸から幸福へ、悪人は幸福から不幸へというように、それぞれが正反対の結末を迎える種類の二重の構成である。[17] この種の構成が一番良いものに思われてしまうのは、観客たちの精神的な弱さのせいにほかならない。[18] というのも、詩人たちは観客たちに追随し、その願望に迎合するようにして創作するからである。

しかし、この種の構成が生み出す快は、悲劇から生じる快ではなく、むしろ喜劇に

固有の快である。事実、喜劇のストーリーでは、最も敵対する関係にある人々、例え

12 アルゴスの予言者アンフィアラオスの息子。父親の遺言に従ってテバイを攻め落とし、母親のエリフュレを殺害する。アルゴスを去ってプソフィス王フェゲウスの王女アルシノエを妻とし、首飾りと衣を贈るが、母親殺しの汚れゆえに放浪の旅に出て河の神に罪を浄められる。河の神の娘カリロエとも結婚したものの、カリロエが首飾りと衣を欲しがったとき、それらをフェゲウスから取り戻そうとして殺される。

13 カリュドン王オイネウスの息子。生後七日目に運命の女神たちが現れ、炉の薪が燃え尽きるとメレアグロスの命も尽きると告げたことから、母親のアルタイアは炉から薪を取り出して箱にしまった。成長したメレアグロスは、女神アルテミスが送り込んだ猪の退治に加わり、仕留めた猪の皮をアタランテという若い女狩人に与えるが、アルタイアの兄弟たちは皮を彼女から奪う。怒ったメレアグロスは彼らを殺害したため、そのことを悲しんだアルタイアが箱から薪を取り出して火をつけると、たちまちメレアグロスは命を落とす。

14 ヘラクレスがテゲア王アレオスの娘アウゲとの間にもうけた息子。赤子のとき山中に捨てられ、雌鹿に育てられた（「テレポス」とは「鹿に養われた者」という意味）。成長してトロイア南東のミュシア王となるが、ミュシアをトロイアと間違えたギリシャ人と戦い、ギリシャ軍の英雄アキレウスの槍で腿を負傷する。しかし、八年後に神託を受け、トロイアへの航路がわからずに困惑していたギリシャ軍に航路を教える。

ばオレステスと［彼の父親を殺害した］アイギストスとが、[19]最後には友人となって退場してゆくといった具合で、誰かが誰かによって殺害されることなど決してないのである。[20]

15 第十五章では、エウリピデスが用いた「機械仕掛け（の神）」の手法が批判される。
16 このようなエウリピデスへの賛辞は、アリストファネスが『蛙』や『女の祭』などの作品にエウリピデスを登場させ、揶揄したことへの反論とも考えられる。
17 『オデュッセイア』では主人公オデュッセウスが帰郷して幸福な結末を迎え、妻ペネロペイアに対する求婚者たちが滅ぼされて不幸な結末を迎える。また、オデュッセウスの召使いの中で、主人の不在中に忠実だった者は報われ、不実だった者は命を落とす。『オデュッセイア』のあら筋については、第十七章を参照。
18 深刻な悲劇性に耐えられず、安易な快を求める観客を批判した一文。本書が「あるべき悲劇」を考察するとき、「あるべき観客像」も相関することがわかる。また、ここでいわれる「精神的な弱さ」は、『ニコマコス倫理学』第七巻第一～十章の「無抑制（akrasia）」の議論を思い起こさせる。すなわち、正しい道理を知っていながら意志が弱いため一時的な欲望に負け、正しくない行為をしてしまう無抑制者は、安易な快に引きずられるのである。
19 テュエステス（本章注11参照）とペロペイアの息子。ミュケナイ王アガメムノンの妻クリュタイメストラと密通し、トロイア戦争から帰国したアガメムノンを殺害する。その後、アガメムノンの息子オレステスは父親の命を奪われたことに対する復讐を果たすべく、母親とアイギストスの両人を殺害する。
20 古い悲劇のストーリーを改変して喜劇に仕立て直すのが流行した時代があり、ここで挙げられているのもそうした例かもしれない。

第十四章

視覚効果の問題

さて、［ストーリー以外にも目を向ければ］怖れや憐れみを呼び起こすものは視覚効果から生じることも確かにありうる。しかし、出来事の組み立てそのもの、すなわちストーリーから生じる方が優位性を持ち、したがってまた、それがより優れた詩人の仕事に属する。というのもストーリーは、たとえ目で「見る」ことを伴わなくとも、［朗唱される］悲劇中の出来事を耳で「聞く」だけで、その出来事に怖れおののいたり憐れんだりすることが起こるように構成されるべきだからである。『オイディプス王』のストーリーを聞く人は、まさにこの通りのことを経験するであろう。

それに対し、視覚効果によって憐れみや怖れを呼び起こすよう仕組むのは、創作術からはずれてゆく手法である上、コロスにかかる経費に助成も要することになる。さ

1453b

らにいっそう創作術からはずれるのは、視覚効果によって、怖ろしいものではなく単に怪奇的なものを仕組む場合で、それは悲劇と何ら交わるところのないものになる。[1]というのも、悲劇から生じる快として、あらゆる種類の快を求めてよいわけではなく、「悲劇に固有の快」を求めるべきだからである。すなわち、憐れみと怖れから快が生じるよう、詩人は模倣によってこそ仕組まなければならないのだから、それをストーリー中の出来事のうちに作り込んでおくべきことは明らかである。

「受難」における人間関係

そこで、ストーリー中の事件のうち、どのような事件が畏怖を呼び起こすものに映り、どのような事件が憐憫を呼び起こすものに映るかという問題を「「受難」に着目して」取り上げよう。

1 本章が視覚効果について述べるのは唐突に見えるが、この後で述べられる「受難」と密接に関わる。なぜなら、受難の惨劇は外面的な視覚効果だけでも観客に憐れみや怖れを呼び起こすからである。そうした外面的な怖ろしさは怪奇性に転じやすく、悲劇の生み出すべき怖ろしさと異なることは、現代のホラー映画を思い起こせば明らかであろう。

畏怖や憐憫を呼び起こす行為は、人物同士の関係の中で起こるから、その関係は必然的に、親しい関係か、敵対する関係か、親しくも敵対してもいない関係かのいずれかになる。まず、敵対する関係の場合には、何らかの行為を実際に行うにせよ、目論むにせよ、受難の場面そのものの悲惨さを除けば、何ら憐れみを呼び起こす要素はない。その点は、親しくも敵対してもいない関係の場合も同じであろう。それに対し、親しい関係の中で受難の惨劇が生じる場合、例えば兄弟間の殺人や、息子が父親を、母親が息子を、息子が母親を殺害したり、あるいは殺害を目論んだりする場合、さらに、それらに類する行為の場合は、題材として求めるべき事件になる。

伝承の受難のストーリーの使い方

したがって、伝承のストーリー、例えば、母親のクリュタイメストラが息子のオレステスによって殺害されたり[2]、母親のエリフュレが息子のアルクメオンによって殺害されたり[3]というような受難のストーリーを崩すことはできない。とはいえ、伝承のストーリーといえども、それらを素晴らしい仕方で使う手法については詩人自身が発見しなければならないのである。

では、「素晴らしい仕方で」とはどういう意味なのか、もっと明瞭にわかるように述べてゆこう。〔要点は、行為に対する認知なのだが〕劇中の行為の起こり方というのは、昔の詩人たちが創作したように、自分が為すことを知りながら、つまり認識しながら行う場合（第一の類型）がある一方、畏るべきこと[4]を為すとは知らずに実行し、後になって相手と親しい関係であったことを再認する場合（第二の類型）もある。エウリピデスの作品の中でメデイアが自分の子どもたちを殺害するのは前者に当たるし、[5]ソフォクレスの作品の中でオイディプスが自分の父親と知らずにライオスを殺害する

b30

2　第十三章注19参照。
3　第十三章注12参照。
4　ここでいわれる「畏るべきこと」は、「怖れ」を呼び起こす出来事と必ずしも同じではなく、行為者が予想もしない重大事を指す。
5　エウリピデスの『メデイア』において、メデイアは夫イアソンとコリントスに暮らす。コリントス王クレオンは自分の娘をイアソンと結婚させようと考え、その妨げとなるメデイアを国外に追放しようとする。そのとき、娘と結婚する気になったイアソンはメデイアを守らない。激しく怒ったメデイアは毒塗りの贈り物で王と娘を殺害した上、イアソンとの間に生まれた二人の息子も殺して夫への復讐とし、コリントスから去る。

のは後者に当たる。ただしオイディプスの父親殺しは［劇中で演じられないため］劇外にあるが、悲劇そのものの中で演じられる行為としては、アステュダマスの作品に登場するアルクメオン[6]や、『傷ついたオデュッセウス』におけるテレゴノス[7]の行為が例に挙げられる。このほか第三の類型として、取り返しのつかない行為を、そうとは知らないゆえに目論みながら、実行する前にそれを再認［して回避］する場合がある。［悲劇ではほとんど見られない第四の類型として、自分が為すことを知っていて実行しない場合も当然あるとはいえ］以上挙げた以外に別の仕方はありえない。なぜなら、行為というのは、実行するかしないか、また、自分が為すことになる行為を知っていて為すか、知らずに為すかのいずれかであるのが必然だからである。

　これらの類型の中で最も拙劣なのは、自分が為すことを知っており、それを目論みながら実行しない場合（第四の類型）である。拙劣だという理由は、目論みが忌まわしい上、受難の惨劇を欠くゆえに悲劇的でないからである。そうであればこそ、[8]『アンティゴネ』の中でハイモンが父親のクレオン殺害を目論みながら果たさない場合などの稀な例を除けば、このような仕方で創作する詩人はいない。そして、自分が為すことを知っていて実行する場合（第一の類型）は、［受難の場面を含む分だけ良いので］

1454a

拙劣なものとしては二番目になる。さらに優れているのは、自分の為すことを知らずに実行し、実行後に行為を再認する場合（第二の類型）である。なぜなら、この場合、

6　アステュダマスは紀元前四世紀のアテナイの悲劇詩人。二百四十もの悲劇を上演し、コンテストで十五回優勝したと伝えられる。アルクメオンについては第十三章注12参照。

7　『傷ついたオデュッセウス』は、断片のみ伝わるソフォクレスの『エイの棘に刺されたオデュッセウス』のことだと考えられる。テレゴノスは、トロイア戦争後の帰途にオデュッセウスが太陽神ヘリオスの娘キルケとの間にもうけた息子で、成長後、父親を探しにイタケへやって来て略奪を行う。それを海賊の襲来だと思って駆けつけたオデュッセウスに対し、テレゴノスは父親とは知らずに毒を持つエイの棘をつけた槍で傷つけ殺害してしまう。殺した相手が父親だと気づいたテレゴノスは、その遺体をキルケの住む島に運んで埋葬する。

8　ソフォクレスの『アンティゴネ』一二三一以下の出来事。オイディプスの息子エテオクレスがテバイ王であったとき、エテオクレスの兄ポリュネイケスが王位を奪還しようとテバイに攻め入り、兄弟は相討ちでともに命を落とす。以前に王であったクレオンが再び王位につき、エテオクレスの国葬を行うが、ポリュネイケスの遺体は野ざらしにする。ポリュネイケスの妹アンティゴネはそれを見かね、王の布告に背いて兄を埋葬したため死刑を宣告されて自死する。クレオンの息子ハイモンは婚約者アンティゴネの死を嘆き、クレオンを剣で切りつけようとするが、失敗して自殺する。

忌まわしさが加わらない上に、再認が驚愕を生み出すからである。

しかし、先ほど最後に挙げた［実行前に再認する］もの（第三の類型）が最も優れている。[9]例えば、『クレスポンテス』の中でメロペが息子とは知らずに男性の殺害を目論むものの実行せず、彼を息子であると再認する場合[10]や、『タウリケのイフィゲネイア』の中で姉のイフィゲネイアが弟のオレステスに同様のことをした場合[11]、さらに『ヘレ』の中で息子が母親とは知らずに女性を敵に渡そうと目論むものの実行せず、彼女を母親であると再認するような場合[12]が該当する。

先にも述べたように[13]、悲劇作品の題材となる家系が多くないのは、ここまで見てきた理由によるものである。というのも、題材を探し求めた者たちが、ストーリー中にこの種の巧みな展開を仕組むことを発見したのは、創作術の熟達に由来するのではなく、幸運な偶然の結果だからである。それゆえ、この種の受難が起こった家門だけを頼みにせざるをえなくなっているのである。

以上、出来事の組み立てについて、また、ストーリーがどのようなものであるべきかということについて、十分に述べられた。

a10

9　この記述からわかるように、殺害などが未遂に終わっても、肉親間の切迫した状況が憐れみと怖れを生じさせるとアリストテレスは考えている。

10　『クレスポンテス』はエウリピデスの失われた作品。ギリシャ神話によれば、ポリュポントスはメッセネ王クレスポンテスを殺害し、その王妃メロペを妻として王位につく。クレスポンテスとメロペの間には三人の息子がいたが、三男のアイピュトスだけはひそかに国外で成長し、父親の仇を討つためメッセネに戻る。アイピュトスはポリュポントスを欺こうと「クレスポンテスの息子を殺してきた」と偽るが、それをメロペは信じてしまい、自分の息子とは知らずに殺そうとする。しかし、止めに入った老僕から真相を聞いたメロペは息子を再認し、アイピュトスはポリュポントスを殺害してメッセネの王位を取り戻す。

11　『タウリケのイフィゲネイア』のあら筋については第十七章一四五五b三―一五参照。

12　『ヘレ』については作者も内容も不明。ただ、ギリシャ神話によれば、ボイオティア王アタマスの娘ヘレにはフリクソスという兄がいた。兄妹は継母から迫害を受け、ヘレが命を落とした海が「ヘレスポンテス（ヘレの海）」と呼ばれた。

13　第十三章一四五三a一八―二二。

第十五章

「性格」が目指す四点

〔「ストーリー」の次に重要な「性格」に移れば〕悲劇の登場人物の性格については、狙いを定めるべきことが四点ある。

第一に、これが最も重要なわけであるが、性格が「優れている」ということである。既に述べたように、[1]登場人物が何を好んで選択するかを台詞や行為が明らかにしている場合、たとえどのような選択であるにせよ、人物は性格を持つことになる。もしも選択が優れているならば、性格も優れていることになるのである。そして、優れた性格というのは人間の種類ごとにありうる。つまり、女性なら優れた女性、奴隷なら優
a20 れた奴隷が存在するのである。しかし、〔種類に即して考えず、端的に人間の優劣をいうならば〕おそらく女性と奴隷は、前者が比較的劣った者、後者はまったくもって劣っ

た者となって［優れた性格の女性や奴隷が見つからなくなって］しまうだろう。

第二に、「ふさわしい」ということである。例えば、性格の一つとして勇敢さというものが確かにあるにしても、女性にとっては、あまりにも勇敢であることや、畏るべき聡明さを持つことはふさわしくない。

第三に、「［当の人物らしくなるよう］似ているものにする」ことである。[2] これは、先に挙げた、性格を「優れている」ものや「ふさわしい」ものに造形することとは、別の観点から要求される事柄である。

第四に、「一貫している」ことである。たとえ模倣の対象が、一貫性のない性格の持ち主であり、そのような人物として想定されている場合でもなお、一貫性のない性格が劇中で一貫している必要がある。

以上の点を守っていない典型的な例を挙げてみると、『オレステス』では、メネラ

1　第六章一四五〇b八―一二。
2　優れた人物に造形することとは別に、欠点を含めた性格を当の人物らしく描くべきだという要請である。この要請は、悲劇中の優れた人物が、不幸に陥る原因となる失敗（第十三章一四五三a一三―一七）を犯すほどには欠点を持つことと関連していよう。

a30 オスの性格が「「優れている」という条件に反して」不必要に劣悪なものになっている。[3]
また、「ふさわしい」という条件に反し、不似合いな例としては、『スキュラ』において、雄々しくあるべきオデュッセウスが嘆く例[4]や、『賢女メラニッペ』において、メラニッペが「学者のように」演説する例[5]がある。さらに、『アウリスのイフィゲネイア』のイフィゲネイアの性格には一貫性がない。なぜなら、当初、生贄《いけにえ》にされることを嘆いて命乞いしていたイフィゲネイアと、「自ら進んで命を差し出す」後の彼女とは何ら似ていないからである。[6]

性格とストーリー展開

さて、登場人物の性格に関しても、出来事の組み立てと同様に、必然的な展開、もしくは、もっともな展開を常に求めるべきである。つまり、このようなタイプの性格なら、このようなタイプの事柄を述べたり行ったりするのが必然的、もしくは、もっともな展開であり、したがってまた、この出来事があの出来事の後に起こるのも必然的、もしくは、もっともな展開であるというようになっていなければならない。

1454b それゆえ、ストーリー上の「解き」[7]（解決）も、ストーリーそのものから生じるべ

きことは明らかである。これに反する例としては、『メデイア』において太陽神へリ

3 エウリピデスの『オレステス』において、スパルタ王メネラオスは甥オレステスが母親殺しの罪でアルゴス人から処刑されようとしたとき、わずかな兵力ではアルゴス人と戦えないという理由で彼を救うことを拒否する。そして、「身内の者を助けようともしない卑怯者」とオレステスから罵倒される。

4 『スキュラ』は、詩人ティモテオス（第二章注9参照）の失われたディテュランボス。『オデュッセイア』第十二歌八五―一二六、二二三―二三二では、六つの首と十二の足を持つ怪物スキュラがオデュッセウスの部下たちをとらえて食う。おそらく『スキュラ』では、このことを嘆くオデュッセウスが描かれていたのであろう。

5 『賢女メラニッペ』は、断片のみ残るエウリピデスの作品。その中でメラニッペは海神ポセイドンと交わって双子を産み、牛小屋に隠す。メラニッペの父親は牛が奇怪な双子を産んだと考え、焼き殺そうとするが、メラニッペはわが子を救うため父親への説得を試み、双子が奇怪なものではないと説明する。ここで「演説」といわれるのはそれを指すのであろう。

6 エウリピデスの『アウリスのイフィゲネイア』一二一一以下と一三六八以下では、トロイア戦争におもむくギリシャ軍がアウリスの浜に集結するものの、女神アルテミスが出航を妨げる。そのとき、総大将のミュケナイ王アガメムノンは娘イフィゲネイアをアルテミスへの生贄に捧げようとする。それを知ったイフィゲネイアは当初、涙を流して命乞いするが、その後、ギリシャを救うため自分が犠牲になることを申し出る。

オスが差し向けた空飛ぶ竜の車にメデイアが乗るくだりや、[8]『イリアス』において女神アテナがギリシャ軍の船出を止めるくだりがあるが、[9]このような「機械仕掛け」[10]の〔神の〕解決であってはならない。

ただし、演じられる範囲に含まれない劇外の出来事に限っては、機械仕掛け〔の神〕を使うべき場合がある。すなわち、時間的に先立って起こったため人間には知ることのできない出来事や、時間的により後に起こるため予言や託宣を必要とする出来事においてである。[11]というのも、私たちは神々に対し、万事を見通すことを許容するからである。

ともかく、ストーリーを構成するさまざまな出来事には、決して脈絡上の不合理があってはならない。もしも避けられない場合には、『オイディプス王』に例が見られるように、悲劇で演じられる範囲の外に置くべきである。[12]

性格の描き方

悲劇は、私たちより優れた人物の模倣であるから、優れた肖像画家の手法を見倣う[13] b10
べきである。というのも、優れた肖像画家たちは人物特有の形態をとらえて〔当の人

物らしくなるよう」似ているものを作り上げながら、それでいて実際の人物より素晴

7　「解き」については第十八章で説明される。

8　エウリピデスの『メデイア』(第十四章注5参照)一三一七以下では、自分の二人の息子を殺害したメデイアが、太陽神へリオスから与えられた竜の車に乗って舞台上方に現れ、最後に夫イアソンと激しい非難の応酬をした後、アテナイへ去ってゆく。ストーリー上の「縺れ」(第十八章参照)に当たる息子の殺害が、メデイアの性格に起因する必然的、もしくは、もっともな展開であるのに対し、「解き」の方はそのような展開になっていないことをアリストテレスは指摘したいのであろう。

9　『イリアス』第二歌一〇九―二一〇では、トロイア戦争の終盤、ギリシャ軍がトロイア攻略を放棄して帰郷するため船出しようとしたとき、女神アテナがオリュンポス山を駆け下りてきてオデュッセウスを励まし、船出をやめさせる。

10　「機械仕掛け」の原語は mēkhanē で、神の役を演ずる俳優を舞台の上方に出現させるクレーンのようなものであったと推測される。しばしば劇の終わりに都合よく神が登場し、ストーリー展開を突如、決着させることから、このような強引な解決の仕方が「機械仕掛けの神」と呼ばれ、ラテン語で「デウス・エクス・マーキナー(deus ex machina)」といわれる。アテナイ三大悲劇詩人の中ではエウリピデスが最も多用した。

11　この記述からわかるように、アリストテレスは「機械仕掛け」を一定の条件下で許容する。

らしい肖像を描くからである。詩人もこれと同じ仕方で、怒りっぽい人物や軽薄な人物、さらにはこれらに類する性格上の欠点を持つ人物たちをそのようなものとして模倣しつつ、しかも優れた人物に造形する必要がある。例えば、ホメロスが『イリアス』の中でアキレウスを[14]、「いかにもアキレウスらしく」堅物の典型でありながら優れた人物として造形したようにである。

以上述べてきた事項は「詩作術の本質に属するゆえに」守らなければならないが、これらに加え、詩作術に必然的に付随する要因として[15]、さまざまな感覚に関わる事項も守らなければならない。なぜなら、この点でも誤りを犯すことがしばしばあるからである[16]。しかしこの点については、既に公刊した論稿[17]において十分に述べておいた。

12 ソフォクレスの『オイディプス王』において、オイディプスは、自分の母親と知らずに結婚したイオカステと長年一緒に暮らしながら、イオカステの前夫（オイディプスの父親）のライオスがどのようにして亡くなったかを知らない。この不自然な設定が「ストーリー化される内容の外」に置かれていると、第二十四章一四六〇a二九―三〇では述べられている。

13 「見倣う」と訳した mimeisthai は「模倣する」とも訳せるため、同じ文の中で「模倣」をあえて繰り返し、読者の目を引いている可能性がある。本章一四五四a二七―二八の「一貫性のない性格が劇中で一貫している」のように、機知に富んだ表現の一つかもしれない。

14 トロイア戦争におけるギリシャ軍の英雄の一人で、『イリアス』の主人公。

15 「必然的に付随する（eks anagkēs akolouthei）」とは、本質となるものに対し、必ずしも本質的ではないものが不可避に付いて回ること。悲劇の登場人物の性格を描く場合、俳優による演技の見え方や声の聞こえ方も関わってくることなどを指すと考えられる。他にも、悲劇の様式が十分な状態かどうかを本質的に判断する観点に対し、劇場上演と関連する観点が付随する関係（第四章一四四九a七―九）、詩作術の語法に対し、俳優の話し方という意味での語法が付随する関係（第十九章一四五六b八―一九）にアリストテレスは留意している。

16 第十七章一四五五a二六―二九で述べられる悲劇詩人カルキノスの失敗は、こうした感覚に関わる事項の過ちの例かもしれない。

17 アリストテレスが初期に書いた対話篇で、失われた『詩人論』を指すと考えられる。

第十六章

再認の種類

「再認」とは何かということについては先に（第十一章で）述べたので、ここでは「再認」の種類を［事例に即して］挙げてゆく。[1]

第一に、創作術としては最も劣るが、行き詰まったときの手法として最もよく使われるもので、「印」を手がかりとする再認がある。これは二通りに分かれ、先天的な印の場合と後天的な印の場合がある。先天的な印の例は、「大地から生まれた人々が持つ槍の印」といわれるテバイ人の痣《あざ》[2]や、カルキノスの『テュエステス』の中で使われる星の印[3]である。後天的な印はさらに二通りに分かれ、傷痕のように身体の内にある印の場合と、［エウリピデスの『イオン』で使われる］首飾りや[4]、『テュロ』の中で使われる小舟[5]のように身体の外にある印の場合がある。

b20

そして、印を使うのにも、優れた使い方と拙劣な使い方がある。例えば『オデュッセイア』の中で、オデュッセウスは自分の足の傷痕を手がかりとして乳母から再認され、[6]さらに豚飼いたちから再認されるが、[7]〔乳母の方は男の足を洗うとき傷痕に気づくのに対し、豚飼いたちの方はオデュッセウスが自ら進んで傷痕を見せるため〕その仕方は

1　本章における「再認」の種類分けは、ストーリーに具体的な設定（いつ・どこで・誰が・何を・どのように）を盛り込んで挿話化するパターンの比較研究である。それゆえ、第十一章のように人間同士と無生物に対する再認を分けたり、一方向と双方向の再認を分けたりする形式的な種類分けではない。優れたストーリーのタイプを論理的・普遍的に考察してきた第十五章までとは異なり、本章から第十八章までは過去の作品例を個別的な挿話のレヴェルで検討し、歴史的経験に学ぶ形での議論が続く。

2　ギリシャ神話によれば、テバイ人の祖先は大地に蒔かれた竜の歯から生まれ、その子孫は槍の穂先に似た形の痣を生まれつき持つ。この伝説が、断片のみ残るエウリピデスの『アンティゴネ』の中で再認に使われていたという説がある。それによれば、テバイ王クレオンは息子ハイモンに婚約者アンティゴネを殺すよう命じるが、ハイモンは従わない。やがてアンティゴネの生んだ息子が成人して競技会に出場したとき、身体に「印」を見つけたクレオンは、それが誰の子であるかを知る。

違っている。［そのうち豚飼いたちの再認の場面のように］素性を証明するために印を示す場合や、それに類する仕方で生じる再認はみな創作術としてより劣ったものであるが、乳母の「足洗い」のくだりのように、［自分の素性を隠しておこうとするオデュッセウスの意図に反して］展開の逆転が生じ、そこから再認が起こる場合はより優れたものである。

第二に、詩人によって都合よく拵《こしら》えられた再認があるが、これは、拵えものであるがゆえに創作術として劣る。例えば、『タウリケのイフィゲネイア』の中でオレステスが自分こそオレステスであると名乗り出て、姉のイフィゲネイアが彼を再認する場面がそうである。[8]

これが拵えものだというのは、反対方向の再認、すなわちオレステスのイフィゲネイアに対する再認が、彼女からの手紙に起因することと対照的だからである。つまり、問題の場面でオレステスが自ら語る素性は、ストーリーの望むところではなく、詩人の望むものだからである。それゆえ、この種の再認は、先に述べた［「印」を示すことによる］再認に近い欠点を持っている。というのも、オレステスが素性を語る代わりに、何らかの印を持っているという設定でもよかっただろうからである。同様の例は

b30

ソフォクレスの『テレウス』にもあり、「梭《ひ》の声」［と呼ばれる文字が都合よく衣に織り

3 カルキノスは、百六十の作品を書いたといわれる紀元前四世紀の悲劇詩人。『テュエステス』を含め、作品は断片のみ残る。テュエステスについては第十三章注11参照。テュエステスの父ペロプスは、その父タンタロスに切り殺されて神々の宴に差し出され、デメテルに肩の肉を食われる。その後、神々がペロプスの四肢をつなぎ合わせたとき、欠けていた肩の部分に白い象牙をはめこんだ。以来、テュエステス、アトレウス、アガメムノン、オレステスなどの子孫たちは、ペロプスの血統を示す白い印（「星の印」）を肩に持つようになった。

4 エウリピデスの『イオン』一四三一以下では、アテナイ王の娘クレウサが太陽神アポロンとの間にもうけた息子イオンを洞窟に捨てるが、デルフィの巫女が捨て子を育てる。クレウサは、王家に身を寄せていたクストスと結婚したものの子どもに恵まれず、神託を求めてデルフィを訪れたとき、首飾りが手がかりとなり、対面した子どもをイオンだと再認する。

5 『テュロ』は、ソフォクレスの失われた作品。『オデュッセイア』第十一歌二三五以下によれば、サルモネウスの娘テュロは海神ポセイドンとの間にできた双子の息子を小舟に乗せて捨てる。成長した息子たちは、テュロを虐待したサルモネウスの後妻シデロを殺害する。

6 『オデュッセイア』第十九歌三八二―四七五。

7 『オデュッセイア』第二十一歌二〇五―二二五。

8 第十七章一四五五b三―一五参照。

込まれること」から事件の再認が生じる。[9]

第三に、記憶を介しての再認がある。これは、ディカイオゲネスの『キプロスの人々』の中で、主人公が絵を見て泣いたように、[10]登場人物が何かを見て、それが何であるかを感知することによって記憶が蘇り、本人の素性が知られる結果になるものである。同様の例は『オデュッセイア』の中の「アルキノオスへの物語」にもあり、オデュッセウスは竪琴弾きの歌う「トロイア戦争の」歌を聞いて往時の記憶を蘇らせ、涙する。[11]いずれの主人公も、この一件から再認された。

1455a

第四に、推論から生じる再認がある。[12]例えば、『供養する女たち』の中での「エレクトラが父親の墓前で行う」次のような推論がそうである。「誰か私に似た人がここへ来た。私に似た人は弟のオレステス以外にいない。それゆえ、ここへ来たのはオレステスである」[13]。

また、ソフィストのポリュイドス[14]によるイフィゲネイア論を参照すれば、オレステスが「姉のイフィゲネイアも生贄にされたのだから、私自身も生贄にされるのだ」と推論して語るのは「都合よく拵えられたものではなく」もっともな展開だということであるから、[15]「この台詞を聞いたイフィゲネイアが弟のオレステスを再認するのも」やはり

推論による再認である。［このポリュイドスの論に従うと］テオデクテスの『テュデウ

9　ソフォクレスの『テレウス』は断片のみ残る作品。ギリシャ神話によれば、トラキア王テレウスは、戦時にアテナイ王パンディオンを支援し、パンディオンから娘プロクネを妻に与えられる。しかし、テレウスはプロクネの妹フィロメラに恋し、犯した上、口封じのためフィロメラの舌を切る。フィロメラは自分の不幸な身の上を文字にして衣の刺繍（「梭の声」）に織り込み、プロクネに届ける。

10　ディカイオゲネスは紀元前四〇〇年頃の悲劇詩人で、作品の断片のみ残る。『キプロスの人々』については何も知られておらず、ここで説明されている事柄も不明である。

11　『オデュッセイア』第八歌五二一以下の出来事。パイアケス人の島に漂着したオデュッセウスは、この国の王女ナウシカアに助けられ、王アルキノオスから歓待を受ける。宴会となり、トロイア戦争でのオデュッセウスの活躍を織り込んだ「木馬の物語」を吟遊詩人が歌うとオデュッセウスは涙を流し、アルキノオスに自分の素性を明かした上、それまでの漂流について長い物語を話した。これに由来し、プラトンの『国家』第十巻六一四Bでは「アルキノオスへの物語」が長話の代名詞として使われている。

12　A氏がB氏を再認するとき、推論が関係する仕方は二通りある。B氏の存在を示す事実に基づいてA氏の行う推論（思考）が再認をもたらす場合と、B氏が推論した内容を台詞で語るのをA氏が聞いて再認が起こる場合である。以下に挙げられる四例のうち、最初の例は前者であるが、ポリュイドスの考え方に従った残りの三例は後者である。本章注15参照。

ス』の中で、父親が「息子を探そうとしてやって来たのに、自分が死ぬとは」と語るのを息子が聞き、父親だと再認する例もそうである。[16] また、『フィネウスの息子たち』の中で、女たちが昔捨てられた場所を見て、「ここで死ぬのが私たちの運命なのだ、なぜなら、私たちが捨てられたのもここだったのだから」と運命を推論したことから彼女たちの素性が再認される場合も同様である。[17]

第五に、観客が行う誤謬《ごびゅう》推論[18]から生じる再認もあり、これは「二つの推論を誤って混合しているという意味で」一種の合成的なものである。例えば、『偽りを伝えるオデュッセウス』では、「オデュッセウスだけが弓に弦を張ることができ、他の誰にもできない」という設定が詩人によって作られており、これが本来の推論の前提となっている。[19] したがって、たとえオデュッセウスに「見たことのない弓を識別してみせる」と語らせたとしても、もともとは弓に弦を張ってみせることで再認が生じるという構成だったのだから、弓の識別によって再認が生じるのは誤謬推論の使用になる。

第六に、あらゆる再認のうちで最も優れているのは、出来事そのものから生じる再認で、もっともな展開によって驚愕を生み出す場合である。その好例はソフォクレスの『オイディプス王』や「エウリピデスの」『タウリケのイフィゲネイア』に見られるものであり、後者についていえば、［異郷にいる］イフィゲネイアが［故郷の家族へ］手紙を届けたいと望むのはもっともな展開なのである。この種の展開で生じる再認だ

13　アイスキュロスの『供養する女たち』一六八以下の出来事。父アガメムノンの墓に供え物を持ってきた娘エレクトラは、そこに自分と同じ色の髪の房を見出し、自分のものとよく似た足跡にも気づいて、墓前へ先にやって来たのは弟オレステスにちがいないと考える。

14　「ソフィスト」と訳した原語の sophistēs は「知恵のある者」を意味し、弁論術などを人々に教えた知識人の呼称。紀元前四世紀にディテュランボスのコンテストで優勝したポリュイドスという詩人がいるが、ここでソフィストといわれる人物と同一かどうかは不明である。同じ名の詩人と区別するために「ソフィストの……」と書かれた可能性もあろう。第十七章一四五五b一〇では、イフィゲネイアに関する悲劇を書いた詩人としてポリュイドスの名が挙げられている。

15　ポリュイドスは、通常なら「都合よく拵えられた再認」と見なされかねない展開を、「もっともな展開の再認」と考える。すなわち、イフィゲネイアが聞けば弟だと再認できるような台詞をオレステスに語らせるのは拵えもののように見えるが、脈絡からしてもっともな展開であり、さらに、その台詞から再認が生じるのももっともな展開だと考えるのである。アリストテレスはこの考え方を引用しつつ、詭弁になる危うさも考慮し、詭弁家の代名詞である「ソフィスト」としてポリュイドスを紹介したのかもしれない。前注も参照。

けが、都合よく拵えられた印だとか、「首飾り」の使用だとかを免れている。そして、二番目に良いのが、推論から生じる再認ということになる。

16 テオデクテスについては第十一章注3参照。『テュデウス』については何も知られていない。ギリシャ神話によれば、カリュドンの王子であったテュデウスは、亡命してアルゴス王の娘婿となり、テバイ戦争に出征して戦死する。その息子ディオメデスはテバイ戦争に出征したほか、トロイア戦争でも活躍し、『イリアス』に登場する。

17 『フィネウスの息子たち』については作者も内容も知られていない。ギリシャ神話によれば、フィネウスは黒海西岸のサルミュデッソスの王で予言者。先妻クレオパトラとの間に二人の息子をもうけたが、後妻イダイアが彼らに危害を加えたことからフィネウスは事件に巻き込まれる。ここでいわれる「女たち」が誰を指すかは不明。

18 誤謬推論とは、論理的に誤りを含む推論。第二十四章一四六〇a二〇―二六では、ここで述べられている合成的な推論とは別の種類の誤った推論が説明されている。

19 『偽りを伝えるオデュッセウス』については作者も内容も知られていない。しかし、オデュッセウスが昔使っていた弓に弦を張り、矢を放ってみせる場面は『オデュッセイア』第二十一歌三三〇―四三〇にある。本来の推論は、「〈大前提〉オデュッセウスだけが弓に弦を張ることができる。〈小前提〉この男は弓に弦を張った。〈結論〉この男はオデュッセウスである（再認）」。しかし誤謬推論では、〈小前提〉に「この男は弓を識別した」を用いるため、本来は推論が成立しないにもかかわらず、二つの推論系列を誤って合成することで再認が生じる。

第十七章

失敗を防ぐ経験則①――行為と感情表現を細部まで仕上げる

ストーリーを組み立て、語法を用いて仕上げる際には、できるだけ目の前に思い浮かべてみるべきである。[1]というのも、こうすることで、行為が行われている現場に居合わせているように最も生き生きと克明に見ることができ、作品に適した事柄を発見できるとともに、矛盾した事柄の見逃しも最小限に抑えられるだろうからである。その証拠として挙げられるのが、カルキノス[2]に向けられた非難である。すなわち、劇中でアンフィアラオス[3]が神殿から戻ってくる場面の問題点は、実際に見てみなければ気づかない種類のものであったため、舞台にかけられたとき観客の不興を買って作品は失敗に終わったのである。

　また、できる限り［登場人物の感情を表す］身振りをしてみることによっても、仕

a30 上げておくべきである。なぜなら、［詩作に関し］同じ自然本性[4]を持つ詩人たちの中では、さまざまな感情の中に入り込む人が最も説得力に富む仕上げ方をするからである。例えば、実際に苦悩を感じる詩人こそが最も真に迫った形で登場人物を苦悩させ、実際に怒りを感じる詩人こそが最も真に迫った形で登場人物を怒らせるのである。[5] それゆえ詩作は、恵まれた素質を持つ者の業《わざ》であるか、そうでなければ[6]狂気の者の業であ

1　本章と第十八章は「ストーリー」と「性格」に関する研究の続きであるが、悲劇の本質の定義から論理的に導かれる創作方法ではなく、補完手段として、過去の作品の失敗例に学んだ教訓や経験則を列挙する。これらの経験則は、ストーリーの言語化に先立って詩人が留意すべき事柄に属するため、「語法」と「思考」の考察を行う第十九章より先の位置に置かれたのであろう。

2　第十六章注3参照。

3　ギリシャ神話によれば、アンフィアラオスはアルゴスの予言者。アンフィアラオスが登場するカルキノスの作品については何も知られていないため、ここで述べられている問題点の内容も不明である。

4　第四章一四四九a四の「自然本性」とほぼ同じ意味で、悲劇あるいは喜劇の創作への適性を指す。

る。というのも、恵まれた素質を持つ者は柔軟性によって、狂気の者は我を失う自己離脱によって、さまざまな感情の中に入り込めるからである。

失敗を防ぐ経験則②——普遍的な内容を打ち出しておく

さらに、作品化する話が、既に作られてあるものにせよ、詩人自身の創作にせよ、まず普遍的な内容を打ち出しておき、その後で挿話を盛り込んで長文へと展開すべきである。[7]どういう意味かというと、例えば『タウリケのイフィゲネイア』の普遍的な内容は次のように観て取られる。[8]

「一人の乙女が神の生贄に捧げられるが、生贄の儀式を行った人々には不可解な仕方で彼女は姿を消してしまい、異国の地に落ち着く。その国には、異国人たちを女神の生贄に捧げるという掟《おきて》があり、彼女はその祭司の役を得た。

時が経ち、この女祭司の弟がたまたまその国にやって来ることになった（神が託宣で弟にそこへ行くよう命じたこと、すなわち、何のために弟がそこへ来たかということはストーリーの外にある）。

1455b

弟はやって来て捕らえられ、生贄に捧げられようとしたとき、姉によって再認された（再認の場面は、エウリピデスの［創作術としては劣った］やり方のように弟が名乗り出る仕方もあれば、[9]ポリュイドス[10]のやり方のように「姉だけでなく、私自身も生贄にされなければならなかったのか」と弟が語る、もっともな展開もある）[11]。そして、 b10

5 ホラティウスが『詩論』一〇二―一〇三で「私を泣かせたいと望むのなら、まず、あなた自身が悲痛な思いをしなければならない」と詩人に呼びかけているのは、本書からの影響であろう。

6 タランの校訂では、「そうでなければ」と訳したē を mãllon ē に変え、「……狂気の者よりも、むしろ恵まれた素質を持つ者の業である」と読むが、これは主要な写本に反する上、理由を示す後続文の内容と整合しない。

7 この経験則は、第九章一四五一b三三―三四で「最も拙劣」といわれた「『挿話的な』ストーリー」を作ることがないよう、心得として書かれたのであろう。

8 「観て取られる」と訳した原語は theōreisthai。普遍的な事柄が思索されることを意味する。

9 先に、第十六章一四五四b三〇―三五で「詩人によって都合よく拵えられた再認」の例に挙げられている。

10 第十六章注14参照。

11 第十六章注15参照。

そこから救いが生じる」[12]

この作業の後は、もはや登場人物たちに固有名を設定し、挿話を盛り込むべき段階である。例えば、「弟」に設定されたオレステスについては、捕らえられた原因として狂気の発作を盛り込み、救いが生じた原因として生贄になる前の身の浄めを盛り込むというように、[13]挿話は脈絡にふさわしいものとなるように加えられる。

さて、演劇作品では挿話が切り詰められるのに対し、叙事詩では挿話のゆえに長くなる。実際、『オデュッセイア』のもともとの話は長くない。

「一人の男が長年、故郷を離れており、海神ポセイドンに見張られていたため、[14]ひとりぼっちであった。さらに、彼の家では、妻への求婚者たちによって財産が浪費され、謀略により息子は命を狙われるありさまであった。しかし、男は海難に遭った後に帰郷し、何人かの者に自分の素性を明かすことによって再認され、妻への求婚者たちを攻撃した。かくして彼自身は救われ、敵どもを滅ぼした」

b20

以上が『オデュッセイア』に固有の内容であり、それ以外は挿話なのである。[15]

12 このように『タウリケのイフィゲネイア』ではイフィゲネイアやオレステスが最終的には救われて幸福な結末に至る。これが、不幸な結末を推奨する第十三章と不整合に見えるため、従来から問題点とされてきた。「解説」参照。

13 『タウリケのイフィゲネイア』において、オレステスは太陽神アポロンの命令で女神アルテミスの像を手に入れるためタウリケにやって来るが、母クリュタイメストラを殺害後に起こるようになった狂気の発作で牛の群れを殺し、地元の者に捕らわれる（二八一―三三〇）。オレステスを再認したイフィゲネイアは一計を案じ、生贄にされるオレステスの身を、アルテミス像とともに浄めるとタウリケ王トアスに申し出て、それを口実に海辺へ行く。姉弟は女神アテナに助けられて船での脱出に成功し、救われる（一一六三以下）。

14 海神ポセイドンは、息子のポリュフエモス（一つ目の巨人キュクロプスの一人）の眼をオデュッセウスにつぶされたことから彼を憎み、さまざまな困難をもたらしてトロイアからの帰郷を阻もうとする。

15 ホメロスの『オデュッセイア』はこのような内容を持つが、古い時代のオデュッセウス伝説にはさまざまな種類があり、最後にオデュッセウスが命を落とす展開も作られていたらしい（第十四章注7参照）。したがって、主人公（英雄）が不幸な結末を迎える叙事詩も、論理的にはありうることになろう。

第十八章

失敗を防ぐ経験則③——縺れと解き、四つの要素を活用する

すべての悲劇作品には［ストーリーの量的部分として］、事態が絡まって紛糾する「縺れ」の部分と、それが解決されてゆく「解き」の部分がある。「縺れ」は、劇の外にある部分（演じられない部分）のほか、しばしば、劇の内にある部分（演じられる部分）にも幾分か含まれており、それらを除いた残りの部分が「解き」である。ここで「縺れ」というのは、事の発端から、登場人物の境遇が幸福あるいは不幸へと変転し始める直前の部分までを指し、「解き」というのは、境遇が変転し始めたところから結末までを指す。テオデクテスの『リュンケウス』[1]を例にとれば、「縺れ」は、劇の開始点に先立つ出来事に加え、子どもが捕らえられるところ、さらに彼らが告訴[2]するところまで、「解き」は、殺害犯に死刑を求める告訴から結末までである。

他方、悲劇作品には四つの種類がある（「憐れみと怖れを生じさせる」要素も同じ数だけあることは既に述べた）[3]。

第一に、複雑に絡み合わされた劇で、ストーリーの全体が逆転や再認になっている。

第二に、受難劇である。その例は、アイアス[4]やイクシオン[5]が登場するいくつかの作 1456a

1 第十一章注3参照。

2 この部分は原文が欠損しているが、『詩学』のアラビア語訳を参照して「告訴（aitiāsis）」を採用したタランの校訂に従う。

3 四つの要素を列挙した箇所はないため、タランの校訂はこの一文を後世の書き込みと見なして削除した上、本章一四五六a六の meros を「要素」ではなく「種類」と解釈するが、いずれも不合理である。第十一章で挙げられた逆転、再認、受難に注目すれば、前二者は組になるため一つと数えると、以下の説明で第一に挙げられる「複雑に絡み合わされた劇」の要素になる。受難は、第二の「受難劇」を生む。また、第十三章では「中間的な人物か優れた人物」の幸福から不幸への変転が憐れみと怖れを呼び起こすといわれるように、人物の性格が一つの要素であり、第三の「性格劇」を生む。第十四章では、創作術として劣ると指摘しつつ、悲惨な場面の視覚効果だけでも憐れみと怖れが生じるとされているゆえ、悲劇の第四の種類を視覚効果に依存した単線的な劇と想定すれば整合する。つまり、憐れみと怖れを生じさせる四要素に対応して悲劇の四種類が分けられているのである。

品である。

第三に、性格劇である。その例は、『フティアの女たち』[6]や『ペレウス』[7]である。

第四に、視覚効果に依存した［単線的な］劇[8]である。その例は、『フォルキュスの娘たち』[9]や『プロメテウス』[10]のほか、冥界の場面を描いた作品のすべてである。

そこで、［第一の留意点として、四つの］要素のすべてを盛り込むよう最大限に努めなければならないが、それができなければ、最も重要な要素をできるだけ多く盛り込むように努めるべきである。とりわけ今日のように、詩人たちの粗探しをする風潮があるときには尚更である。というのも、要素ごとに優れた詩人たちは既に出現したので、人々が求めているのは、ある一人の詩人が、［既に他の詩人が達成した］それぞれの要素固有の素晴らしさのすべてを一挙に凌《しの》ぐことだからである。

また、ある悲劇作品が別の悲劇作品と異なるとか同じだとかいうときには、何よりもストーリー展開の観点からそう述べるのが正しい。つまり、同じ悲劇作品であるとは、同じ「縺れ」（複雑な絡み合わせ）の部分と同じ「解き」の部分を持つということなのである。［このように両方の部分が重要なのだが］それにもかかわらず、多くの詩人たちは「縺れ」の複雑な絡み合わせには優れていても、「解き」の部分では［例

a10

えば「機械仕掛け」を用いるなど」拙劣である。そうならないよう、［第二の留意点とし

4　トロイア戦争でギリシャ軍の勇将として活躍したサラミス島の王。ギリシャ神話によれば、アキレウスの死後、最大の勇者に贈られるアキレウスの武具をめぐってオデュッセウスと争い、敗れて狂気に陥る。狂気の中、家畜の群れをオデュッセウスたちと錯覚して殺すが、正気に返って恥じ入り、自殺した。この伝説を取り入れた作品で現存するのはソフォクレスの『アイアス』だけである。

5　テッサリアの王。ギリシャ神話によれば、エイオネウス（あるいはデイオネウス）の娘ディアと結婚するが、義父を殺害し、その罪の汚れをゼウスから浄められる。イクシオンはこの恩を忘れ、ゼウスの妻ヘラを犯そうとしたため、冥界で永遠に回り続ける火の車に縛り付けられた。アテナイ三大悲劇詩人のいずれもがこの伝説を扱ったが、作品は断片のみ残る。

6　ソフォクレスの失われた作品と推測されるが、内容は不明。フティアはテッサリア地方の町で、アキレウスの故郷である。

7　ペレウスはアイギナ島の王アイアコスの息子。ギリシャ神話によれば、海の女神テティスと結婚し、トロイア戦争の英雄となるアキレウスをもうけた。ソフォクレスとエウリピデスが『ペレウス』と題して創作したが、作品は断片のみ残る。

8　この部分の原文は欠損しているが、バイウォーターの校訂に従い、「視覚効果（opsis）」を採用する。本章注3参照。

て」両方の部分を釣り合うものにしなければならない。

失敗を防ぐ経験則④——伝承の物語の使い方を考える

詩人は、これまで繰り返し述べてきた事項を忘れずに覚えているべきである。[11]そして、叙事詩的な構成を持つものを、そのまま悲劇にすることのないようにしなければならない。ここでいう「叙事詩的」とは、多くのストーリーが含まれることである。例えば、『イリアス』の全体を残らず悲劇のストーリーにしようとするような場合が問題になる。なぜなら、叙事詩の場合には全体の長大さゆえに諸部分もそれに見合った大きさを占めるのに対し、演劇作品では著しく見込みを超えてしまうことになるからである。

その証拠に、トロイア陥落の場面について、部分のみ扱うエウリピデスの方法[12]をとらずに全体を扱った人々や、あるいはニオベ[13]の話題について、アイスキュロスの方法をとらずに全体を扱った人々はすべて、作品として失敗に終わるか、あるいは競演で悪い結果に終わるのである。実際、アガトン[14]でさえ、ただこの一点で失敗したのであった。[15]

そして、「逆転」を用いるにせよ、用いずに単線的な出来事で構成するにせよ、詩

9　ヘシオドスの『神統記』二七〇—二八〇によれば、フォルキュスは大地の女神ガイアと海神ポントスの息子で、姉ケトとの間に三人のグライアイ（老女の妖精）と三人のゴルゴン（ステンノ、エウリュアレ、メドゥサの妖怪姉妹）をもうけた。このうちメドゥサだけは不死でなく、英雄ペルセウスに首をはねられる。断片のみ残るアイスキュロスの『フォルキュスの娘たち』は、ペルセウスのゴルゴン退治を題材にしたサテュロス劇だったと考えられる。

10　ギリシャ神話によれば、ティタン神族の子であるプロメテウスは水と土から人間を作り、天界から火を持ち出して地上の人間に与える。この反逆行為がゼウスの怒りを招き、カウカソス（コーカサス）山の山頂に縛り付けられ、毎日、大鷲によって肝臓をついばまれるという拷問を受ける。不死のプロメテウスの肝臓は夜の間に元通りになるため責め苦は終わらず、ヘラクレスによって解放されるまで続いた。アイスキュロスの悲劇作品には、現存する『縛られたプロメテウス』のほかに、失われた『解放されたプロメテウス』と『火を運ぶプロメテウス』があるが、ここで挙げられている『プロメテウス』がいずれを指すかは不明であり、アイスキュロス以外の詩人のサテュロス劇を指している可能性もある。

11　「これまで繰り返し述べてきた事項」とは、ストーリーの統一性と悲劇の働きの観点から見た、伝承の物語の使い方（第八章一四五一a二二—三〇、第十三章一四五三a一二—二二、第十四章一四五三b二二—二六、第十七章一四五五a三四—b二）であろう。

a20

人たちが狙いを定めるのは、彼らの望む驚くべき展開である。[16] というのも、驚くべき展開こそが［憐れみや怖れを強めるため］悲劇的であったり、人間愛を呼び起こしたりするからである。それは、シシュポス[17]のように知恵はあるが悪徳の人物が欺かれたり、勇敢ではあるが不正な人物が負かされたりするときに生じる。こうした［驚くべき］出来事もまた、アガトンが主張する意味では、もっともな出来事である。すなわちアガトンの言によれば、「もっともならざる事のあまた起こるももっともなり」というわけである。

失敗を防ぐ経験則⑤——コロスをストーリーに組み込む

［悲劇で合唱舞踊を担う］コロスも俳優の一員と捉えるべきである。すなわち、コロスは悲劇の全体を構成する不可欠な部分となって、一緒に上演を担うのでなければならない。それも、エウリピデスの方法のようにではなく、ソフォクレスの方法のようにである。[18] それ以外の悲劇詩人たちの場合、コロスの合唱がストーリーの構成部分となることはなく、その合唱が別の悲劇作品に入り込んだのと変わらない。それゆえコロスは、後から挿入された合唱を歌っているような状態で、このようなやり方はアガ

トンが最初に始めたことである。しかし、そのようなやり方で挿入された合唱を歌う

12 エウリピデスは、現存する『トロイアの女』と『ヘカベ』でトロイア陥落に関する伝説を扱っている。

13 ギリシャ神話によれば、ニオベはゼウスの孫娘。テバイ王アンピオンと結婚して七男七女(六男六女、十男十女などの説もある)を産んだが、そのことを、アポロンとアルテミスの一男一女しか持たない女神レトに自慢したため、ニオベの子どもたちは皆殺しにされ、ニオベ自身もゼウスによって石に変えられる。石からは悲しみの涙が流れ続けたという。アイスキュロスとソフォクレスには、断片のみ残る『ニオベ』という作品がある。

14 第九章注7参照。

15 何という作品のどのような失敗なのかは不明。

16 この部分の読み方は一つに定まっていないが、エルスの校訂に従い、「驚くべき展開(thaumastōn)」を採用する。

17 コリントスを建設したといわれる王。ギリシャ神話によれば、ゼウスの怒りにふれる行為をしたり、死後、冥界から妻メロペのもとに帰って冥界に戻らなかったりしたため、老いて再び亡くなったとき、冥界で巨大な岩を山に押し上げるという罰を受ける。岩は山頂に達するとすぐに転がり落ちるため、シシュポスは永遠に岩を押し上げ続けるよう命じられた。断片しか伝えられていないものの、アテナイ三大悲劇詩人の全員がシシュポスを題材に創作したことから、ここでは伝承の物語の使い方の模範に挙げられたのであろう。

ことは、別の作品から取った演説的な台詞あるいは挿話の全体を嵌めこむことと、何が違うというのであろうか。

18　アイスキュロスが十二人としたコロスの数を、ソフォクレスは十五人に増やしたと伝えられ、その後期作品『嘆願する女たち』では、主役となるダナオスの娘たちがコロスとして登場するなど、コロスが俳優に劣らず重要な役割を果たしている。また、紀元後十世紀末にビザンティン帝国で編纂された古代ギリシャ文化の百科辞典『スーダ』によれば、ソフォクレスは『コロスについて』と題する論文を書いたという。

第十九章

残る二要素

さて、悲劇の構成要素のうち他の種類については既に述べたので、[1]残るのは「語法」と「思考」についてである。

「思考」について

このうち「思考」に関する事柄は、弁論術についての議論[2]に託すことにしよう。なぜなら「思考」は、詩作術の研究よりも、むしろ弁論術の研究に固有に属するからである。

さて、言論によって仕組まれるべき効果はすべて、思考の働きに依拠する。その種類を挙げれば、第一に、論証することと反証すること、第二に、感情（例えば、憐れ

1456b

みや怖れや怒りなど）を呼び起こすように仕組むこと、第三に、事柄を重大にしたり卑小にしたりすることである。

そして、［言論によってではなく］劇中の行為によって憐れみや畏怖を呼び起こしたり、事柄を重大にしたり、もっともな展開を仕組んだりする必要があるときにも、言論による場合と原理的に同じ種類の思考を用いなければならないことは明らかである。ただし、次の点に違いがある。すなわち、行為による場合には、言論を用いた説明に依存せずに効果が表れなければならないのに対し、言論による場合には、話者によって効果が仕組まれ、効果は言論から生じるのでなければならない。もし仮に、言論に依存しなくても、その場に必要な効果が表れるのなら、話者の仕事[3]はいったい何だと

1　この記述に反し、第六章で詩作術から最もはずれるとされた「歌曲」と「視覚効果」は主題として考察されていない。これらを除けば悲劇と叙事詩の要素は同じになるため（第二十四章一四五九b九―一〇）、本書が両ジャンルを一体で扱うこととは整合する。

2　『弁論術』第一～二巻の内容を指すものと考えられる。

3　第六章一四五〇b六で「弁論術の仕事」といわれたものと内容的にほぼ重なり合うと考えられる。

いうことになるのであろうか。[4]

「語法」のうち俳優の技術に属するもの

次に「語法」に移ると、その研究対象となる事柄の一種が、さまざまな話し方の型[5]である。これを知ることは俳優の技術、つまり、この分野に通じた専門家の技術に属 b10
する。[6]例えば、命令の場合はどのように話すか、祈願の場合はどうか、叙述と脅迫ではどうか、質問と応答ではどうか、さらに、この種の事柄が他にもあればそれも含まれる。これらが俳優の技術に属するという理由は、詩人がそれらの知識を持っていようと無知であろうと、そのことのゆえに、真面目に取り合うに値するような批判が詩作術に対して向けられることはないからである。

例えば、プロタゴラスが[7]「怒りを歌え、女神よ」という『イリアス』冒頭の句を批判しているのは、真面目に取り合うに値しない。すなわちプロタゴラスは、「女神に祈願するつもりが命令になっている。というのも、何かを行えとか行うなとか指示するのは命令なのだから」というのだが、どうしてこれを詩人の誤りととらえることができるであろうか。

したがって、この種の事柄は、詩作術ではなく他の技術の研究対象であるから、省くことにしよう。

4　この一文の含意に関しては、思考の三つの働きのうち「事柄を重大にしたり卑小にしたりすること」（誇大化と矮小化）は必ず言論に依存し、行為だけでは効果を上げるのが不可能なことを述べているととらえる解釈がある。しかしこの解釈は、言論と行為が「原理的に同じ種類の思考を用いなければならない」という先の説明と整合しない。ここでいわれているのは、作品中の台詞として演説的な言論があるとき、同時に身振りの演技（行為）を伴うとしても、意図された効果は言論の方から生じなければならないということであろう。

5　「さまざまな話し方の型」と訳した原語は ta skhēmata tēs lekseōs。『弁論術』第三巻第八章では、韻律とは別のものだと断った上で、快をもたらす言葉のリズムとして話し方の型（語調や抑揚）が論じられ、これが後世の弁論術ないし修辞学では「文彩」として継承される。

6　『弁論術』第三巻第一章一四〇三b二六—二八では弁論術に関連する演技について述べられ、「この演技は声を使うもので、それぞれの感情を表すために声をどのように使うべきかということである」と説明されている。

7　紀元前五世紀に活躍したソフィスト（第十六章注14参照）。とくに「人間は万物の尺度である」という言葉で知られる。

第二十章

「語法」を構成する部分

今度は、「語法」の全体に目を向けてみると、その諸部分は次のようになる。第一に「字母（アルファベット）」、第二に「音節」、第三に「接続の小詞」、第四に「分節の小詞[1]」、第五に「名指し言葉[2]（一般名詞、固有名詞、代名詞、形容詞など）」、第六に「動詞」、第七に「語形変化」、第八に「言説[3]」である。

字母

さて、「字母」とは、音声としてはそれ以上分けることのできない［最も基礎的な］要素のことであるが[4]、音声的に分割不可能なもののすべてが該当するわけではなく、合成的な音声が生じる際の基となる本性を持つものに限られる。このような限定を加

b20

えるのは、獣が発する音声すら分割不可能なものを含むからで、それを決して「字母」とは呼ばないからである。

さらに、音声の諸部分は、「有声のもの（母音）」、「半有声のもの（母音を加えなくても音が聞き取れるもの）」、「無声のもの（母音を加えなければ音が聞き取れないもの）」

1　カッセルの校訂では「分節の小詞」が「名指し言葉」の後に置かれているが、以下の説明で取り上げられる順に合うよう、ここに置く。『詩学』のアラビア語訳でもこの順に配列されている。

2　「名指し言葉」は「名詞」と同じではなく、さまざまな物事を表す名称となる語のこと。それゆえ広義には、「歩く」、「走る」など動きの名称である「動詞」も含まれ、およそ対象を名指す言葉の一切が「名指し言葉」となる。とくに第二十一章一四五七b一や第二十五章一四六一a三一では、広義で使われている。しかし、ここでは「名指し言葉」が狭義で用いられており、時を表す機能を持つ「動詞」を含まない。

3　「言説」と訳した原語はlogos。複数の語を組み合わせて文や句を作り、一定の意味内容を表すのが言説である。

4　字母は、書き言葉の単位となる文字としてとらえられがちだが、ここでは音声の単位と考えられている。書き言葉より話し言葉を言語の基本と考える古代ギリシャ人の考え方が反映されていよう。

の)」に分けられる。[5]

このうち「有声のもの」とは、舌の動きを伴わずに発音され、聞き取れる音声を持つもの、「半有声のもの」とは、舌の動きを伴って発音され、「母音を伴わずに」聞き取れる音声を持つもの(例えばSやR)である。「無声のもの」とは、舌の動きを伴っても単独では音声を持たないが、一定の音声(有声のものか半有声のもの)を持った別の字母と一体になると聞き取れる音声を持つようになるもの(例えばGやD)のことである。

以上に挙げた音声は、発音されるときの口の形や口内の発音部位の点で異なるのに加え、気息音のHを伴うか否か、長音か短音か、さらには、アクセントが鋭アクセントか重アクセントか、それとも、それらの中間の曲アクセントかという点でも異なる。[6]これらの一つ一つについての研究は、韻律学において行われるのがふさわしいことである。

音節

「音節」とは、その部分だけでは意味を持たない音声のまとまりで、無声のものと音

b30

声を持つもの（有声のものか半有声のもの）から合成されている。このように規定する理由は、例えば、無声のものであるGと半有声のものであるRから成るGRは、有声のものであるAを伴わなくても音節であるし[7]、さらにAを加えてGRAとしても音節だからである。しかし、これらに関する多様な差異を研究することもまた韻律学の仕事に属する。

接続の小詞

「接続の小詞」とは、その語だけでは意味を持たない音声のまとまりであるが、二つの種類に分かれる。一つ目の種類は、その本性上、いくつかの音声〔すなわち複数の

5　この説明は、プラトンの『クラテュロス』四二四Cや『フィレボス』一八Bにほぼ従っている。後の時代には、「半有声のもの」と「無声のもの」が「子音」として一括されるようになる。

6　ギリシャ語には、音の高低による三種類のアクセントがある。

7　Rが「半有声のもの」であるため、GRだけでも聞き取れる音声のまとまり、すなわち音節を形成するということ。

語」が集まって、意味を持つ一つながりの音声を形成するよう働くこともなければ、それを妨げることもないような小詞で、これを単独で文の冒頭に置くのは適切でない。[8]ギリシャ語の「メン（強調や対比の働きを持つ語）」、「エートイ（あるいは）」、「デ（軽い逆接を表す語）」がその例となる。[9]二つ目の種類は、いくつかの音声が集まって、意味を持つ一つながりの音声を形成するような本性を持つ小詞で、ギリシャ語の「アンピ（……のまわりに）」、「ペリ（……について）」など［の前置詞］がその例となる。[10]

分節の小詞

「分節の小詞」とは、その語だけでは意味を持たない音声のまとまりであるが、文の始まりや終わり、あるいは文中の節の区切れ目を示す。[11]よって、［節を導くために］文の両端もしくは中ほどに置かれる本性を持つ小詞である。[12]

名指し言葉

「名指し言葉」とは、合成された音声のまとまりで意味を持つものであるが、［過去、現在、未来の］時の観念を含まない。そして、名指し言葉の一部分を取り出しても、それ自体、単独では意味を持たない。例えば、「テオドーロス」という人名から「ドーロス」だけを取り出しても意味をなさないように、[13]二つの部分から合成されたもの

8　カッセルの校訂では「これを……」の直前に「文の両端や中ほどにあるが」を保持しているが、タラン、バイウォーターの校訂に従って削除する。

9　この部分は原文が欠損しているため、バイウォーターの校訂に従って語を補った。ここに挙げられた三語は、ギリシャ語文法では文頭に置かれない。

10　カッセルの校訂では「アンピ」、「ペリ」が「分節の小詞」の例とされているが、意味が通らないため、タラン、バイウォーターの校訂に従ってこの位置に置く。

11　カッセルの校訂では「あるいは、意味を持たない音声のまとまりで、いくつかの音声が集まって意味を持つ一つながりの音声を形成するよう働くこともなければ、それを妨げることもない」が後続するが、タラン、バイウォーターの校訂に従って削除する。

12　例は挙げられていないが、「なぜなら」、「もし……ならば」、「……するために」、「……とき」のように、文の中で節を導く働きをする接続詞、関係副詞、関係代名詞などを指すと考えられる。先立って挙げられた「接続の小詞」が、文と文、単語と単語をつなぐ働きをするのに対し、「分節の小詞」は文中に区切れ目を作って節へと分ける働きをする語である。

13　「テオドーロス」は「テオス（神）」と「ドーロン（贈り物）」に由来するが、人名として一人の人間を指す以上、その一部だけを取り出しても意味を持たないということ。

名指し言葉の場合、その一部分だけを単独で意味のあるものとして使うことはないのである。

動詞

「動詞」とは、合成された音声のまとまりで意味を持ち、時の観念を含むものである。そして、動詞の音声の一部分を取り出しても、名指し言葉の場合と同様、それ自体、単独では意味を持たない。時の観念を含むというのは、「人間」や「白い」などの名指し言葉」が「いつ」であるかを意味しないのに対し、動詞の「歩いている」や「歩いてしまった」は、それぞれ現在の時と過ぎ去ってしまった時を、併せて意味するということである。

語形変化

「語形変化」とは、名指し言葉か動詞に見られるものである。名指し言葉の場合であれば、「これの」と「これに」のように格変化に基づいて異なる意味を表したり、「人間」と「人間たち」のように単数形から複数形への変化に基づいて異なる意味を表したりする。また、動詞の場合であれば、「歩いたか」と「歩け」が質問と命令の差異に基づくように、俳優の話し方の差異に対応しており、その種類だけ動詞の語形変化もある。

言説

「言説」とは、合成された音声のまとまりで意味を持ち、そのいくつかの部分は単独でも何らかの意味を持つものである。例えば、「クレオンが歩く」という文の中の「クレオン」という部分だけでも意味を持つようにである。では、なぜ動詞と名指し言葉を組み合わせた文として言説を扱わないかといえば、必ずしもすべての言説がそのようになるわけではないからである。例えば「人間」を定義する「二本足の陸生動物」のように複合的な」句[14]も言説であるが、動詞を含まずに成立できており[15]、やはり

14 事物の定義は必ず複数の語から成る句になる。なお、「二本足の陸生動物」を人間の定義の例に挙げるのは、『命題論』第五章一七a一三、『トポス論』第一巻第七章一〇三a二七。

15 プラトンは『ソフィスト』二六二C—Dで、名指し言葉と動詞の組み合わせを「言説」と呼ぶと述べているので、ここでアリストテレスは異論を唱えていることになる。

このような場合でも、［「陸生動物」のように］単独で意味を持つ部分が常に含まれるであろう［それゆえ、先のように規定したのである］。

また、言説が「一つ」である仕方には、二通りがある。すなわち、単一の事柄を意味する場合と、接続によって多数の文と文がつながれて全体が一つになっている場合である。例えば、叙事詩『イリアス』が一つの言説であるというときには後者であり、 a30
人間の定義が一つの言説であるというときには前者である。[16]

16　人間の定義は、複数の語が人間という単一のものを規定するという意味で一つにまとまっている。他方、『イリアス』の詩句は多くの語が一つながりになっているにすぎない。これらはアリストテレスがしばしば用いる説明方法で、『分析論後書』第二巻第十章九三b三五―三七、『形而上学』第七巻第四章一〇三〇b七―一〇にも見られる。

第二十一章

名指し言葉の種類①——単純か複合的か

名指し言葉は［成り立ちからして］二種類に分かれる。

その一つは単純な語である。ここで「単純」というのは、意味を持つ複数の部分から合成されてはいないことを指し、例えば、ギリシャ語の「ゲー（土）」がそうである。もう一つは［複合的な語で、例えば］二つの部分から合成された語である。この二部構造の語にも二種類があり、意味を持つ部分と意味を持たない部分から合成されている場合（ただし、単一の語と見なされる限りでは、その中に意味を持つ部分と意味を持たない部分の区分は存在しない）と、意味を持つ複数の部分から合成されている場合がある。さらに、三部構造、四部構造、多部構造の語もありうるであろう。例えば、マッサリア人[1]が使う語にはこの種のものが多く、［「ヘルモス」、「カイコス」］、「クサントス」という三つの河の名から合成された」都市国家の名「ヘルモカイコクサントス」や〈……〉[2]がその例である。

名指し言葉の種類②――用法や語形など

また、すべての名指し言葉[3]は［用法や語形からして］次のようにも分けられる。第一に「常用語」、第二に「外来語」、第三に「転用語」、第四に「修飾語」、第五に「造語」、第六に「延長語」、第七に「短縮語」、第八に「変形語」である。

1　マッサリアは現マルセイユ。紀元前六〇〇年頃、小アジアのヘルモス河（現トルコのゲディズ河）の河口近くにあった都市国家フォカイアの人々が植民都市として建設した。なお、タランの校訂では、バイウォーターが推定した megaleiōtōn を採用しているため、「マッサリア人が使う語には」の部分が「壮大な語には」という意味に変わる。

2　この部分の原文は欠損している。他の例が挙げられていたのかもしれない。

3　ここでは「名指し言葉」が広義に用いられ、動詞も含む。第二十章注2参照。

常用語と外来語

「常用語」とは、私たちの誰もが使っている語であるのに対し、「外来語」とは、よその人々が使っている語のことである。したがって明らかに、同一の語が外来語でもあり常用語でもあるといったことがありうるわけだが、同一の人々にとってそうであるわけではない。例えば「シギューノン（槍）」は、キプロス人たちにとっては常用語であっても、私たちにとっては外来語である。[4]

転用語

「転用語」とは、ある物事に対して本来的に使われる語が、比喩として別の物事に適用される場合を指す。それをさらに分類すると、当の語が、物事の「類」から下位の「種」へと転用される場合、物事の「種」から上位の「類」へと転用される場合、物事の「種」から別の「種」へと転用される場合、さらに［四項が関わる］「類比」で転用される場合がある。

このうち「類」から「種」への転用とは、例えば、「ここに私の船が止まっている」[5]がそうである。というのも、「止まっている」を類としたとき、船が「停泊している」

はその一種だからである。次に、「種」から「類」への転用の例としては、「実に、オデュッセウスは一万の優れた行いをなし遂げた」[6]が挙げられる。というのも、「多数」を類としたとき、「一万」はその一種であるため、ここでは「多数」の代わりに使われているからである。さらに、ある「種」から別の「種」への転用の例としては、「青銅の刃で命を汲み取って」[7]と「鋭い青銅の器で水を切り取って」[8]の両方が挙げられる。すなわち、これらの詩句では、本来なら命を「切り取る」（殺す）というところが「汲み取る」といわれ、本来なら水を「汲み取る」というところが「切り取る」といわれている。それは、「取る」を類としたとき、「汲み取る」と「切り取る」の両方ともがその一種だからである。

4　この説明からわかるように、「外来語」は外国から流入した語句というよりも、他地域の方言という意味合いが強い。
5　『オデュッセイア』第一歌一八五、第二十四歌三〇八。
6　『イリアス』第二歌二七二。
7　エンペドクレス「断片」三一B一三八DK。
8　エンペドクレス「断片」三一B一四三DK。

さらに、「類比」での転用とは、第一項（A）に対する第二項（B）の関係が、第三項（C）に対する第四項（D）の関係と同様である場合を指す。このとき、人はBの代わりにDをいい、Dの代わりにBをいうことであろう。

また、Bの代わりにDをいう場合、時として、Bに相関するAをDに付け加えることがある。どういう意味かというと、例えば、酒神ディオニュソス（A）に対する盃（B）の関係は、軍神アレス（C）に対する盾（D）の関係と同様である。この場合、人は盃（B）のことを「軍神アレス（C）の盾（D）」といったり、盾（D）のことを「酒神ディオニュソス（A）の盃（B）」といったりするであろう。あるいは、別の例を挙げると、人生（A）に対する老年（B）の関係は、一日（C）に対する夕べ（D）の関係と同様である。この場合、人は夕べ（D）のことを「一日（C）の老年（B）」といったり、または、エンペドクレスが表現したように、老年（B）のことを「人生（A）の夕べ（D）」とか「人生（A）の日没（D）」とかいうであろう。[9]

b20 なお、類比の項となるものの名称が存在しないこともあるが、その場合でも同様に、比喩を用いて語られるであろう。例えば、果物の種を放つことは「蒔く」といわれるが、太陽が炎を放つことを指す名称は存在しない。しかし、太陽の炎（A）に対する名称不在の項（B）の関係は、果物の種（C）に対する「蒔く」（D）の関係と同様であるがゆえに、「神が造った炎（A）を蒔きながら（D）」といわれるのである。[10]
また、類比の転用語を用いる際、こうした方法のほか、さらに別の方法もある。すなわち、あるものを比喩の名称で呼んでおいて、その名称を本来持つものの固有の性質を否定する方法である。例えば、先に例示したように、盾のことを「軍神アレスの盃」といったりするわけであるが、それに代えて、「酒を汲むことのない盃」というのがそうである。[11]〈……〉[12]

b30

9　このような文言は、現存するエンペドクレスの断片に見られないが、ハリウェルの校訂に従い、「人生」以下がエンペドクレスの表現だと考える。
10　出典は不明。
11　このような用例が実際にあったのかどうかは不明。
12　この部分の原文は欠損している。叙述の順からすると、ここに「修飾語」についての説明があったと推測される。なお、『弁論術』第三巻第二章一四〇五b二〇―二三では修飾句（epitheta）の例示があり、「母親殺しのオレステス」は醜悪な要素で飾る場合、「父親の仇を討つオレステス」は優れた要素で飾る場合だと述べられている。

造語

「造語」とは、人々によって用いられることはまったくなく、詩人自身が設けた語のことで、実際、そのような語がいくつか存在するように思われる。例えば、動物の「角（ケラス）」のことを「枝（エルニュガ）」といったり[13]、「神官（ヒエレウス）」のことを「祈禱者（アレーテール[14]）」といったりするのがそうである。

延長語と短縮語、変形語

「延長語」とは、語がもともと持つ母音を長音化したり、音節を新たに挿入したりして用いる場合であり、「短縮語」とは、語の一部を除去して用いる場合を指す。延長語の例としては、「都市の」を意味する「ポレオース」に代わって用いられる「ポレーオス」や、「ペーレウスの子の」を意味する「ペーレイドゥ」に代わって用いられる「ペーレーイアデオー[15]」が挙げられる。他方、短縮語の例としては、「大麦」を意味する「「クリーテー」に代わって用いられる」「クリー」や、「家」を意味する「「ドーマ」に代わって用いられる」「ドー」があり、さらに、「両眼から一つの視覚像が生じる[16]」というとき、「視覚像」を意味する「「オプシス」に代わって用いられる」「オ

1458a

プス」がそうである。

「変形語」とは、名指しに用いられる語の一部を残し、それに新たな部分を作って加えたものである。例えば、「デクシオン（右の）」を元にして「デクシテロン（右側の）」と変形し、「デクシテロン・カタ・マゾン（右側の乳房のところを）[17]」というようにである。

名指し言葉の種類③——三つの「性」

［以上の語種とは別に］名指し言葉そのものは「性」によって区別され、［名詞は］男性、女性、中性に分けられる。男性名詞は、語尾がN、R、Sか、Sから合成されたもの（これらは二つあり、ＰＳとＫＳ）で終わる語のすべてである。他方、女性名詞

13 出典は不明。
14 「アレーテール」は『イリアス』第一歌一一、九四、第五歌七八で用いられている。
15 『イリアス』第一歌一。
16 エンペドクレス「断片」三一Ｂ八八ＤＫ。
17 『イリアス』第五歌三九三。

の語尾は、常に長母音であるEかO、長音化もできる母音のAのいずれかである。したがって、男性名詞と女性名詞の語尾となる文字は同数の三つということになる。というのも、男性名詞の語尾のPSとKSは、Sから合成されたものだからである。なお、名詞には、無声音（無声のもの）で終わるものや短母音（E、O）で終わるものはない。

Iで終わる語は三つだけあり、「メリ（蜜）」、「コンミ（ゴム）」、「ペペリ（胡椒）」である。Yで終わる語は五つあり、「ポーユ（群れ）」、「ナーピュ（芥子）」、「ゴニュ（膝）」、「ドリュ（幹）」、「アステュ（街）」である。[18] 中性名詞は、いま挙げた母音（I、Y）かN、Sのいずれかで終わる。[19]

18 この部分の原文は欠損しているが、『詩学』のアラビア語訳が含む「ポーユ（群れ）」以下を採用した。

19 タランの校訂はAとRも付け加えている。実際、短母音のAで終わるもの（例「プラーグマ（行為）」）、Rで終わるもの（例「ヒュドール（水）」）がある。

第二十二章

詩作の優れた語法①――外来語と転用語を中心に

優れた語法の美点は、わかりやすく、しかも通俗的ではないことにある。まず、最もわかりやすい語法にしようとすれば、常用語だけから成る語法にすればよいわけだが、その場合には通俗的になる。クレオフォン[1]やステネロス[2]の詩作が、その典型的な例である。

他方、荘重で、平凡さを免れた語法にしようとすれば、風変わりな語を用いればよい。ここで「風変わりな語」というのは、外来語や転用語、延長語など、常用語以外のすべての語を指す。とはいえ、もしも誰かがこうした語ばかりを用いて詩作したならば、その作品は不可解な謎になるか、理解し難い音列になるであろう。つまり、転用語ばかりを使うと謎になるし、外来語ばかりを並べれば理解し難い音列になってしまうであろう。「「謎」と「理解し難い音列」を区別する理由を述べると」まず、謎を謎たらしめる原理は、事実を述べる文脈にありながら結合不可能な言葉同士を結び付けることにある。この結び付けを行うのは、比喩の転用語の組み合わせによってのみ可能で、他の語の組み合わせでは不可能である。例えば、「放血のための青銅製器具を皮膚に密着させたという事実について」「私は、火で青銅を人間に膠づけしている男を見た」[3]というように、「膠づけする」という比喩で表している場合などがそうである。それに対し、理解し難い音列は「いま述べた原理によらず」、外来語ばかりを使うことから生じる。

それゆえ、詩作の語法では、常用語と風変わりな語を、何らかの方法で混用すべきだということになる。というのも、一方では、外来語や転用語や修飾語など、先に述べた常用語以外の種類の語を用いることによって平凡でも通俗的でもない語法になる

1 第二章注5参照。
2 紀元前五世紀の悲劇詩人。作品は現存しない。
3 この文は『弁論術』第三巻第二章一四〇五b一でも「よく知られた謎かけ」として挙げられている。六脚韻で書かれた詩的な文で、紀元前七世紀のクレオブリネの作と伝えられる。

し、他方では、常用語を用いることでわかりやすい語法になるからである。

詩作の優れた語法②——延長語と短縮語、変形語を中心に

1458b また、語法をわかりやすくし、かつ平凡でないものとするのに大いに貢献するのが、語の延長や短縮、変形である。というのも、一方では、これらの語形が常用語とは異なった様態を持つため、慣れ親しんだ語形には背くものとなって平凡ではなくなるし、他方では、慣れ親しんだ語形の一部を共有しているため、わかりやすくなるからである。

したがって、このように語形を変える使い方に非難を向け、詩人を揶揄する人々は、正しい諷刺を行ってはいないことになる。例えば、古人のエウクレイデス[4]がその一人である。エウクレイデスは、もしも好きなだけ語の長さを延ばすことが許されるなら、［韻律に合うように］詩作することなどたやすいものになるといって、諷刺の意味を込め、まさにその語法で［六脚韻の］詩句を作ってみせた。それが、「私は、エピカレ
b10 スがマラトンの方へ歩いて行くのを見た[5]」や「あの者の薬草を求めることなく[6]」である。

確かに、何かあからさまに、この方法を用いるのは滑稽である。しかし、節度を守るべきなのは、何もこの方法に限ったことではなく、語法のすべての要素に共通する。なぜなら、転用語にしても、外来語にしても、他の種類の語にしても、もしそれらを不適切に扱い、滑稽さだけを招くような仕方で用いるならば、いま述べたのと同じ結果になるだろうからである。〔反対に〕語の延長などを適切に用いるならどれほど見違えるようになるかを見て取るには、試しに常用語[7]を叙事詩の韻律のうちに置いてみればよい。詩人の用いている語が外来語、転用語、他の種類の語のいずれであるにせ

4　詳細不明の人物。アテナイにアルファベットが正式に採用された紀元前四〇三年に執政官だったエウクレイデスを指すという説もある。
5　もともとは六脚韻にならないギリシャ語の文だが、いくつかの母音を勝手に長音化して六脚韻に合わせたものと考えられる。「解説」参照。
6　カッセルの校訂では意味不明の an geramenos となっている部分を、他の写本に従って an ge aramenos と読む。この場合、文末の elleboron（薬草を）の le と bo の母音を長くすることで六脚韻になるため、おそらくそのように長音化されたのであろう。
7　ハリウェルの校訂に従い、kyriōn を補って読む。

よ、それらをありふれた常用語に入れ替えてみれば、私たちのいうことが真実だとわかるであろう。

例えば、アイスキュロスとエウリピデスは、イアンボス調の韻律で同じ詩句を書いたが、その中の一語だけを、慣れ親しんだ常用語から外来語に置き換えたエウリピデスの詩句は素晴らしいものに見え、それをしなかったアイスキュロスの詩句は安っぽいものに見えるのである。まず、アイスキュロスの方から引用すると、『フィロクテテス』[8]の中で「〔毒蛇に噛まれて生じた〕壊疽《えそ》、それが私の足の肉を食べる」と書いている。それに対しエウリピデスは、常用語の「食べる」を外来語の「ごちそうになる」に置き換えたのであった。

また「叙事詩で言葉の置き換えを試してみると」、「ところがいま、丈ひくき、ものの数にも入らぬ、見目悪しき者が、このわたくしめを」[9]という一節を、もしも常用語に置き換えて、「ところがいま、小さくて、弱くて、醜い人が、この僕を」としたらどうであろうか。また、「おぞましき椅子とささやかなる卓を置いて」[10]という一節を、「悪い椅子と小さな卓を置いて」としたらどうであろうか。あるいはまた、「岸辺は吠える」[11]を「岸辺は音を立てる」としたらどうであろうか。

さらに「エウクレイデスのほか」、アリフラデス[12]も悲劇詩人を揶揄した。すなわち、誰も会話の中でいわないような言葉を悲劇詩人が使うというのである。例えば、「家から」ではなく「家を後にして」といったり、「汝の」や「されど、我はかの人と」といった言葉づかいをしたり、「アキレウスについて」というところを「アキレウス

1459a

---

8 アイスキュロスの『フィロクテテス』は断片のみ残る。ギリシャ神話によれば、フィロクテテスはテッサリアの英雄ポイアスの息子で、ギリシャ軍がトロイアに向かった際、ある島で毒蛇に足を嚙まれ、その傷の悪臭のために置き去りにされた。しかし、トロイア戦争の末期、フィロクテテスが持つヘラクレスの弓がなければトロイアは陥落しないとの予言があったことから、オデュッセウスらによって戦地へ連れてゆかれ、戦争の原因を作ったトロイアの王子パリスを倒す。フィロクテテスを題材としたものではソフォクレスの作品が現存するが、アイスキュロスの作品と同様、エウリピデスの作品も断片のみ残る。

9 『オデュッセイア』第九歌五一五。

10 『オデュッセイア』第二十歌二五九。

11 『イリアス』第十七歌二六五。

12 詳細不明の人物。アリストファネスの『騎士』一二八一、『蜂』一二八〇では同じ名前の人物が諷刺されている。

をめぐりて」といったりするなどがそうである。実際、このような言葉づかいのすべてが常用語の中に存在しないからこそ、詩作の語法が平凡でなくなるわけだが、アリフラデスはそのことに気づかなかったのである。

語法のまとめ

さて、二部構造の語や外来語も含め、これまで述べてきた種類の語の各々を適切な仕方で使うことは確かに重要であるが、それを凌いで最も重要なのは転用語の比喩を使う能力である。すなわち、この能力だけは、他人から学んで獲得できるものではなく、恵まれた素質の印である。というのも、優れた仕方で語を転用し比喩を用いることとは、事物の類似を見て取ることにほかならないからである。

さまざまな種類の語のうち、二部構造の語はディテュランボスに、外来語は英雄叙事詩に、転用語はイアンボス調の詩（例えば悲劇の中の会話）に最も適する。[13] なお、英雄叙事詩においては、以上述べたすべての種類の語が使えるのに対し、イアンボス調の詩においては、できるだけ話し方を模倣しようとすることから、人が談議の中で使おうとすれば使える語だけが適する。この種の語は、常用語と転用語と修飾語である。

以上をもって、悲劇、すなわち実際に行為する方式での模倣についての議論は、私たちにとって十分になされたものとしよう。

13 『弁論術』第三巻第三章一四〇六b一―三にもほぼ同じ記述が見られる。それによれば、二部構造の語は、三部以上の構造を持つ長い語とは違って、にぎやかに大声で合唱するディテュランボスに適し、外来語は荘重さゆえに叙事詩に適するという。転用語がイアンボス調に適する理由は明瞭でないが、転用語の比喩が会話の中でしばしば用いられる事実から、そのように述べられているのであろう。

第二十三章

叙事詩と悲劇の比較①——完結性、全体性、統一性

次には、叙述の方式をとり、かつ、韻律を用いて模倣する詩作[1]［すなわち叙事詩の創作］について述べよう。

まず明らかなのは、悲劇の場合とまったく同様に、叙事詩においても、演劇的なストーリーが組み立てられるべきだということである。つまり、始めと中間と終わりを持った、一つの全体として完結した行為を主題とすべきなのである。そうすることでストーリーが生き物のように統一された一つの全体となり[2]、固有の快を生じさせられるようになる。

したがってまた、叙事詩における出来事の組み立ては、歴史記述と同じ仕方になるべきではない。歴史記述が提示しなければならないのは、「一つの行為」ではなく、

「一つの時間」である。一つの時間（同一の時、あるいは、同一の時系列）[3]の中で起こった出来事でありさえすれば、一人の人物に起ころうとも複数の人物に起ころうとも無差別に記述されるため、各々の出来事は互いに偶然的な関係にある。例えば、サラミスでの海戦と、シチリア島での対カルタゴ戦は、同一の時という意味で一つの時間に起こったものの[4]、同一の結末へと収斂しない。それと同様のことは、同一の時系列という意味での一つの時間にもあり、連続的な時間の中で先に起こった出来事と後の出来事が、相まって一つの結末を生み出さないこともしばしばである。ところが、ほとんどの場合、多くの詩人たちは、これと同じ組み立てを行ってしまっているのである。

1　第六章注1参照。

2　この記述は第七章の議論を受けたものであるが、プラトンの『ファイドロス』二六四Cにも同様の内容がある。すなわちソクラテスは、「話というものはすべて、ちょうど生き物のように、自分の身体を持つものとして組み立てられていなければならない」と述べている。

3　「一つの時間」という言葉は二つの意味で使われているため、括弧の中に注記し、以下の文中でも補って訳した。「三一致の法則」との関係については「解説」参照。

それゆえ、既に述べたように、この点でもホメロスは、他の詩人たちに比べれば神のような存在に見えるであろう。というのもホメロスは、トロイア戦争が始めと終わりを持つにもかかわらず、その全体を残らず詩にしようとはしなかったからである。もしそのようなことをすればストーリーが過度に長大となり、全体を見通しやすいものにはならなかったであろうし、そうでなければ、長さの点で適度に抑えられたとしても、出来事の多様さゆえに錯雑なストーリーになったであろう。しかし実際には、ホメロスは〔統一性のあるストーリーを作るため〕トロイア戦争の一部を取り出し、他の多くの部分を挿話として用いた。例えば、『イリアス』の「軍船のカタログ」[5]などの場面がそうであるが、これらの挿話は、創作上、ストーリーを分節して多彩さを増すのに用いられているのである。

これに対し、ホメロス以外の詩人たちは〔悲劇と同様の「一つの行為」ではなく〕、
1459b 「一人の人物」や「一つの時間」に属する多くの出来事、あるいは、「一つの行為」ではあるけれども多くの部分からなるものを扱った。その例を挙げれば、トロイア戦争に取材して『キュプリア』を作った詩人や『小イリアス』を作った詩人がそうである。[6]それゆえ、ホメロスの『イリアス』や『オデュッセイア』から題材を得る場合は、そ

れぞれから一篇ないし二篇だけしか悲劇作品を作れないのに対し、『キュプリア』からは多くの悲劇作品を、『小イリアス』からは八篇以上を作れるのである。例えば、[7]『武具争いの審判』[8]、『フィロクテテス』[9]、『ネオプトレモス』[10]、『エウリュピュロス』[11]、

4 ヘロドトスの『歴史』第七巻第一六六節によれば、ギリシャ軍がサラミス島近海でペルシャ軍を破った海戦と、シチリア島でカルタゴ軍を破った戦闘は、紀元前四八〇年の同じ日に起こった。なお、詩作を歴史記述と比較する視点は第九章一四五一a三八―b七と共通するが、とくに本章では、トロイア戦争を叙事詩の題材にしたホメロスと、ペルシャ戦争を中心に歴史を記述したヘロドトスとの比較が意識されている。

5 『イリアス』第二歌四八四―七七九でギリシャ軍の主な英雄たちを紹介し、軍船の数も挙げて兵力を示す部分。

6 『キュプリア』は『イリアス』に描かれた出来事に先立つ物語を、『小イリアス』は『イリアス』に後続する物語を描いた作品で、ともに「叙事詩の環」と呼ばれる作品群に属するが、断片と梗概だけが残る。『キュプリア』は紀元前八世紀のスタシノスかヘゲシアスの作、『小イリアス』は紀元前七世紀のレスケスの作といわれる。

7 カッセルの校訂は「例えば」以下を削除するが、ハリウェルの校訂に従って採用した。

8 アイスキュロスの作品と推測される。題材とされたオデュッセウスとアイアスの武具争いについては第十八章注4参照。

『乞食姿のオデュッセウス』[12]、『ラコニアの女たち』[13]、『トロイアの陥落』[14]、『船出』[15]などのほか、『シノン』[16]、『トロイアの女たち』[17]などの悲劇作品を作れるであろう。

9　第二十二章注8参照。
10　ネオプトレモスはアキレウスの息子。父親の戦死後、ギリシャ軍に呼ばれてトロイア戦争に加わり、トロイア王プリアモスを殺害した。
11　エウリュピュロスはテレポス（第十三章注14参照）の息子。トロイア戦争でトロイアの味方についたため、ネオプトレモスに討ち取られる。
12　『オデュッセイア』第四歌二四二―二五八では、偵察のためオデュッセウスが乞食に変装してトロイアの城内に入るが、この地にギリシャから連れ去られていたヘレネに見破られ、彼女とともにトロイア攻略作戦を練る。
13　ソフォクレスには、断片のみ伝わる『ラコニアの女たち』という作品がある。ラコニアの女たちとは、ヘレネの侍女たちのこと。
14　『トロイアの陥落』は、ソフォクレスの息子イオフォンの作品と伝えられる。
15　『船出』は、トロイア戦争終結後、ギリシャ軍が故郷へ向けて出航したときの出来事を扱う作品と推測される。
16　ソフォクレスには、断片のみ伝わる『シノン』という作品がある。シノンはオデュッセウスの叔父の息子で、オデュッセウスが考案した木馬をトロイアの城内に運び入れる際、トロイア人たちを巧みに説得する役割を果たす。
17　エウリピデスの『トロイアの女たち』という作品が現存し、トロイア陥落後、トロイアの女たちが捕虜としてギリシャに運ばれ、将軍たちに与えられるようすが描かれている。

第二十四章

叙事詩と悲劇の比較②——種類、構成要素

また、種類の点でも、叙事詩は悲劇と同じ数だけあるのでなければならない。[1] すなわち、単線的なもの、[2] 複雑に絡み合わされたもの、性格を主要素とするもの、受難を主要素とするものの四種類である。加えて、構成要素の点でも、歌曲と視覚効果を除けば、叙事詩は悲劇と同じでなければならない（すなわち、ストーリー、性格、思考、語法）。というのも、叙事詩のストーリーにも逆転、再認、受難がなければならず、さらには、思考と語法の点でも素晴らしいものでなければならないからである。

これらの要素のすべてを最初に、そして十分に活用したのがホメロスである。実際、ホメロスの作品のそれぞれを見ると、『イリアス』は単線的な構成で、かつ受難を主要素とし、[3]『オデュッセイア』は複雑に絡み合わされた構成で（全篇を通じて再認が

ある)[4]、かつ性格を主要素とする。[5] その上、語法と思考の点でも、他のあらゆる作品に優っている。

1　第十八章一四五五b三二—一四五六a三で悲劇の四種類が示されたのを踏まえ、悲劇と叙事詩が本質を共有する以上、必然的に叙事詩も四種類あるということ。

2　悲劇では「視覚効果に依存した劇」が一種に挙げられたが、叙事詩には視覚効果がないため、このように表現されている。第十八章注3参照。

3　トロイア戦争の十年目の数十日を描く『イリアス』は戦闘の場面を中心とし、戦死や遺体の描写を含む上、トロイアの英雄ヘクトルの葬送をもって終わる。そのため、受難が主要素となった作品といわれるのであろう。

4　第十六章一四五四b二六—三〇で述べられた二例の他にも、物語の進行とともにオデュッセウスや息子のテレマコスが多くの人物から再認される。

5　「性格を主要素とする」とは、『オデュッセイア』の登場人物の性格が明瞭だというだけではなく、主人公の性格が優れていることも意味すると考えられる。『政治学』第八巻第五章一三四〇a三八では、ポリュグノトスの絵画（本書第二章一四四八a五—六参照）が同様の例に挙げられ、模倣対象の性格が優れた作品だとされている。

叙事詩と悲劇の比較③——長さ、韻律、方式

しかし、作品の構成に関することのうち、長さと韻律の点で叙事詩は悲劇と異なっている。[6]

まず、悲劇の長さについては、十分とされる長さの限度を既に述べた。[7]すなわち、始めと終わりが一挙に視野に収まる長さでなくてはならない。この条件を叙事詩が満たすとすれば、構成が［ホメロスの作品など］昔の叙事詩より短くなり、一度の観劇用に編まれた悲劇（三部作）を合わせたほどの長さに短縮されなければならないであろう。[8]けれども逆に、長大に展開することにかけては、叙事詩に固有の著しい特質がある。すなわち、悲劇の場合には、同時に多くの部分を演じることができないため、行為の模倣は、舞台上で俳優たちが目下取りかかっている部分だけに限定されるのに対し、叙事詩では叙述の方式をとるため、同時になし遂げられる多くの部分を詩に盛り込むことができる。そして、それらの部分が脈絡にふさわしい内容であれば、詩の分量は増大することになる。したがって、こうした叙事詩の特質は、作品を壮大にする上、単調ではない多彩な挿話を盛り込むことで聞き手の気分を変えられる[9]という美点を持つ。このようにいうのは、悲劇の場合、単調さが観客をすぐに飽きさせてしま

い、失敗に終わることがあるからである。

次に、韻律については、経験に基づき、英雄詩の［六脚韻の］韻律が叙事詩にふさわしいものとされてきた。実際、もし他の韻律を用いたり、多くの種類の韻律を混用したりしてみれば、叙述による模倣[10]［すなわち叙事詩の創作］には不向きであることが明瞭になるであろう。それというのも、英雄詩の韻律が、さまざまな韻律の中で最も落ち着いており、最も重厚だからである（それゆえ、外来語も転用語も、最も受け

6 以下では、長さ、韻律の点で叙事詩と悲劇の異なる理由が、方式の差異に結び付けて説明される。要するに、叙事詩と悲劇の違いは、叙述方式と演劇方式の違いに還元される。

7 第七章一四五一a一一―一五。

8 唯一、悲劇の三部作が完全に残るアイスキュロスのオレステイア三部作は合計行数が三七九六行。『イリアス』は一五六九三行、『オデュッセイア』は一二一一〇行あるので、四分の一から三分の一くらいに短縮しなければならないことになる。

9 原文では「聞き手の気分を変えられる」が「単調ではない多彩な挿話を盛り込む」よりも先に書かれているが、これはギリシャ語に見られる「後先構文」の一つであり、重要な内容が先に書かれたためだと思われる。

10 第六章注1参照。

1460a 入れやすい韻律である。この点でも、[11] 叙事詩の叙述による模倣は、［悲劇などの］他の方式に優る）。それに対し、イアンボス調と四脚韻は動的な韻律であるため、四脚韻は舞踊に、イアンボス調は行為に適している［それゆえ、悲劇には用いられても、叙事詩には用いられない］。ましてやカイレモン[12]のように、これらの韻律を混用して詩作したなら、いっそう奇妙なものになるであろう。それゆえ、長大な構成を持つ詩を作るにあたって、英雄詩の韻律以外の韻律を用いた詩人は誰もいない。既に述べたように[13]、［詩作ジャンルの］本性そのものが、構成に適した韻律を選ぶよう教えているのである。

また［叙述の方式に着目すると］、ホメロスは他の多くの点でも称賛に値するが、とりわけ称賛されてよいのは、詩人たちの中でただひとり、叙述において自らが為すべきことについて無知ではない点である。それは、詩人が自分自身の人格として語るのを、できるだけ少なくすべきだということである。というのも、詩人が模倣者の資格を持つのは、自分自身が登場して語る点に基づくのではないからである。

ところが、ホメロス以外の詩人たちは全篇を通じて自分自身を前面に出しており、［登場人物になりきって］模倣を行うのは、わずかな事柄について、わずかな機会にだ
a10 けである。それに対し、ホメロスはわずかな序詞を済ませると、直ちに男性や女性、

何らかの他の人物[14]を登場させる。しかも、無性格な人物はおらず、各々が性格を持っているのである。

叙事詩と悲劇の比較④——不合理な要素の利用

さて、作品中に驚くべき展開を作り込まなければならないのは悲劇でも同じだが[15]、[叙述の方式をとるゆえに]叙事詩の方が不合理を許容しやすく、とりわけ不合理な場面を通じて驚くべき展開を生じさせる。それというのも、叙事詩の場合、行為してい

11 ハリウェルの校訂に従い、tautēi を補う。
12 第一章注20参照。
13 第四章一四四九a二三—二四を指すが、本章一四五九b三一—三二の「経験に基づき……」の部分も念頭に置かれているのであろう。
14 「性格」を意味する ēthos が、ここでは明らかに「人物」の意味で用いられており、今日使われる「キャラクター」の原型を示している。
15 悲劇が呼び起こす「驚き」については、第九章一四五二a四—六、第十四章一四五四a四、第十六章一四五五a一七で述べられている。

る登場人物を目の前に見ることがないからである。例えば『イリアス』の中の「ヘクトル追跡」のくだりなどは、[16]もしも舞台で上演されたならば滑稽に映るであろう。なにしろ、ギリシャ軍の兵士たちは立ち止まったままで、敵のヘクトルを追いかけようとしないのに、ギリシャ軍を率いるアキレウスは頭を振って、兵士たちがヘクトルを攻撃しないよう制止しようとするのだから。こうした不合理な場面の滑稽さが、叙事詩の場合には気づかれないわけである。しかし、[不合理を含んでまで描かれる]驚くべき展開こそが快いのである。[17]その証拠に、[ホメロスが叙述するように]人に何かを伝えて聞かせるとき、[18]誰もが聞き手を喜ばせようとして、驚くような話を付け加えるということがある。

また、偽りをどのように語るべきか、その手法を他の詩人たちにも教えたのは、誰にもましてホメロスであった。手法とは、誤謬推論の使用である。[19]すなわち、「AがあればBがある」、あるいは「Aが起こればBが起こる」といえるとき、逆に、「BがあればAもある」、あるいは「Bが起こればAも起こる」と人々は思い込む。しかし、これは偽りである。そこで、実際にはAが偽りの場合、そのAを事実だと信じ込ませるには、「Aがあれば必然的にBがある」、あるいは「Aが起これば必然的にBが起こる」という推論が成立しているほかに、なお、Bという事実があることを付け加えておく必要がある。そうすると、私たちの心はBが真実だと知った上で誤謬推論「BがあればA必然的にAもある」を行うため、Aも事実だと思い込むのである。その典型的

16 『イリアス』第二十二歌一三一―二二三で、トロイアの英雄ヘクトルがギリシャの英雄アキレウスの勇姿を見て怖じけづき、城壁の周囲を逃げ回るのをアキレウスが追跡する箇所。当時のギリシャ人にはよく知られていたため、アリストテレスはこの箇所の内容をわずか九語のギリシャ語で説明しているが、どのような場面かがわかるよう、「なにしろ」以下の訳では言葉を補った。

17 この文が、叙事詩の働きとして「驚きから快を生じさせる」ことを述べているのだとすれば、悲劇においては「憐れみと怖れから快が生じる」こと（第十四章一四五三b一二）と対比されているのかもしれない。ただし、悲劇も驚き（本章注15参照）をもたらすので、同じ種類の驚きかどうかが問題になる。

18 「伝えて聞かせる」と訳した原語の apaggellō は第三章一四四八a二一でも使われ、「叙述による模倣」（本章一四五九b三三、三六―三七）の方式を具体的に説明していた。ここでは、叙事詩の叙述方式が、他人に何かを伝えて聞かせる行為に重ね合わされている。

19 先に挙げられた「不合理な場面」に続き、叙事詩の利用する不合理な要素の二つ目が誤謬推論である。

な例が『オデュッセイア』の「足洗い」の付近に見られる。[20]
さらに、［悲劇と同様、叙事詩でも最善の手法としては］実際にありうるがストーリー上では説得力のない出来事よりも、むしろ、実際にはありえないけれどもストーリー上ではもっともな出来事を選ぶべきである。つまり、脈絡の上で不合理な部分から話が組み立てられるべきではない。まずは何よりも、不合理な部分をまったく含まないようにすべきである。もしも避けられない場合には、『オイディプス王』の中で、先王ライオスがどのようにして亡くなったかをオイディプスが知らないでいることのように、ストーリー化される内容の外に置くべきである。反対に、劇（演じられる部分）の内に含めるべきではないのに不合理な内容を含めてしまった作品としては、『エレクトラ』の中に、［作品が設定する時代には行われていなかった］ピュティア競技祭について報告する者たちが登場したり、[21]『ミュシアの人々』の中に、［ギリシャの］テゲアから［小アジアの］ミュシアにたどり着くまでの長時間、一言も口を利かずにやって来た男が登場したりする例がある。[22]したがって、こうした部分を欠けばストーリーが崩れてしまうなどと語るのは滑稽である。なぜなら、はじめからそのような不合理を含むストーリーを組み立てるべきではないからである。

しかしながら、そのような部分をストーリー中に置くとしても、より道理のある仕

20 『オデュッセイア』第十九歌一六四―二六〇で、正確には「足洗い」の場面に先立つ部分。アイトンという乞食の男に変装したオデュッセウスが妻ペネロペイアに対し、「私はオデュッセウスに会ったので（A）、オデュッセウスの服装などを知っている（B）」と告げた上、「オデュッセウスの服装など（B）」を正確に語り、「オデュッセウスに会った（A）」という偽りを真実だと信じ込ませる。これは、第十六章一四五五a一二―一六で挙げられた合成的な推論とは別の種類の誤謬推論で、現代論理学では「後件肯定の誤謬」といわれる。『詭弁論駁論』第五章一六七b六―八では、「雨が降ると（A）、地面が濡れる（B）」を例に取り、「地面が濡れている（B）」ことから「雨が降った（A）」ことを推論する場合を挙げている。誰かが水をこぼしたり、まいたりしたかもしれないので、この推論は誤りである。

21 ピュティア競技祭とは、太陽神アポロンを讃えてデルフォイで開催された行事で、オリュンピア競技祭に次ぐギリシャの民族的祭典。紀元前五八二年頃から戦車競技や裸体運動競技が加わった。ソフォクレスの『エレクトラ』六八〇―七六三では、父アガメムノンの仇を討つためミュケナイに帰郷したオレステスが老僕を王宮に送り、戦車競技で自分が事故死したという偽りの知らせを母クリュタイメストラに伝える。しかし、オレステスが復讐を企てるトロイア戦争後の時代には、まだピュティア競技祭で戦車競技が行われていなかったため、「不合理な内容」といわれているのであろう。

方で見せることができるならば、奇妙な出来事であっても許容されるであろう。[23] このようにいう理由は、『オデュッセイア』の中に好例があるからである。すなわち、オデュッセウスが船から海岸に降ろされてもまだ眠っているくだり[24]の不合理さなどは、同じ場面が拙劣な詩人によって創作されたならば、明らかに耐えがたいものになっていたであろうが、実際には、当の詩人ならではの［語法における］他の数々の長所が奇妙さを快いものに変えて目立たなくしているのである。［この例のように］何も行為が為されない[25]場面、つまり、登場人物の性格も思考も表れない部分においてこそ語法に苦心すべきである。というのも、あまりに華麗な語法は、［奇妙さどころか］人物の性格や思考をかえって覆い隠してしまうからである。[26]

1460b

22 アイスキュロスとソフォクレスに、断片のみ伝わる『ミュシアの人々』という作品がある。「男」とはテレポス（第十三章注14参照）で、テゲアで叔父を殺害後、ミュシアに来る。罪人が口を利かないのは当時の風習だが、会話なしでの長旅は不合理だという意味であろう。

23 叙事詩が利用する不合理な要素の三つ目が、奇妙な場面を道理あるものに見せる巧みな語法である。おそらく、ここまで列挙された「不合理な場面」、「誤謬推論」、「巧みな語法」は、驚きを生む手法に関し、劣ったものから比較的優れたものへと順に並べられているのであろう。この配列順は第十六章で「再認」の種類が列挙されたときと同じであり、内容的に誤謬推論や道理ある展開（もっともな展開）を含む点でも第十六章と共通する。

24 『オデュッセイア』第十三歌七〇―一八四。オデュッセウスはパイアケス人の船で送られて故郷イタケに着き、眠ったまま優しく船から砂浜に降ろされたため、目覚めないでいた。

25 アリストテレスは「何も行為が為されない」状態の例として睡眠状態をしばしば挙げるため（『魂について』第二巻第一章四一二a二五―二六、『ニコマコス倫理学』第一巻第五章一〇九五b三一―一〇九六a二、同巻第八章一〇九八b三一―一〇九九a三、第十巻第六章一一七六a三三―三五）、ここではオデュッセウスが眠っている場面からの連想で無活動状態に言及したと考えられる。

26 叙事詩の要素はストーリー（行為の模倣）、性格、思考、語法であるから、何も行為を含まず、性格や思考が表れない部分では、語法だけが詩人にとって技量を発揮できる要素になるという意味であろう。

第二十五章

諸問題と解消法

本章で述べるのは、詩作に関して指摘されてきたさまざまな問題[1]と、それらへの反論となるさまざまな解消法である。そもそも問題を発生させる要因の種類がいくつあり、どのようなものであるかを明らかにするには、次のような観点に立って研究すればよいであろう。

諸問題を解くための三つの観点

第一に、詩人は、肖像画家や他の種類の像を作る作家と同様の模倣者であるから、必然的に、数からすれば三つの事柄のうち、いずれか一つを常に模倣することになる。
b10 すなわち、一つ目は、過去にそのようであった事柄、あるいは現在そのようである事柄、二つ目は、人々がそのように語ったり思い込んだりしている事柄、三つ目は、そのようにあるべき事柄である。

第二に、いま挙げた三つの事柄は、語法によって叙述されるわけであるから、その中には外来語や転用語、そのほか多くの様態の語法が含まれる。というのも、私たちは詩人たちに対し、そのような語法の使用を許容するからである。

以上に加えて第三に、詩作術における「正しさ」[2]は政治術における「正しさ」と同じではないし[3]、また、詩作術における「正しさ」は他のいかなる学術[4]における「正しさ」

1　本章で述べられる事柄は叙事詩の問題に限られないが、失われたアリストテレスの著作『ホメロスの諸問題』の要約だという説もある。

2　「正しさ（orthotēs）」とは、詩人の表現に道理があるゆえに擁護できる性質をいう。

3　人間生活にとって正しさや誤りが最も深刻な問題となるのは国家の政治であるから、政治術の「正しさ」が筆頭に挙げられているが、以下の説明で話題になるのは、政治術以外の学術に関する知識が詩作と間接的に関わる場合である。

4　通常、「技術」を意味するtekhnēをここでは「学術」と訳す。以下で挙げられる馬の走り方や鹿の角の有無は動物学の知識に当たり、何かを制作する技術には当たらないからである。政治術と政治学、医術と医学のように、「学術」では技術と学問的知識が一体である。

さ〕とも同じではない。ただし、詩作術そのものに限っていえば、〔正しさを損なう〕誤りには二通りがあり、一方は詩作術の本質に関わる自体的な誤りであるが、他方は付帯的な誤りである。例えば、詩人が対象を正しく定めて模倣しようとしながら、力不足のゆえに、模倣に失敗した場合は自体的な誤りに当たる。[5] それに対し、例えば、
〔馬の走り方についての知識がないために〕走る馬が右側の前脚と後ろ脚の両方を同時に
前へ出している姿を〔画家が〕模倣しようとする場合のように、[6] 医術や他の学術など b20
〔詩作術以外の〕個別的な学術の知識に関わる失敗を犯したり、どのような種類のものであれ、ありえないことを詩に書いたりした場合は、[7] 詩作術それ自体の誤りには当たらない。

したがって、これらの問題に関わるさまざまな詩作批判に対しては、〔事柄、語法、正しさの〕三つの観点から考察することを通じて反論し、問題を解消しなければならない。

「正しさ」の観点からの問題解消法

（1）まず、「正しさ」の観点では、詩作術そのものに関わる批判がある。すなわち、

「ありえないことを詩に書いている。これは誤りだ」という批判である。しかし、この批判に対しては、もしそのような書き方をすることで作品の当の部分ないし他の部分が、よりいっそう驚愕を生み出すものとなり、詩作それ自体の目的（この「目的」については既に述べた）[8]を達成するのならば「正しい」と反論できる。その典型的な例が、先にも挙げた『イリアス』の「ヘクトル追跡」の場面である。とはいえ、もしもこの場面が誤りを含まず、ヘクトルのような敵兵をとらえる技術

5　この一文の原文は部分的に欠損があるため、前後の文脈から大意を推測して訳した。

6　本章一四六〇b八―九で「詩人は、肖像画家や他の種類の像を作る作家と同様の模倣者であるから……」と述べたのを受け、詩作の誤りを絵画モデルで説明している。なお、『動物進行論』第十四章七一二a二四には、四足動物が「右側の前脚の後に左側の後ろ脚、その次に左側の前脚、さらに右側の後ろ脚を動かす」との説明がある。

7　カッセルの校訂では「ありえないことを詩に書いたりした場合は」を削除しているが、有力な複数の写本に忠実なタランの校訂に従ってこのように読む。付帯的な誤りの中には、学術の知識の欠如に由来せず、詩人が「ありえないこと」を故意に書いた場合もあるため、アリストテレスは「どのような種類のものであれ、ありえないこと」を付け加えたのであろう。本章注40参照。

に従って描かれた場合でも、詩作の目的が同等、あるいはそれ以上に達成できるのな
ら、ありえないことを書いたのは「正しくない」ことになる。というのも、可能であ
れば、どのような点でも誤りをまったく含まないようにすべきだからである。
なお、「いま述べた仕方で批判には反論するにしても」問題とされた「誤り」はどちら b30
なのだろうか。つまり、詩作術それ自体に関わる誤りなのだろうか、それとも、別の
付帯的な事柄に関わる誤りなのだろうか。[9] このように問う理由は、例えば、〔画家が〕
雌鹿には角がないという事実を知らなかったゆえに付帯的な誤り（角の生えた雌鹿の
描写）を犯したとしても、模倣に失敗して自体的な誤り（技術が拙劣なために雌鹿に
角が生えているように見える描写）を犯した場合に比べれば、誤りとして軽微だから
である。[10]

「事柄」の観点からの問題解消法

（2）さらに、「事柄」の観点では、もしも詩作に対し「真実を書いていない」とい
う批判が起こった場合、おそらく「あるべき事柄を書いている」と反論できるであろ
う。例えば、ソフォクレスにしても、「私自身は人間がどのようにあるべきかを詩に書

くが、エウリピデスは人間が実際どのようであるかを書く」と述べたが、この仕方で反論して問題を解消すべきである。

8　「既に述べた」がどの箇所を指すかについては諸説ある。しかし、後続文が「ヘクトル追跡」に言及する以上、この話題を最初に述べた第二十四章一四六〇a一四—一七に含まれる「驚くべき展開こそが快い」か、第二十三章一四五九a二一の「固有の快」を指すと考えるべきであろう。驚きから快を生じさせることが目的だととらえれば、第二十六章一四六二b一二—一五で「固有の快」と「目的」が関係づけられているのとも整合する。一方、第六章一四五〇a二二—二三ではストーリーが悲劇の目的だといわれているが、それは、建築作業にとって家が目的であるように、詩作作業にとってストーリーが目的だからである。しかし、家は人を住まわせる働きのために作られるのだから、究極の目的はその働きである。同様に、究極的な意味での詩作の目的（本章一四六〇b二七、第二十六章一四六二a一八）は、その働き（第二十六章一四六二b一三）であり、すなわち「固有の快」を生じさせることである。

9　「ヘクトル追跡」の場面が実際にはありえない不合理な描写であるという意味での「誤り」は依然として残るため、その原因について、ホメロスが敵兵の捕獲に関する技術を知らなかったからなのか、知りながら下手に描写してしまったのかを問いにしている。後続文は前者を示唆していると見られる。

10　先に挙げられた馬の例に続き、この鹿の例も絵画モデルで付帯的な誤りを説明している。

(3)また、もしも詩に書いていることが、真実でもなければ、あるべき事柄でもない場合には、神話がそうであるように、話として「人々がそのように語っている」と答えるべきである。というのも、そのような場合というのは、より善い事柄(あるべき事柄)を述べているのでもなければ、さりとて真実(実際そのようである事柄)を述べているのでもなく、おそらくクセノファネスが主張したことに当たるだろうからである。[11]それゆえ、「人々がそのように語っている」事例なのである。

(4)しかし、より善い事柄(あるべき事柄)を書いているのではない場合であっても[前項の「人々がそのように語っている」事例には該当せず]、「かつてはそのようだった(かつては真実だった)」と答えるべき事例も、おそらくあるであろう。例えば、武具についての記述がそうで、「彼らの槍は、石突きを地面に突き刺してまっすぐに立てられていた」[12]とあるのは[槍の立て方が反対だという問題があるが]、このようにするのが当時の慣わしだったからで、イリュリア人たち[13]はいまでもそうしている。

(5)また、ある人物によって語られたり行われたりした事柄が素晴らしいことか、素晴らしくないことかを考察するときには、行為や話の内容そのものだけを見て優劣を決めるのではなく、行為者ないし話者の人間性にも目を向けるとともに、誰に対して、どのような時に、どのような手段で、何を目的としてそうしたかをも見なければならない。例えば、［有害だと批判される事柄があった場合には］より大きな善を実現するためとか、より大きな悪の発生を避けるためとかいうような、言動の目的も見るべきなのである。[14]

11 クセノファネスは紀元前六〜前五世紀の哲学者で詩人。「彼ら（ホメロスやヘシオドス）は、多くの無法の行いを神々のものとして語った（ephthegksanto）／盗むこと、姦通すること、互いにだまし合うことを」（「断片」一一B一二DK）、「人間たちは、神々が「人間と同じように」生まれたものであり、人間の服、姿、声を持っていると思い込んでいる」（「断片」一一B一四DK）と述べたと伝えられる。つまり、神々が実際にそのようにあるのでも、あるべきなのでもなく、「人々がそのように語ったり思い込んだりしている」ことをクセノファネスは強調し、神を擬人化する人々を批判したのであろう。なお、『形而上学』第四巻第五章一〇一〇a五―六には、喜劇詩人エピカルモスとクセノファネスの間で「真実である」と「もっともである」をめぐる議論が交わされたことを推察させる記述がある。

12 『イリアス』第十歌一五二。トロイア戦争におけるギリシャ軍の英雄の一人、ディオメデスの部下たちが眠っているとき、彼らの槍が立てられているようすを描写した部分。

13 イリュリアはギリシャ北西部の地方。

「語法」の観点からの問題解消法

そして、「語法」に着目することによって批判に反論すべき場合がある。

（6）まず、外来語に着目すべき場合である。例えば、「はじめに騾馬どもを（ウーレーアース）[15]」という記述をめぐっては［なぜアポロンが兵士ではなく騾馬などをはじめに射たのかという問題があるが］、外来語の「ウーレーアース」が意味するのは、おそらく「騾馬どもを」ではなく、「番兵たちを」であるから、問題を解消できる。もう一つの例は、［トロイア人の］ドロンについて「形（エイドス）は悪いが、足は速かった[16]」と記述されていることについて［なぜ形の悪い男が速く走れるのかという問題があるが］、身体が均整を欠くことではなく、顔が醜いことを意味していると反論できる。実際、クレタ人たちは美しい顔を「美形（エウエイデース）」と呼んでいる。さらに、「もっときつい（ゾーロテロン）酒を用意せよ[17]」については［大事な会談の場面にふさわしくないという問題があるが］、ここでの「ゾーロテロン」が意味するのは、酒豪のために「酒を水で割らず、もっときつい酒を」ではなく、「もっと急いで」ということである。

（7）次に、転用語で語られた表現に着目すべき場合である。例えば、「すべての

神々も人間たちも夜通し眠っていた」[18]と書かれているにもかかわらず、同時に「トロ

14　先の（2）～（4）が、模倣される事柄の分類に着目していたのに対し、（5）では現実世界と作品世界を区別せず、行為によって為された事柄の評価に着目している。とくに、悲劇でしばしば描かれる肉親間の殺人の場合、殺害の目的、あるいは行為者の過失を考慮しなければ、単なる邪悪な行為として批判されることになるから、本章一四六一b二三の「（邪悪さが）有害なこと」と関連した記述であろう。実際、『ニコマコス倫理学』の行為論では悲劇中の行為が例に挙げられ、その第三巻第一章一一一一a一一―一二では、メロペ（本書第十四章注10参照）が息子を敵だと思い込んだ誤認（個別の状況に関する無知）を考慮すると、意図的な殺人の企てとはいえないと述べている。また、同書同巻同章一一一〇a二七―二九では、アルクメオン（本書第十三章注12参照）が父親の遺言（命令に従わなければ飢饉が起こり、子孫が断絶するという予言）に強いられて母親を殺害するというエウリピデスの設定は、道理がないゆえに滑稽だと述べている。このように、行為の評価には多くの要因が関わるため、それを考慮することで批判に反論できる場合があると考えられる。

15　『イリアス』第一歌五〇。太陽神アポロンに仕える神官クリュセスの娘がアガメムノンに奪われ、父親のもとに返されないことを知ったアポロンは怒り、ギリシャ軍に向けて疫病を広げる矢を射る。

16　『イリアス』第十歌三一六。ドロンは夜中にギリシャ軍を偵察に来るが、オデュッセウスらに捕らえられ殺される。

イアの野を眺めやれば、縦笛や笙笛の響きが……」[19]と記されていることについては「全員が眠っているのに誰が笛を吹いているのかという問題があるが」、転用に着目すれば、「多くの」を類としたとき、「すべての」はその一種であるから、比喩として使用されているわけである。また、「海に沈まない、ただ一つの星座[20]（大熊座）」については「北の空には大熊座の他にも海に沈まない星座があるという問題があるが」、「最もよく知られている」ものは「ただ一つ」だから転用されたのである。

（8）また、語の発音の仕方を変えることによって問題を解消できる場合がある。例えば、タソス島の人ヒッピアス[21]は、文意が不可解な「彼（アガメムノン）の祈りがかなうことを、我々（神々）は許してやる」[22]と、「「腐りにくい」木の一部が雨で腐っている」[23]を解決した「すなわち、前者は語のアクセントの位置を変えると「許してやれ」と命令形になって文脈に沿うし、後者は発音とアクセントを変えると「それは雨にも腐らずにいる」となって意味が通じる」。

（9）さらに、語句の区切り方を変えることによって問題を解消できる場合がある。例えば、エンペドクレスが書いた「先だって不死を学んだものどもが、たちまち死すべきものとして生まれた。混じり合わずにいたものは、先だって混じり合った[24]」は、

この方法で問題を解消できる［すなわち、文脈に合わない二つ目の文は、語句の区切り方

17　『イリアス』第九歌二〇三。トロイア戦争でギリシャ軍が苦境に陥ったとき、オデュッセウスらはアキレウスの陣営を訪れ、協力を依頼する。その際、アキレウスは戦友パトロクロスに声をかけ、会談の席に酒を出すよう命じる。
18　『イリアス』第十歌一―二からの引用と思われるが、原文の主語は「ギリシャ軍の他の勇士たちは」で、くい違いがある。第二歌一―二の「他の神々と馬車の馭者たち」という句とアリストテレスが混同したのかもしれない。タランの校訂では「馬車の馭者たち」が原文に加えられている。
19　『イリアス』第十歌一一―一三。
20　『イリアス』第十八歌四八九、『オデュッセイア』第五歌二七五。
21　タソス島出身のヒッピアスという名の人物が、紀元前四〇四年、三十人政権によって殺害されたが、ここで挙げられている人物と同一かどうかは不明である。
22　この文は、現在まで伝わる『イリアス』には含まれないが、関連する内容は『イリアス』第二十一歌二九七に見られる。ギリシャ軍の総大将アガメムノンがトロイア陥落を祈っていたとき、ゼウスが夢の神に命じ、その祈りがかなうことを神々が許したという偽りの夢をアガメムノンに見させる。問題となる文はゼウスの台詞で、「許してやる」だと最高神ゼウスが偽りの夢を見させる直接の実行犯になるが、「許してやれ」だと命令を受けた夢の神が実行犯になるため、納得できる台詞になるという意味であろう。

を変えることによって修飾関係が変わり、「先だって混じり合わずにいたものは、混じり合った」と理解可能になる」。

(10) 加えて、語の意味が一つではなく、あいまいであることに着目すべき場合がある。例えば、「既に夜は三分の二以上が過ぎ、残るは三分の一しかない」[25]については「三分の二「以上」過ぎたのなら三分の一が残るはずはないという問題があるが」、「以上」という語の意味があいまいなのである「すなわち、「三分の二以上」が「三分の二ほどもたくさん」を意味すると考えれば、問題を解消できる」。

(11) また、習慣的語法に着目すべき場合がある。例えば、ぶどう酒と水を混ぜたものを単に「ぶどう酒」と呼ぶ習慣があることから、詩の中でも、錫と銅の合金製の脛《すね》当てについて「新たに作られたばかりの錫の脛当て」[26]といわれる。他にも、鉄を使って細工する者を「青銅細工師」と呼ぶ習慣があることから、神々が特別な神酒だけを a30
飲み、ぶどう酒を飲まないにもかかわらず、神々の酌人ガニュメデス[27]は「ゼウスにぶどう酒を注ぐ」[28]といわれたのである。ただし、この例に限れば、「ぶどう酒」は比喩として「神酒」を指す転用語だともいえるであろう。

(12) さらに「文脈に沿って言葉の意味を解釈すべき場合があり」、ある名指し言葉（動詞を含む）が何か矛盾した事柄を意味しているように思われる場合には、その言葉が、使用されている文脈で何通りの意味合いを持ちうるかを考察しなければならない。例えば、「そこ（黄金）で青銅の槍はくい止められた」[29]という記述は［盾を構成する黄金、青銅、錫の層のうち黄金のところで槍がくい止められたと解釈できるが、黄金のところで槍

23 『イリアス』第二十三歌三二八。「木」とは、腐りにくいと考えられていた松か樫。
24 エンペドクレス（第一章注19参照）の「断片」三一B三五、一四―一五DK。エンペドクレスによれば、この世界ではさまざまなものを親和させて混ぜ合わせる「愛」の力と、分離する「憎」の力が周期的に交代する。引用された第二文は「憎」の時期から「愛」の時期への転換を述べているため、「先だって」が修飾する語を変えると文脈に合う。
25 『イリアス』第十歌二五二―二五三。
26 『イリアス』第二十一歌五九二。
27 ギリシャ神話によれば、ガニュメデスはトロイア王トロスの息子で、その美貌に目をつけた最高神ゼウスが天上にさらい、神々の酌人にした。
28 『イリアス』第二十歌二三四。
29 『イリアス』第二十歌二七二。原文では「とねりこの槍」となっており、「青銅の槍」ではない。

の勢いがそがれ、青銅の部分でくい止められたとも解釈できるため」、「そこで阻止されてくい止められた」が何通りの意味を持ちうるかを考え、「こうだろうか、それとも、ああだろうか」と検討して、最もよく解釈できるようにしなければならない。この解釈法は、グラウコンが[30]批判的に述べている人々のやり方とは正反対である。すなわち、グラウコンがいうには、「ある人々は、根拠もなく、先入観で一つの解釈を立て、自分たちだけでそれを正しいと断じた上で推論する。そして、彼らの考えと対立する内容が詩の中に見つかると、あたかも詩人が以前から彼らと同じ考えを語っていたかのように見なして矛盾をあげつらい、非難する」。まさにこの仕方で非難を被ってきたのが『オデュッセイア』における「オデュッセウスの妻ペネロペイアの父」イカリオスの問題である。すなわち、ある人々は、イカリオスがラケダイモン人（スパルタ人）であると考え、[31]それゆえ、「ペネロペイアの息子」テレマコスがラケダイモン（スパルタ）へ行ったのにイカリオスに会わないのはおかしいと非難するのである。しかし、おそらくはケファレニア[32]の人々の述べていることの方が事実であろう。つまり、ペネロペイアはケファレニアからオデュッセウスのもとへ嫁いで行ったのであり、父の名もイカリオスではなくイカディオスだというのである。こうした誤解から問題が生じ

1461b

たというのは、十分ありそうなことである。[33]

総括

総括すれば、第一に、詩作批判の的になる「ありえないこと」に関しては、問題とされた事柄を、詩作の働きに関連づけるか、より善い事柄（あるべき事柄）を模倣対象とすることに関連づけるか、人々の思い込みを模倣対象とすることに関連づけるかすべきである。まず、詩作の働きに着目すると、模倣の対象には、実際にありうるけ

b10

30　グラウコンという名の人物は、『弁論術』第三巻第一章一四〇三b二六やプラトンの『イオン』五三〇Dでもホメロス解釈者として挙げられているが、ここで述べられている人物と同一かどうかは不明。

31　先入観で「イカリオスはラケダイモン人である」と決めつけ、他の可能性を考えなかったことが問題を生んだというのが以下の主旨。この先入観に基づけば、テレマコスはラケダイモンでイカリオスに当然会うと推論されるので、詩人がそれに反する展開を作ったのは矛盾だと非難されたことを説明している。

32　オデュッセウスの故郷イタケの南にある島。

33　ハリウェルの校訂に従い、「十分ありそうなことである（eikos estin）」を採用する。

れどもストーリー上では説得力のない事柄よりも、実際にはありえないけれどもストーリー上では説得力のある事柄を選ぶべきなのである。また、より善い事柄に着目すると、例えば、ゼウクシス[34]が描いたような優れた人物は、おそらく実際にはありえないけれども[35]、より善い人物を描いたのだと主張できる。というのも、模範として描かれるものは比類なく優れていなければならないからである。

第二に、「不合理なこと」への批判に対しては、「人々が語っている事柄」に関連させて対処しなければならない。この対処法のほかに、「不合理なことも、場合によっては不合理でない」と反論することもできる。なぜなら、もっともではないことが起こるのももっともだからである。

第三に、「矛盾したことが述べられていること」への批判に対しては、議論において相手を論駁するときと同様の仕方で考察しなければならない。すなわち相手が、同一のものを、同一の関係において、同一の意味で述べているかどうかを吟味するときと同じようにして[36]、果たして詩人の記述が、詩人自身の述べていることと矛盾しているかどうか、また、思慮ある人ならば想定するであろうようなことと矛盾しているかどうかを考察しなければならないのである。

しかし第四に、不合理さや邪悪さに対する批判は正しいことがある。それは、何ら不合理な要素を使う必然性のない場合であり、エウリピデスが『『メデイア』において文脈上、不合理な仕方で』アイゲウスを登場させている例[37]や、『オレステス』において不必要にメネラオスの性格を劣悪に描いている例[38]などがまさにそうである。

以上より、詩作が批判されるのは、五種類の要因に基づくことになる。すなわち、

b20

34 第六章注12参照。

35 この部分は原文が欠損しているが、『詩学』のアラビア語訳を参照して「おそらく実際にはありえないけれども（isōs gar adynaton）」を採用したタランの校訂に従う。

36 『詭弁論駁論』第五章一六七a二三―二七によれば、論駁を行う際には、相手が「同一の点に関して、同一の関係において、同一の仕方において、同一の時において」述べているかどうかに着目し、反論しなければならない。例えば、二が一の倍ではあるが三の倍ではないことに基づいて「同じ数が倍であるとともに倍でない」と詭弁を語る人に対しては、「同一の関係において」語っていないと論駁できる。逆に、正当に語っていることを矛盾だと批判された場合にも、この観点が有効になる。例えば「プラトンは弟子であるとともに師である」という語り方が矛盾だと批判されたなら、「同一の関係において」そう語っているわけではなく、ソクラテスの弟子でアリストテレスの師という意味だと反論できる。

「ありえないこと」、「不合理なこと」、「(邪悪さが)有害なこと」[39]、「矛盾していること」、「[詩作術以外の]学術の知識に関わる正しさに反すること」[40]である。これらの批判への反論は、これまで列挙してきた数だけある解消法に基づいて考察されなければならない。すなわち、十二種類の解消法である。[41]

37 エウリピデスの『メデイア』六六三以下で、アテナイ王アイゲウスはトロイゼンに赴く途中、コリントスにいるメデイアのところに立ち寄る。メデイアはこの機会をとらえ、夫に復讐を果たした後で自分をアテナイに受け入れてくれるよう懇願するが、この展開においてアイゲウスがメデイアのところに立ち寄る必然性はないゆえ、不合理だと指摘されたのであろう。第十四章注5参照。

38 第十五章注3参照。

39 前の段落で挙げられたメネラオスの例は、有害さの点で批判される。すなわち、不必要に劣悪に描かれた性格は有害で、正当化できない。ただし、この例とは違い、劣悪な人物設定にストーリー上の必然性がある場合や、邪悪に見える行為に正当な目的がある場合は、有害だと批判されても詩作としては「正しい」と反論できると考えられる。

40 先に挙げられた「ヘクトル追跡」は「ありえないこと」の例であるが、同時に「学術（ヘクトルのような敵兵をとらえる技術）の知識に関わる正しさに反すること」の例も兼ねていた。しかし、「ありえない」という批判は、「学術の知識に関わる正しさに反する」という批判とは本来異なり、例えば、父親を殺害し母親と結婚するオイディプスの行為などにも向けられうるものである。それゆえ、ここでは両者が分離されているのであろう。

41 （1）～（12）で示した十二種類。

第二十六章

叙事詩と悲劇の優劣比較

さて、叙事詩の模倣と悲劇の模倣ではどちらが優れているのか。このことを問題にする人もいるであろう。[1]

叙事詩を優位に置く考え方

まず「叙事詩の方が優れているとする見解の場合」、「低俗さのより少ない模倣の方が、より優れている」という大前提がある。そのことに加え、優れた観客向けの模倣は低俗さの少ないのが常であるならば、何もかも一切を模倣して「身振りで真似て」みせるものは「劣った観客向けということになるため」低俗だという結論になること、これはあまりにも明白である。なぜなら、出演者が多くの「真似の」動作を行うのは、自

b30

分でそうした身振りを付け加えないと観客には感覚的に理解できないと考えてのことだからである。例えば、低劣な縦笛吹きたちは、円盤投げの場面で円盤を模倣しなければならないときに体を回転させたり、縦笛の吹奏で怪物スキュラ[2]を表さなければならないときにコロスの隊長を引きずり回したりするのである。

実際、悲劇はこうした［身振りで真似る］特徴を持つ模倣であって、古い世代の俳優たちも後の世代の俳優たちの特徴に対して似たような思いを抱いていた。例えば、［古い世代の俳優］ミュンニスコス[3]は、［後の世代の俳優］カリッピデス[4]のことを、演技

1　プラトンの『法律』第二巻六五八D―Eは、この問題を対話の中で扱い、叙事詩が最も優れているという考え方を打ち出している。以下では、まず叙事詩を優位に置く見解を提示し、それに対してアリストテレスが反論するという対話的な弁証術（dialektikē）の形式で書かれている。これは、「悲劇の本質の定義」に基づいて演繹的にストーリー構成法を論じた本書の中心部とは異なる方法である。

2　第十五章注4参照。

3　アイスキュロスの後期の作品で活躍した俳優と伝えられる。

4　紀元前四一八年のレナイア祭で俳優として賞を得たと伝えられる。

1462a

の過剰さゆえに「猿」と呼んだが、［後の世代に属する、もう一人の俳優］ピンダロスもまた同じような評価を受けた。こうした悲劇俳優の古い世代と後の世代との間に見られる関係が、悲劇の創作術全体と叙事詩との間にも認められるわけである。

かくして、かたや叙事詩は、優れた観客を相手にするゆえに身振りなどまったく必要とせず、かたや悲劇は、劣った観客を相手にするといわれるのである。それゆえ、この考え方に従い、悲劇は低俗なのだということになれば、悲劇が叙事詩より劣っているという結論に至るだろうことは明らかである。

身振りに対する非難への反論

しかし［以上の見解に対する反論として］、第一に、こうした告発の対象となるのは、詩作術ではなく演技術である。なぜなら、身振り手振りを用いて過剰に演じるということならば、ソシストラトス[6]がしたように叙事詩の吟唱でもありうるし、オプスの人ムナシテオス[7]がしたように歌の競演でもありうることだからである。

第二に、少なくとも舞踊が悲劇から排除されはしない以上、全面的に身体動作が禁じられなければならないわけではなく、低俗な人々の動作に限って排除されるべきである。実際、カリッピデスにしても現在の俳優たちにしても、非難されたのはこの点であり、模倣の対象が自由市民ではなく、卑しい女性の身体の動きだったことにある。第三に、悲劇は、たとえ身体動作を伴わなくても本来的な働きを果たすことができ、その点では叙事詩と同じである。なぜなら、ある悲劇作品がどのようなものであるかは、［文字で書かれたストーリーを］読むだけで明らかだからである。それゆえ、悲劇が身体動作より他の諸要素において決定的な力を持つものならば、［非難の的となる］動作が悲劇に属する必然性はない。

悲劇の優越

次に、悲劇が叙事詩に優る点を挙げてゆくと、第一に、悲劇は、叙事詩が持っている要素をすべて持っている。実際、悲劇は、叙事詩が使う韻律さえ使うことができる。

5　この人物については何も知られていない。紀元前六～前五世紀の著名な詩人ピンダロスとは別人。
6　この人物については何も知られていない。
7　この人物については何も知られていない。

また、「叙事詩にはない」音楽と視覚効果も[8]悲劇にとって小さくない要素であり、それらを通じて生み出される快は生き生きとしたものである。[9] なお、この生き生きとした性質は、作品が読まれる場合であっても、「ストーリーそのものに力があるため」実際に上演される場合と変わらない「それゆえ、読むだけでも快を得られる」。

第二に、作品の長さに関し、悲劇は叙事詩よりも短い分量で模倣の目的を達成する。なぜこのことが優る点になるのかといえば、凝集度の高い濃密な作品であればあるほど、多くの時間の混入によって水増しのように薄められた作品よりも快を増すからである。例えば、ソフォクレスの悲劇『オイディプス王』を「十倍以上にも引き延ばし」、ホメロスの叙事詩『イリアス』と同じ長さの詩行にした場合を想像してみればわかるであろう。[10]

第三に、ストーリーの統一性の点で、叙事詩の模倣は悲劇より劣る。その証拠に、どのような叙事詩の模倣を基にしても、そこから複数の悲劇作品を作ることができる。したがって、もし叙事詩人が単一のストーリーを作ろうとするならば、短くまとめた結果、語り尽くさずに終えたように映じるか、あるいは、「多くの言葉を費やして」六脚韻の韻律が求める長大な規模に合わせた結果、水で薄めたような感じを与えるかのいずれかになるであろう。［いずれにせよ単一のストーリーには向かないので］ここで述べたいのは、そもそも叙事詩が多くの行為の寄せ集めであるのならば、そういうものになるだろうということである。実際、『イリアス』と『オデュッセイア』は多くの行為に相当する部分を多数持っており、各部分がそれなりの大きさを持っている。しかしなおも、これらの作品は、叙事詩として可能な限り優れた作品となるように構成 b10

8　カッセルの校訂では削除されている「視覚効果も（kai tás opseis）」を、タラン、ハリウェルの校訂に従って採用する。なお、アリストテレスが悲劇にとって非本質的と考える音楽と視覚効果の力が、ここではあえて主張されている。というのも、叙事詩を悲劇より優位に置く人々は、実質的に演劇方式の短所を批判しているため、それに反論するには、対人論法（相手の見解を踏まえて切り返す論法）として演劇方式の長所を挙げるのが有効だからである。同様に、叙事詩の重厚な韻律の方が優るという論敵の見解を想定して、悲劇も同じ韻律を使おうとすれば使えるという反論が対人論法で提示されている。こうした叙述は、対話的な弁証術の特徴をよく表している。

9　「生き生きとした（enargestata）」性質は、後にバウムガルテンが『美学』で「生動性（moventia, vita）」と呼ぶものの原型とも考えられる。

10　『オイディプス王』は一五三〇行。第二十四章注8参照。

されており、行為の模倣に関して最大限の統一性を備えているのである。[11]

かくして、以上挙げたすべての点で悲劇が優っており、さらにまた第四に、詩作術の働きの点でも優っているならば（このようにいうのは、悲劇と叙事詩はどのような快を生じさせてもよいわけではなく、先に述べたような固有の快[12]を生じさせなければならないからである）、目的をよりよく達成するゆえに、悲劇が叙事詩より優っているであろうことは明らかである。[13]

さて、悲劇と叙事詩に関し、それら自体についても、それらの種類や構成要素がいくつあってどのように異なるか、また、作品の善し悪しはどのような原因に基づくかということについても、さらには、さまざまな批判とその解消法についても論じてきたので、それだけの事柄が以上述べられたものとしよう。

11　第十八章一四五六a一二で「多くのストーリーが含まれること」が「叙事詩的」であるといわれたように、叙事詩はジャンルの本性からしてストーリーの統一性を達成しにくいが、それでもホメロスは最大限の統一性を実現しているという見方をまとめた記述であろう。

12　「固有の快」について、悲劇に関しては第十四章一四五三b一〇—一四、叙事詩に関しては第二十三章一四五九a二一で述べられているが、悲劇の快と叙事詩の快が同一であることを明言した箇所はない。

13　悲劇が叙事詩に優越する四点のうち、前二者は比較的重要性の低い韻律などの要素と長さ、後二者はストーリーの統一性（完結性）と悲劇の働きという第七〜十四章で考察された最重要事項に関するものである。これらの観点に整理して悲劇の優位性を結論づける構想が、アリストテレスには執筆当初からあったとも考えられよう。

『詩学』解説

『詩学』解説 目次

解説

三浦洋

一 『詩学』の主題と歴史的背景

本書のギリシャ語の原題 Peri poiētikēs は、直訳すれば『作る技術（ポイエーティケー）について』です。「ポイエーティケー」は、「作る」ことを幅広く意味する「ポイエーシス」と同系の語ですが、この語には詩作など文芸創作を限定的に意味する用語法もありました。例えば、アリストテレスの師プラトンは、『饗宴』二〇五Cで「文芸と韻律に関わる分野だけに限って、ポイエーシス（詩作・創作）という、本来は「作ることの」全体を指すはずの名称が使われ、その分野の者だけがポイエーテース（詩人・創作者）と呼ばれる」と書いています。こうした限定的な用語法の名残は、英語で「詩」を意味する poem がギリシャ語の「ポイエーマ（作られたもの）」の子孫である点に認められます。

したがって、本書の題名は『詩作術について』、あるいは『創作術について』と理解して差し支えないのですが、既に『詩学』という邦題が定着しています。定着というより、広く普及しているといった方が正確かもしれません。もともとは本書の固有名詞だったと思われる「詩学」が今や一般名詞としての市民権を得て、例えば、フランスの哲学者バシュラールの『空間の詩学』、ロシアの音楽家ストラヴィンスキーの『音楽の詩学』、ロシアの思想家バフチンの『ドストエフスキーの詩学』などにも用いられているからです。「詩学」という訳語が、それだけ豊かな含蓄を持っているということでしょう。

さて、当のアリストテレスは、どのような動機で『詩学』を執筆したのでしょうか。古代ギリシャにおいて特別な存在だったホメロスの叙事詩や、コンテストが行われていた悲劇などに、ひとりのギリシャ人として関心を持ったのに加え、詩と人間の関係に対する哲学的な興味もあったことでしょう。さらに、プラトンが主著の対話篇『国家』で展開した「詩人追放論」、すなわち、理想の国家は模倣的な詩作を受け入れないとする議論に対して応答を試みたのが本書だとも推測されています。このうち「詩人追放論」については（三）節で扱うこととし、まずは本書の歴史的背景を概観しておきましょう。

（二）ホメロスの遺産と演劇コンテスト

アリストテレスは、『イリアス』と『オデュッセイア』の作者がホメロスだと考えて本書を叙述しており、「叙事詩」という用語を使うときには、ほとんどの場合、これらの二大叙事詩を指しています。そして、本書の読者が二大叙事詩をよく知っているという前提で議論を進めています。実は、ホメロスという名の詩人が実在したかどうか、二つの叙事詩が同一の詩人の作かどうかは、今なお未決着の問題なのですが、仮にホメロスが紀元前八世紀頃の人物だったとすると、紀元前四世紀を生きたアリストテレスとは約四百年離れていることになります。

多様なジャンルの発達

その間、古代ギリシャではさまざまな詩のジャンルが発達しました。まず、ホメロスよりやや後に叙事詩人ヘシオドスが現れ、『神統記』と『仕事と日々』を残しました。『神統記』はギリシャ神話を今に伝える作品の一つですし、『仕事と日々』は読者に知識や教訓を与える内容になっていることから「教訓詩」とも呼ばれます。

そして、紀元前七世紀から前五世紀にかけては、独唱ないし合唱の形式で詩を歌う「抒情詩」が広がりを見せてゆきます。抒情詩では、竪琴や縦笛が伴奏する場合もありました。「抒情詩」を意味する英語の lyric は、「竪琴」を指すギリシャ語の lyrā に由来します。本書で言及されるジャンルでいえば、「哀歌」は独唱抒情詩に、「ディテュランボス」と「神々への讃歌や人間への頌歌」は合唱抒情詩に属します。

また、アテナイ（現在のアテネ）では紀元前六世紀から、酒神ディオニュソスを讃える大ディオニュシア祭（市のディオニュシア祭）が開催されるようになり、その中で悲劇、喜劇、ディテュランボスのコンテストが行われました。大ディオニュシア祭は三〜四月に一週間ほど催される行事でしたが、それとは別に、一〜二月にも酒神を讃えるレナイア祭が行われ、ここではまず喜劇コンテストが始まり、次いで悲劇コンテストも加わりました。

大ディオニュシア祭でコンテストが行われた頃のディテュランボスは、縦笛の吹奏に合わせて合唱し、舞い踊る様式だったようです。また、紀元前六世紀末から前五世紀にかけて活躍した抒情詩人バッキュリデスのディテュランボスの一部には、合唱舞踊隊であるコロスとその先導者（隊長）が対話する演劇的な形式も見られることから、「悲劇はディテュランボスの先導者たち（の即興）から発生した」（一四四九a一〇―一一）という第四章の説明との関連が想像されます。このように、ディテュランボスの様式は次第に変容してゆきましたが、歴史家のヘロドトスは『歴史』第一巻第二三節において、レスボス島出身で紀元前七世紀後半に活躍したアリオンが「ディテュランボスの創始者かつ命名者で、コリントスで上演した」と記しています。

黄金時代の作品が古典に

さて、アテナイ三大悲劇詩人などが活躍した古代演劇の黄金時代は、本書の執筆時点とどのくらい離れているのでしょうか。悲劇コンテストの開始年を起点とし、アリストテレスの生涯の節目を含む簡略な年表を作ってみると、次のようになります（太字は本書で言及される悲劇詩人。「紀元前」は省略します）。

五三三年　大ディオニュシア祭で悲劇コンテストが始まり、テスピスが最初の優勝

者になる

四八六年　大ディオニュシア祭で喜劇コンテストが始まる

四五八年　大ディオニュシア祭でアイスキュロスの「オレスティア三部作」優勝

四四〇年頃　レナイア祭で喜劇コンテストが始まる

四三二年　レナイア祭で悲劇コンテストが始まる

四三〇〜四二六年頃　大ディオニュシア祭でソフォクレスの『オイディプス王』二位

四一六年　レナイア祭でアガトンが初優勝（作品は不詳）

四一三年頃　大ディオニュシア祭でエウリピデスの『タウリケのイフィゲネイア』上演（コンテストの結果は不詳）

三八四年　アリストテレスがスタゲイラで生まれる

三六七年　アリストテレスがアテナイへ出て、プラトンの学園アカデメイアに入学

三四七年頃　プラトンの死去を機にアリストテレスがアテナイを離れる

三三五年　アリストテレスがアテナイに戻り、新学園リュケイオンを開設

三二二年　アリストテレス死去

このように見てみますと、十七歳くらいのアリストテレスがアテナイに居住し始めたとき、既に悲劇コンテストは百七十年近い歴史を持ち、喜劇コンテストの方も百二十年を経過していました。一方、『詩学』は、『魂について』、『ニコマコス倫理学』、『政治学』などアリストテレスの後期著作と関連する内容を含むため、リュケイオン開設以降の紀元前三三〇年前後に完成したと想定すれば、悲劇コンテスト開始から約二百年後の著作ということになります。本書の悲劇論が秀作に挙げるソフォクレスの『オイディプス王』上演から起算しても、約百年が経過していました。もっとも、紀元前四世紀になってアテナイ三大悲劇詩人などの作品群は再演されましたので、『詩学』執筆当時、よく知られた古典になっていたといえるでしょう。

紀元後三世紀の哲学史家ディオゲネス・ラエルティオスの『ギリシャ哲学者列伝』が伝えるアリストテレスの著作目録には、現存しない『詩人論』、『ホメロスの諸問題』のほか、やはり現存しない『ディオニュシア祭の演劇勝利者』、アテナイ演劇の『上演作品目録』という資料的な著作も含まれていますから、演劇について考察する準備を整えていたと推測されます。そして、別々にコンテストが行われている悲劇と喜劇の本質的な違いは何か、なぜ詩作がそのように二つの方向に分かれたのか、といった事柄について、哲学者として理論的な関心を強めたと考えられます。実際、第一〜五章には、詩作ジャンルの分岐に関する論述が見られます。それを吟味する上で、現在まで古代ギリシャの悲劇三十二篇、喜劇十七篇が上演可能な形で残っていることは、私たちにとって幸運だといわなければなりません。

アリストテレスは第四章で、悲劇と喜劇の両方の祖に当たる詩人がホメロスだと論じています。この詩人だけが人物の行為を模倣する詩作、つまり、〈ストーリー〉を本質とする演劇化可能な詩作に秀でていたというのです（一四四八b三四―三八）。それゆえ、〈ストーリー〉を持つ叙事詩、悲劇、喜劇に限定して優れた創作法を考察するという本書の主題それ自体も、アリストテレスがホメロスに負うものといえるでしょう。その意味で、本書はホメロスの遺産によって探究を動機づけられつつ、アリストテレスが長らく培ってきた哲学の方法論に従って書かれた著作なのです。

(二) 素晴らしい詩作の考察方法

本書の最大の主題は、第一章冒頭で示されているように、「詩作が素晴らしいものとなるためにストーリーはどのように組み立てられるべきか」ということです。つまり、詩作の研究といっても、古代ギリシャの詩の歴史を叙述しようというのではありません。実在した詩人や作品に関して「事実がどうであるか」を記録する経験的・記述的な作業ではなく、「どうすべきか」という指針を示す理論的・規範的な考察が本書の核心をなします。実質的には悲劇論が中心の論考ですから、悲劇の規範的な創作法を示すのが本書の第一目的といえるでしょう。

いま「創作法」と書きましたが、当時の悲劇は、ギリシャ神話や叙事詩など伝承の物語を題材にしていましたので、無からストーリーを作り出したわけではありません。その意味では、着想の新奇さよりも、よく知られた物語をどのように再構成して作品化するかという点にこそ、詩人の技量が問われたわけです。それゆえ、「伝承のストーリーといえども、それらを素晴らしい仕方で使う手法については詩人自身が発見しなければならない」（第十四章一四五三b二五―二六）という主張が、本書では幾度も繰り返されます。焦点は、ストーリーの構成法なのです。

では、なぜアリストテレスは第一章からストーリー構成法を述べず、主題から離れて見える詩作ジャンルの分類や発生原因論を第五章まで展開したのでしょうか。また、ようやくストーリーに関わる考察を開始する第六章の最初に「悲劇の本質の定義」を掲げたのはなぜでしょうか。さらに、優れたストーリー構成法を考察するのなら、コンテストの入賞作など悲劇の秀作をいくつか列挙し、それらの特徴を分析して抽出するという簡便な方法をなぜとらなかったのでしょうか。

これらの疑問は、『詩学』を読み進めるときに次々と湧いてくるものです。謎を解く手がかりは、残念ながら本文で直接示されてはいません。古代文学の知識も、謎の解決にとって決め手にはなりません。もしもアリストテレス自身がこれらの疑問に答えるとしたら、本書の主題を離れ、他の多くの著作を通じて確立した哲学的な探究の方法論を滔々と述べ立てることでしょう。その核心部分になると思われることを示して疑問に答えながら、本書の議論構造を解説してゆきます。

秀作はアリストテレスの好みか

そもそも、素晴らしい悲劇とはどのようなものなのでしょうか。それが明確になっていなければ、素晴らしい悲劇の創作方法についても考えようがないでしょう。そして、もしも素晴らしい悲劇が個々の観劇者の好みに応じて決まるものであるなら、優れたストーリー構成法も悲劇に対する好みに応じて異なることになります。個人の嗜好や趣味と芸術は密接な関係にありますから、「趣味判断」を近代美学が一つの主題としたように、芸術を学問的に論じる上で根本的な問題になります。

実際、これまでの『詩学』研究者の中には、本書の中で秀作に挙げられた悲劇はアリストテレス好みの作品にすぎないと辛辣に評する人もいました。この見方に従えば、本書が示す優れたストーリー構成法は、アリストテレスの個人的な趣味に合うだけで、優れたギリシャ悲劇の模範にはなりえません。こうした懐疑的な見方をつきつめれば、『詩学』は「私家版　ギリシャ悲劇の名作」のような趣味的著作の域を出ないことになるでしょう。

しかも、そうした懐疑の目は、第六章で提示された「悲劇の本質の定義」と、そこに含まれる「カタルシス」の妥当性にも向けられることになります。例えば、六百七十ページにも及ぶ大部の『詩学』研究書を著した米国の西洋古典学者エルスは、「悲劇の本質の定義」があらゆる悲劇作品に適用できるかのように提示されているけれども、アリストテレスのいう「カタルシス」に適したストーリー構成を持つ悲劇作品は「おそらく十分の一ほどだろう」と述べています。この「十分の一ほど」という見積もりは、エルス独特の構成論的な「カタルシス」解釈（「解説」一の（四）節を参照）に基づいており、その解釈の妥当性が揺らげば同時に見積もりも揺らぐのですが、ともかく「悲劇の本質の定義」の有効性に対し、『詩学』研究の大家が疑いの眼差しを向けたとはいえるでしょう。

疑いを晴らすためのポイントは、「悲劇の本質の定義」と、『詩学』が目指す「素晴らしい悲劇」との関係にあります。この点を理解すると、アリストテレスの綿密な探究方法が把握でき、エルスの誤解も解消できるでしょう。ひいては『詩学』という著作の哲学的・論理的性格が、はっきりと見えてくるにちがいありません。

なぜ定義が必要か

さて、なぜ「悲劇の本質の定義」が必要なのでしょうか。いったん悲劇を離れ、一般的に「Xの定義」と「素晴らしいX」の関係を知るため、「素晴らしい鉛筆」を作るという単純な例で考えてみましょう。ある人が、よく書ける鉛筆を求めて形状や構造に改良を加え、いろいろな材質を使うなど試行錯誤を重ねたとします。その結果、完成したのが、ほとんどの部分が金属でできているシャープペンシルのようなものだったとしたら、目的は達成されたといえるでしょうか。たとえそれが、とても書き味のよい筆記用具だったとしても、これを「素晴らしい鉛筆」と呼べるかどうかが問題です。このとき、鉛筆かどうかを厳密に判断しようとすれば、「鉛筆の定義」と照らし合わせる必要があります。その定義の規定から完成品が逸脱していれば、それは「鉛筆」と呼ばれるための必要条件を満たさないゆえに、目的は達成されなかったことになります。

同じことは悲劇にも当てはまります。いま仮に、「悲劇の本質の定義」の中に「三人以下の俳優によって上演される」という規定が含まれていたとしましょう。この場合、ある詩人の創作した作品がどんなに優れたストーリーを持っていても、四人以上の俳優が登場すれば悲劇とはいえなくなります。したがって当然、「素晴らしい悲劇」ともいえません。要するに、定義に規定された必要条件ないし構成条件を満たさない作品を作っても無駄になるわけです。

それゆえ、厳密に「素晴らしいX」を作ろうとする際には、Xに該当するものと該当しないものの境界を限界づけるために（「定義」を意味する英語のdefinitionのもとになったdefinitioは、ローマ帝国の哲学者キケロがギリシャ語のhorismosを翻訳したラテン語で、「限界づける」という意味です）、先立って「Xの定義」を確立しておかなければなりません。そのためアリストテレスは、素晴らしい悲劇創作の方法を考察するのに先立ち、第六章冒頭で「悲劇の本質の定義」を提示したのです。そして、それに先行する第一〜五章は、その大部分が「悲劇の本質の定義」を確立するための基礎作業に当てられているのです。まさに、「事柄の本性からして第一に取り上げるべき諸問題から始める」（第一章一四四七a一二—一三）との方針通りといえるでしょう。

ここで強調しておかなければならないのは、『詩学』の「悲劇の本質の定義」の中に、「三人以下の俳優によって上演される」のような人数の規定がないことです。また、実際のギリシャ悲劇は、コロスを除けば三人以下の男性俳優だけによって担われていましたが、「男優だけで上演される」という規定も与えられていません。もしも定義の良し悪しが、どれくらい多くの悲劇作品に当てはまるかで決まるのなら、「三人以下の男優だけで上演される」という規定ほど定義項として完全なものはないでしょう。エルスが懸念した「十分の一ほど」の低率にならず、実在した悲劇作品に百パーセント該当するからです。しかし、アリストテレスはそうしませんでした。いうまでもなく、俳優の数や性別は「悲劇の本質」に含まれないと考えたからにほかなりません。別のいい方をすれば、仮に俳優が四人以上になり、そこに女優が含まれたとしても、当の作品が「悲劇の本質」さえ備えていれば、それを論理的に悲劇と見なせるということです。

このように、「Xの定義」の確立は「Xの本質」の同定と不可分です。それは、定義が、事物の本質を言葉で表現したものだからです。対象Xを定義するとき、何を定義の要素として含め、何を含めないかという判断は、たとえ単純に見える「鉛筆の定義」のような場合でも、さほど容易ではありません。なぜなら、どんなに鉛筆が些細な存在であっても、定義する人が自分に都合のいいように恣意的に、つまり好き勝手に鉛筆の本質を決めるのでない限り、「本質とは何か」、「定義とは何か」という至難な哲学的問題を避けて通れないからです。こうした問題に『トポス論』、『分析論後書』、『形而上学』などの著作で真正面から取り組んだアリストテレスだからこそ、それらの著作における定義論の応用として「悲劇の本質の定義」を『詩学』で提示できたといえます。

「働き」の規範性

しかし、「悲劇の本質の定義」が提示されたのは、悲劇からはずれるものを作らないようにするという消極的な理由だけによってではありません。より重要なのは、「素晴らしい悲劇」を構想するために、「悲劇の本質の定義」が欠かせないという点です。なぜ定義が欠かせないのかを見て取りやすくするために、第六章一四四九b二四―二八の「悲劇の本質の定義」の中から最後のカタルシス節の部分を抜いて完結させてみましょう。すると、こうなります。

「悲劇とは、真面目な行為の、それも一定の大きさを持ちながら完結した行為の模倣であり、作品の部分ごとに別々の種類の快く響く言葉を用いて、叙述して伝えるのではなく演じる仕方によるものである」

このように規定しても、喜劇や叙事詩との差別化は一応できますから、悲劇と他のジャンルの境界を限界づけたという意味で「悲劇の定義」にはなります。つまり、一般に定義が持つべき排他性の条件を満たします。詩人がある作品を作ったとき、それが悲劇に該当するか否かをテストするだけなら、この定義と照らし合わせるだけで済みそうです。ところが、この定義は、どのような作品が「素晴らしい悲劇」なのかを指し示しません。原因は、悲劇の持つ外観的特徴を集成しているだけで、悲劇が達成すべき「働き」を定義の中で示していないことにあります。

同じことを、先の「鉛筆の定義」で見てみましょう。もしも鉛筆を、観察できる外観的特徴だけで次のように定義できるとしたら、どういうことになるでしょうか。

「鉛筆とは、直径八ミリメートル、高さ一七五ミリメートルの木製の円柱の中心部に、直径一ミリメートルの黒鉛の芯を貫通させたものである」

確かに、この定義でも、できあがった製品が鉛筆に該当するかどうかは判断できるのですが、「素晴らしい鉛筆」を作るには何を目指せばよいのかが一向にわかりません。鉛筆の果たすべき「働き」が不明だからです。つまり、「紙の上に黒々と線を描く」といった「働き」を示さない限り、「素晴らしい鉛筆」の指針が得られないでしょう。むしろ、仮に直径が九ミリメートルを超え、高さが一七六ミリメートルを超える合成樹脂製の円柱になったとしても、「紙の上に黒々と線を描く」という「働き」を実現できていれば、定義の規定を緩和してでも「素晴らしい鉛筆」と認めたくなるのではないでしょうか。なぜなら、鉛筆とは「紙の上に黒々と線を描くべきもの」だからであり、つまりは、鉛筆ならばこうあるべきだという規範性が「働き」に基づくからです。その意味で、定義の中の「働き」は、「素晴らしい鉛筆」の基準を指し示すという積極的な役割を果たします。

この思考実験からわかるように、定義にとって最も重要な条件、すなわち十分条件は規範性を生み出す「働き」であり、この「働き」を実現するための材質や形態は補助的な必要条件にすぎないのです。人間という存在にとって理性の「働き」こそが本質であり、肉体はそれを助けるものだと説明したら、こうした定義論がいかに西洋哲学の心臓部に直結しているか、得心していただけるでしょうか。

実際、アリストテレスは『ニコマコス倫理学』第一巻第七章で人間の「働き」に基づいて「よく生きる」とはどういうことかを考察していますし、その続篇の著作である『政治学』第一巻第二章一二五三a二三では、「すべてのものは働き（ergon）によって、すなわち力（dynamis）によって定義される」と述べています。したがって、『詩学』が詩作の「各々のジャンルはどのような力を持っているか」（第一章一四四七a八―九）を考察課題に掲げるのは、悲劇や喜劇がなし遂げるべき「働き」を明確にし、優れた悲劇や喜劇のあり方を探究するためにほかならないのです。

そして、「悲劇の働き（あるいは力）」の明確化こそが、単にアリストテレス好みの悲劇を追求する趣味的な行為とはまったく別の、客観性を備えた哲学探究を導くことになります。それが明瞭になるよう、アリストテレスが『魂について』第二巻第一章四一二b一〇―四一三a一で「力」を持つもののモデルにした「斧」や、『自然学』第二巻第九章二〇〇b五―八で定義の例示に用いた「鋸」について考えてみましょう。悲劇の話とは懸け離れているように見えるかもしれませんが、『魂について』で「斧」の力は「魂」に類比され、『詩学』で「ストーリー」は悲劇の「魂」だといわれていますから、結び付けて考えることができるのです。

アリストテレスが好んで「斧」や「鋸」をモデルに取り上げるのは、それらの道具が刃を持つからです。道具の刃は動物の歯と類比しやすく（日本語では同一の発音なので、いっそう連想しやすい）、刃がどんな働きを持つかは誰にでも理解できます。つまり、斧の刃は木材や石材を「切断する」働き、鋸の刃は「挽く」働きを持ちます。より正確にいい直せば、斧は「切断する」働きを実現するために特有の形態や材質の刃を持ち、鋸は「挽く」働きを実現するために特有の刃を持つのです。もちろん、「切断する」働きを「切断する」力といい換えてもかまいません。

　これを踏まえれば、「素晴らしい斧」や「素晴らしい鋸」とはどういうものかを客観的に述べることができます。木材などをよく切断できる斧、すなわち切断機能に優れた斧が素晴らしい斧です。ある職人の製造した斧が素晴らしいかどうかを判断する基準は、個人的な趣味や美的好尚に属する事柄ではありません。必要なら、斧が木材を切断する際の速さ、力の効率など物理的なデータで証明することもできます。もしも判断者の趣味が関わるとすれば、柄の部分を何色に塗り、どのように仕上げるかというような副次的で非本質的な側面に限られるでしょう。斧の本質は「働き」を中心としているからです。

悲劇に特有の困難

いま述べた「斧」と「鋸」を、それぞれ「悲劇」と「喜劇」に置き換えてみれば、『詩学』の骨格をなす議論構造が理解できます。斧と鋸が異なるように悲劇と喜劇は異なり、それぞれの「力」ないし「働き」を明確にすることで、「素晴らしい悲劇」と「素晴らしい喜劇」の判断基準が客観的に定まるのです。それゆえ悲劇の場合であれば、「悲劇の本質の定義」の中で「働き」を表示する部分、すなわちカタルシス節が最も重要です。そこで、カタルシス節を再掲しておくことにします。

「憐れみと怖れを通じ、そうした諸感情からのカタルシス（浄化）をなし遂げるものである」　（第六章一四四九b二七―二八）

ここに含まれる「カタルシス」の入り組んだ問題については（四）節で解説することとし、「憐れみと怖れ」を呼び起こすという規定が「悲劇の働き」（の一部）として確定された経緯を見ておきましょう。

「悲劇の働き」を特定する作業には、独特の難しさがあります。日本語の「悲劇」という名称に即して単純に考えると、ともかく「悲しい劇」という意味なのだから、悲しいストーリーを作って観劇者の悲しみをかき立てることが「働き」なのではないかと思われてきます。実際、「憐れみと怖れ」は、悲しみと同一とまではいえないにせよ、悲しい気持ちと通じ合う性質を持った感情だと認められるでしょう。

ところが、「悲劇」と訳されているギリシャ語の tragōidia（英語の tragedy の語源）には「悲しい」という意味合いが含まれていません。この「トラゴーディアー」は「トラゴス（山羊）」と「オーデー（歌）」の合成語で「山羊の歌」を意味します。山羊は羊とともにギリシャではよく飼われていた動物ですが、「山羊の歌」が何を意味するかについては学者の間で統一見解がありません。祭礼で山羊を犠牲に捧げた慣習に由来するという説から、山羊が酒神ディオニュソスを象徴する動物であること、あるいはコロスが山羊もしくは牧羊神パンに扮して登場したこと、さらには演劇コンテストの賞品が山羊だったことに由来するという説までが見られます。しかし、そうした説からは、せいぜい「山羊の歌」という名称の由来が想像できるだけで、定義が求める「トラゴーディアーの働き」をつきとめる手がかりにはならないでしょう。哲学的な見地からして、名称を手がかりに「働き」すなわち本質を認識しようとする方法は、挫折を余儀なくされるほかありません。

「働き」は事物の外観的特徴と違い、肉眼で表面を眺めるだけでは通常、見つかりません。哲学的な洞察を要する点は、どのような事物の「働き」でも同じはずです。しかし、先に見た斧や鋸と同様、悲劇も人間が作り出したものでありながら、その「働き」を特定するのが困難なのはなぜでしょうか。その原理的な困難について次に説明しましょう。

素晴らしい鋸を作ろうとする場合、鋸の働きは既にわかっています。人間生活には、家を建築するときのように木材や石材を挽く必要のある場合があり、その必要性が鋸という道具を生み出したからです。端的にいえば、建材を加工する目的で人工的に鋸が制作されたわけです。このように人工物の場合、制作の目的となる用途、つまり、その働きはあらかじめ把握されていますから、それを探究することはありません。

それに対し「悲劇の働き」は、人類史の中でいつの間にか悲劇を生み出した人間自身が意識的・反省的に探究しない限り、把握できません。気がつくと既に存在していた事物について、その本質、働き、目的を問うという、現代の実存主義の哲学者たちが先鋭化した主題と似た問題に取り組まなければならないのです。

第四章の説明によれば、悲劇創作を含む詩作は自然本性的な二つの原因（模倣を行う人間の自然本性、人間の自然本性に基づいて存在するリズム・言葉・音階）によって自然発生しました。この世界に自然発生したという点では、動物や植物、人間の村や町と同じです。つまり、人間は「悲劇の働き」をあらかじめ自覚し、それを目的にすえて詩作を始めたわけではなく、人間に備わった自然なふるまいとして始めたのです。そのことをアリストテレスは、「悲劇は始め即興から発生した」（第四章一四四九a九―一〇）と叙述しています。即興詩人はいわば本能的に、鳥がさえずるように詩を作ったわけで、その作品がどのような働きを持つかを知っていてそうしたわけではありません。火という原因が煙という結果を生むように、詩人に向いた生来の本性が即興詩を因果的に生み出した、つまり目的意識なしに産出したというのが第四章の説明の基調なのです。それゆえ、第四章はもちろん、因果的な議論が継続される第五章でも「悲劇の働き」は明示されません。第五章までに、「悲劇の働き」を表す「憐れみ」、「怖れ」、「カタルシス」という語彙が登場しないのは、このような理由によります。

「憐れみと怖れ」という規定

では、第六章で初めて示される「憐れみと怖れ」の喚起を、アリストテレスはどのように「悲劇の働き」として確定したのでしょうか。

まず、悲劇が「憐れみと怖れ」に類する感情を観劇者に呼び起こすという見方は、当時の知識人の間でおおむね共有された通念だったと考えられます。その証拠に、プラトンは『ファイドロス』二六八C―Dで、ソクラテスに「……望めば、憐れみを呼び起こす台詞や、反対に怖ろしい台詞や威嚇的な台詞の類を作ることもできる。そして、それらのことを教えれば悲劇の創作を伝授したことになると考える」と語らせています。同様に、プラトンの『イオン』五三五B―Cにおけるソクラテスと吟唱詩人イオンとの対話でも、悲劇の題材になった叙事詩の中の事件が憐れみや怖れを生じさせるという見方で二人は一致します。さらに、著名なソフィストで、悲劇詩人アガトンの師でもあったゴルギアスは、『ヘレネ頌』第九節で「詩を聴く者は怖れおののいたり、憐れんで涙にむせんだり、哀惜して嘆きにひたる」と述べています。

こうした通念は「悲劇の働き」をつきとめる上で大きな手がかりになりますから、「最も広まっているか、あるいは一定の道理があると思われる見解を検討すれば十分である」(『ニコマコス倫理学』第一巻第四章一〇九五a一八―三〇)と考えるアリストテレスにとって重要だったわけです。ただし、プラトンなどの著作は、別々の名称を持つ「憐れみ」と「怖れ」がどのような関係にあるのか、そもそも両者はどのような感情で、なぜ悲劇に固有なのかということについて明確に述べてはいません。

その点、アリストテレスの場合は、これらの感情を独自の見解に基づいて規定しています。

「『憐れみ』とは、不幸になるにふさわしくないのに不幸になった〔優れた〕人物に対して起こるものであるし、『怖れ』とは、私たちと似たような人物が不幸になった場合に〔同じ不幸が自分を襲うかもしれないと感じて〕起こるものだからである」(第十三章一四五三a四―六)

このように規定された憐れみと怖れは、もの悲しさに類する単なる気分や情緒ではありません。判断の主体(自分)と客体(悲劇の登場人物)がどの程度似た者であるか、主客の距離を見定め、客体の被った不幸がその人格にふさわしいかどうかを知的に洞察することからもたらされる認知的な感情なのです。いわば感情は随伴現象にすぎず、本体は、ふさわしいか、ふさわしくないかの知的判断であり認知です。悲劇という芸術が基本的に人物の行為と人間性を描くものであり、行為が不幸や幸福をもたらすストーリー展開を持つからこそ、こうした知的判断が観劇に必然的に伴うわけです。

実際、不幸を被った人物が自分と似たタイプの人格なら、その不幸が他人事ではなく、自分にも同じタイプの災いが起こるのではないかと人は想像して怖れます。他方、不幸を被った人物が自分から遠いタイプの存在の場合、自分にも同じタイプの災いが起こるかもしれないとは思わないにせよ、その不幸が当人の優れた人格にふさわしくない場合は憐れみを覚えるのです。もしも世界が一変して、すべての人々が同じタイプの人間になったなら、オイディプスに対して抱かれていた憐れみの感情は今や怖れに転じるでしょう。その意味で二つの感情は同類であり、ただ、主体のタイプと客体のタイプとの距離の遠近感に応じて憐れみになったり、怖れになったりすると考えられます。実際、『弁論術』第二巻第八章一三八六a二〇—二二では、物乞いする友人の姿には憐れみを感じるが、処刑されようとする息子の姿には畏れを感じるという例が挙げられています。

ここで「タイプ」という言葉をあえて頻繁に使ったのには理由があります。第九章でアリストテレスは、「『普遍的』とは、どのようなタイプの人物にとって、どのようなタイプの事柄を述べたり行ったりすることが、もっともな展開、あるいは必然的な展開で起こるかということである」と述べ、普遍的なストーリーを構築する詩作を「哲学的」と規定していました。まさに観劇者の側でもタイプに関する普遍的判断が行われ、それが憐れみや怖れを生じさせる知的判断の実質になるのです。つまり、憐れみの場合であれば、「不幸になるにふさわしくないタイプの人物（優れたタイプの人物）が、不幸というタイプの出来事に遭遇した」という判断から生じます。このとき、「ふさわしくない」は「釣り合っていない」とか「値しない」ともいい換えられます。同じ観点から怖れの方を見ると、「自分と似たタイプの人物が不幸というタイプの出来事に遭遇したのなら、同じタイプの自分にも同じタイプの不幸が起こるかもしれない」という判断が生じていることになります。

このように、憐れみや怖れが生じるときには、第一に、主体（自分）のタイプと客体（悲劇の登場人物）のタイプとの距離を判断し、第二に、登場人物のタイプと、その人物に起こった出来事のタイプが釣り合っているか、不釣り合いかを判断しているのです。

このうち第一のタイプ判断は、「似た者が似た者にとっての友である」という思想を基盤とする『エウデモス倫理学』第七巻や、友人を「別の自分」と考え、自己愛を友愛の基礎に置く『ニコマコス倫理学』第八〜九巻の友愛論と観点を共有します。また、第二のタイプ判断は、「釣り合い」すなわち「均等性」を正義の原理とする『ニコマコス倫理学』第五巻の正義論に通じるものでしょう。例えば罪と罰は、正義の原理からして釣り合っていなければなりません。

「人間愛」を除外する理由

『詩学』の中で、とりわけ「釣り合い」と「不釣り合い」に関するアリストテレスの思想が際立つのは、どんな悪人に対しても同情する「人間愛」を憐れみと怖れから峻別し、悲劇に固有の感情から除外する第十三章です。すなわち、並はずれた悪人が幸福から不幸へ転落するストーリーを作った場合、極悪人と不幸が不釣り合いどころか、むしろ釣り合って見えるため、釣り合っているか否かを問題にしない人間愛は起こりえても憐れみは生じないというのです。また、観劇者自身が極悪人でない限り、自分も同じ目に遭うかもしれないという怖れは生じません。

第十三章は、博愛に似た人間愛そのものの意義を否定しているわけではありません。ただ、「釣り合い」と「不釣り合い」の知性的判断を超越した無限の人間愛を、悲劇のドラマトゥルギーの彼方にある心性として除外しているわけです。それは、「喜劇に固有の快」（第十三章一四五三a三六）が卑俗すぎ、悲劇に固有の感情の深刻さに達しないのとちょうど対照的な位置関係にあります。つまり、こういうことです。一方で、安直な「釣り合い」として善人は幸福に、悪人は不幸になる勧善懲悪（二重の構成）を「めでたし」と喜ぶ喜劇的な精神（第十三章一四五三a三〇―三九）は、極まる悲劇に目を凝らす強い精神性に達しません。他方で、「釣り合い」に関する比較衡量を絶した人間愛は、その無限性ゆえに、悲劇に固有の感情が宿りうる位相を超え出てしまっているのでしょう。

無論、悲劇を観ているときには、憐れみと怖れ以外にも怒りなど多様な感情が呼び起こされます。しかしそれらは、いま述べた二種類のタイプ判断に伴う認知的な感情に該当しないゆえに、「悲劇の本質の定義」に含められなかったと考えられます。また、観劇中に怖れを感じる場合でも、主人公が何か恐怖にかられている場面を観て、いわば感染するように共感して観劇者が怖れる場合は、アリストテレスの説明する怖れとは異なることになります。

念のため付言すれば、倫理学の著作と『詩学』に共通した思想が見られるからといって、アリストテレスが現実の生活世界と悲劇の作品世界を混同しているわけではありません。憐れみや怖れは日常生活でも起こりますが、それらは苦の感情の一種です（『弁論術』第二巻第五章一三八二a二一―二二、同巻第八章一三八五b一三―一四）。それに対し、観劇から憐れみや怖れが生じる場合、それらの感情をかき立てた悲劇は秀作ゆえに観るのが面白く、悲劇に固有の快が生じます（第十四章一四五三b一一―一四）。つまり、苦と快が同時に生じるところに悲劇というジャンルの特質があるのですが、この点については「カタルシス」を解説する（四）節で述べます。

アリストテレス独自の「悲劇の働き」

以上を総括しましょう。第一に、悲劇が「憐れみと怖れ」を呼び起こすという見方は当時、既にありましたが、これらの感情がどのようなものであるかを規定した上で「悲劇の働き」に取り込んだ点にアリストテレスの独自性があります。また、見過ごされがちなことですが、悲劇が喚起すべき感情から人間愛などを排除して「憐れみと怖れ」にはっきりと限定した点にも独自性があります。第二に、「憐れみと怖れ」は悲しい気持ちに通じる感情ではありますが、これらを心に発生させる本体は、人格や出来事のタイプの把握と「釣り合い」に関する知性の普遍的判断です。悲劇の創作というものが、人間の行為を描く詩作であること、つまりストーリーを創作するジャンルであることが規定されたからこそ、こうした知的な洞察と悲劇との必然的な関係が明確になったのです。この点から見ると、ストーリー創作を本質としない教訓詩や抒情詩などの詩作ジャンルは同類に括れないため、本書で主題的に扱われない理由がよくわかります。したがって、アリストテレスは主題をストーリー創作に限定することにより、「憐れみと怖れ」が悲劇に固有に関わる根拠を本書で示したといえます。

もちろん、アリストテレスが提示する「悲劇の働き」を実現する優れた作品もあれば、実現しない拙劣な作品も現実にはあるでしょう。実際、本書の随所で失敗作への言及が見られます。そうした失敗作が「悲劇の本質の定義」に適合しないからといって、定義の方に欠陥があるわけでないことは明らかでしょう。他方、いくつかの成功作が「悲劇の働き」を首尾よく実現した例に挙げられたからといって、それらをアリストテレス好みの作品にすぎないと評するのは見当違いでしょう。それらの作品からアリストテレスが感銘を受けたのは疑いないにせよ、単に自分の趣味に合う作品を挙げているというのとはまったく異なります。「悲劇の働き」を特定した上で、それが実現されている例として具体的にソフォクレスやエウリピデスの作品を挙げるのには必然性があるからです。

逆に、「悲劇の働き」を洞察することなく、たまたま秀作に思えた作品の共通点に着目して考察を進めると、偶然性に依存して悲劇の本質を求めるという錯誤を犯すことになります。たとえていえば、三辺のそれぞれが三、四、五センチメートルの直角三角形と五、十二、十三センチメートルの直角三角形がたまたま見つかったことだけをもって「三平方の定理」が証明できたと主張するような錯誤に陥るのです。それゆえ、コンテストの入賞作がどんなに優れた作品に思えても、入賞作のリストだけに依拠する方法では論理的に「素晴らしい悲劇」を確定できないのです。

ストーリーが「悲劇の魂」

論理的に確定された「素晴らしい悲劇」とは「素晴らしいストーリーを持つ悲劇」

であり、「素晴らしいストーリー」の枢要をなすのは「悲劇の働き」を実現する「憐れみと怖れを呼び起こすストーリー」です。この主張と、第一章冒頭の「詩作が素晴らしいものとなるためにストーリーはどのように組み立てられるべきか」という主題設定を単線的に結ぶと、あたかもストーリー以外の悲劇の諸要素が最初から脇に置かれていたかのようですが、それは著作の構成上、そう見えるにすぎません。悲劇の六つの要素（ストーリー、性格、語法、思考、視覚効果、歌曲）のうちストーリーが最大の要素であり、「いわば悲劇の魂」（一四五〇a三八）であることは、ようやく第六章になって論証されます。この結論が、第一章を書くアリストテレスにとっては既に熟知の内容であったゆえ、第六章の主張を先取りする形で『詩学』は書き始められているのです。

ストーリーが「悲劇の魂」すなわち悲劇の本質であるならば、ストーリーを文字で読んだり、朗唱を聞いたりするだけでも憐れみや怖れが呼び起こされますから、「悲劇の力は、たとえ上演されなくても、そして俳優がいなくても、存在する」（第六章一四五〇b一八—一九）ことになります。同じ見解は第十四章一四五三b三—七、第二十六章一四六二a一一—一三でも繰り返されており、『詩学』最大の主張の一つと見てよいでしょう。とはいえ、「悲劇および喜劇の演劇的な様式が、諷刺詩および叙事詩の様式よりも壮大であり、いっそう尊ばれた」（第四章一四四九a五―六）と記述していることからしても、アリストテレスは悲劇の上演に意義がないと主張しているわけではありません。悲劇にとって最も重要なのはストーリーゆえ、上演されずとも作品の優劣を語りうるのであり、したがって、上演に関わる諸要素は副次的な役割にとどまるというのが、本書を貫く主張なのです。そして、上演されなくても悲劇が力を持つのならば、ストーリー構成論の観点からして叙事詩と悲劇の差異はほとんどなくなるため、本書の主要部で両者はほぼ無差別に扱われます。

このようなストーリー重視の考え方は、悲劇を一種の文学作品として扱い、演劇固有の魅力を背後に後退させる副次的効果も生むことから、後世になって「文学主義」という批判が一部から起こりました。その一方、『詩学』は中世の物語や近代小説とギリシャ悲劇を比較する視点を与えたり、文学と演劇の根本的な差異を顧慮させる契機をもたらしたりしています。何より、なぜ人間が芸術作品や実人生のさまざまな場面にストーリーを求めないでいられないのかを考える際、本書は示唆に富む古典となるでしょう。

さて、以上見てきたアリストテレス独自の「悲劇の力」、「悲劇の働き」に関する思想が、プラトン『国家』の詩人追放論に対する反論の大きな一角を占めると考えられます。端的にいえば、悲劇のストーリーによって呼び起こされる「憐れみと怖れ」が知的判断に基づく認知的な感情であるという点に、反論の核心部分があります。しかし、アリストテレスからの反論はこれに尽きません。次の節では詩人追放論の概略を説明した上で、『詩学』の模倣説がどう応答したことになるかを見てゆきます。

(三) プラトンの詩人追放論と『詩学』の模倣説

逆説的ですが、『詩学』の主張を読み取る上で、いわば敵対する『国家』の詩人追放論ほど手助けになるものはありません。両者の結論は正反対であっても、プラトンが詩人追放論に用いた議論の枠組を、アリストテレスは基本的に共有しているからです。例えば、叙事詩が内容的に悲劇の先駆に当たると見てホメロスの存在を重視すること、悲劇や叙事詩の詩作を行為の模倣ととらえること、絵画モデルで模倣の構造を理解すること、模倣的な詩作が人々に快をもたらすととらえること、などの内容が大筋で受け継がれています。そして、悲劇は憐れみや怖れに類する感情を呼び起こし、喜劇は滑稽さで笑いを生むという最重要の論点さえ、詩人追放論の中に埋め込まれているのです。

それゆえ、従来の研究者のほとんどが『詩学』の中に詩人追放論への応答を認めるほか、本書の執筆の動機をプラトンへの反論という一点に見出す見解もあります。もっとも、エルスは他の研究者と異なり、『国家』の詩人追放論の方が『詩学』への反論だと推測しましたが、両著作の執筆年代を考慮すると、この説が成立する可能性はほとんどないといってよいでしょう。というのも、エルス説を正当化するには、『国家』をプラトン中期の著作と見る強固な定説をくつがえして後期の著作とした上、アリストテレスが十七歳くらいでアカデメイアに入学したての頃に『詩学』を書いたと想定しなければならないからです。しかし、エルスのような見方を誘発するほど両著作の論点は緊密に対応しており、どちらがどちらへの反論だと見ても理解できるという点が重要です。両著作の見解の分かれ目を見すえることは、結局のところ、『詩学』の中心的な内容を深く知ることにつながるでしょう。

「魂の三分説」を受けた議論

『国家』第十巻前半（五九五A—六〇八B）の対話で展開される詩人追放論は、ソクラテスが対話相手のグラウコン（プラトンの兄）にこう語るところから始まります。

「私がいおうとするのは、創作のうち模倣的なものは［理想の国家に］決して受け入れないということだ。なぜなら、私が思うに、［第九巻までの議論で］魂の諸部分のそれぞれが別個に区分されたからには、そういうものを何としても受け入れるべきでないということは、今やいっそう明らかだからだ」（五九五A）

ここで「魂の諸部分が区分された」というのは、人間の魂が、働きからして「理知的部分」、「気概（激情）の部分」、「欲望的な部分」に分けられることを指し、いわゆる「魂の三分説」が既に提示されたことを意味します。ソクラテスの議論を先取りしていえば、このうちの非理知的部分（「気概の部分」と「欲望的な部分」）だけが模倣的な創作の作品（叙事詩、悲劇、喜劇など）によって涵養されるため、結果的に理知的部分は滅ぼされるというのです。理知的部分が滅ぼされ、非理知的部分が魂を支配する状態というのは、「一つの国家において、劣悪な人々を権力者にして国家を任せ、優れた人々を滅ぼすようなもの」（六〇五B）ですから、何としても避けねばならないというわけです。要するに、詩人追放論の柱は、模倣的な創作が「知性に害毒を与えると思われる」（五九五B）ゆえに、その種のジャンルの詩人を理想の国家は拒絶するという主張です。

では、なぜ模倣的な創作はそれほどまでに有害だといわれるのでしょうか。その理由を示す議論は二部から成り、イデア論の視点から模倣の低劣性を示す議論（五九五C—六〇二B）と、感情や欲望を刺激する作品の有害性を示す議論（六〇二C—六〇八B）に分かれます。それら二つの論点は、議論の中ほどで次のように整理されています。

「絵画の術、そして模倣術の全般は、一方では真実から遠く離れたところにその作品を作り上げ、さらに他方では、私たちの［魂の］うちで思慮から遠く離れた部分と交わり、何ら健全でも真実でもないことのために仲間となり友となるものである」（六〇三A—B）

「絵画の術」をモデルにして「模倣術の全般」へと拡張してゆく論法が、ソクラテスの台詞から読み取れます。この中間総括に依拠して、それぞれの論点を見てゆきましょう。

作品の有害性

まず、「他方では」といわれる後者の論点は、「思慮から遠く離れた部分」である非理知的部分が刺激される点に着目したものです。人間には「思い切り泣いて嘆いて満たされることに飢えている部分」（六〇六A）、いい換えれば「涙もろい部分」（六〇六B）があるため、悲劇の登場人物が不幸な身の上を語ると共感し、そのような作品を作った「詩人たちによって満足を与えられ、喜ぶ」（六〇六A）ことになります。つまり、人は悲劇を観ることで、思い切り泣きたいという欲望が満たされ、低次元の「快を得る」（六〇六B）わけです。

「同じことは滑稽さについても当てはまるのではないか」（六〇六C）とソクラテスは述べていますから、思い切り笑いたいという欲望を満たす喜劇も非難を免れません。

非理知的部分を刺激する点では喜劇も悲劇と変わらないという主張です。そして、同様のことが「愛欲や激情、さらには魂の中にある欲望や快と苦の一切についても当てはまり、そうしたものは、あらゆる行為に随伴して起こると私たちは主張する。この種のものを私たちのうちに作り出すのが詩作の模倣なのだ」（六〇六D）と断罪されます。

かくして、「優れた悲劇詩人たちすべての最初の師であり、指導者であったと思われる」（五九五B―C）ホメロスの叙事詩を含め、模倣的な詩作ジャンルのすべてが「何ら健全ではない」低俗な「快」を目的としているゆえに、有害という評価を与えられるのです。そのことは、詩人追放論の締めくくりで用いられる「快を目指す創作、すなわち模倣」（六〇七C）という表現に端的に示されています。要するに、「模倣」が元凶だと考えられているのです。

模倣の低劣性

今度は、「一方では真実から遠く離れたところにその作品を作り上げる」といわれる前者の論点に目を向けましょう。この論点は、プラトン哲学の重要な部分をなすイデア論に関わるのですが、ここでは「イデア」を、個々の事物の原型となる「真実在」と解して以下の説明を行います。

　ソクラテスは、古代ギリシャ人が使用していた寝椅子（カウチに似た小さなベッド）を例に取り、それには三種類の作り手がいると語ります。すなわち、真実在としての寝椅子を作った神、個々の寝椅子を作る職人、そして、寝椅子を描いた絵を作る画家です。三者のうち「画家のことを、椅子の何であると、君ならいうかね」とたずねられたグラウコンは、「神と職人が作ったものを模倣する者と呼ぶのが最も適切だと思います」と答えます。それを聞いたソクラテスは「真実在から数えて三番目のものを生み出す者が、模倣者だというのだね」（五九七D―E）と応じ、次のようにまとめます。

　「すると、悲劇詩人もまた模倣者である限りは、そういうことになるだろう。つまり、真実という王様から数えて三番目の存在に生まれついた者ということになるだろうし、他のあらゆる模倣者たちだってそうだ」（五九七E）

この箇所では「真実在」の代わりに「真実」という語が用いられ、模倣者の低劣性を「真実から三番目の存在」という表現で示しています。さらに、事物の「見かけ」だけを画家は模倣するという論点が加えられ、低劣な「像」にすぎない「見かけ」を描く模倣者は低劣な「いかさま師」だという結論にいたります（五九八Ａ—Ｃ）。

議論の過程で寝椅子が真実在の例に挙げられるのは、プラトンの標準的なイデア論（善、美、正、同などのイデアが論じられる）からの逸脱にも見えますが、ともかく寝椅子の絵が、実体のない、にせものの寝椅子にすぎないことを示すのが、ここでの意図でしょう。イデア論の世界観にとって「真実在から三番目」のものは低劣な存在である上に、実用性の面でも寝椅子の絵画はほとんど無価値です。「創作」や「詩作」は広義の「作ること（poiēsis）」に属するものの、職人の作品に比べ、画家や詩人の作品は実用性に乏しく、その観点からも理想の国家に必要とされないことは必至といわなければなりません。

以上のように、詩人追放論は「模倣（者）の低劣性」と「作品の有害性」という議論から成ります。二つの論点は別の事柄のように見えますが、ともに魂の非理知的部分に関わる点で共通します。すなわち、かたや模倣者は知性ではなく感覚を用いるゆえに「真実から遠く離れた」低劣な見かけの像しか描けず、かたや模倣の作品は知性ではなく「思慮から遠く離れた」感情や欲望に働きかけるゆえに有害なのです。

受け入れるのは讃歌と頌歌だけ

しかし、あらゆる種類の詩人が理想の国家から排除されるわけではありません。詩人追放論を締めくくって、ソクラテスは次のように語ります。

「グラウコンよ、君がたまたまホメロス礼賛者たちに会ったなら、彼らがこう述べるのを聞くだろう。ギリシャ人を教育してきたのはこの詩人なのだから、人間に関わる事柄の運営や教育に当たってはホメロスを取り出して学ぶに値するし、どんなことでもこの詩人にしたがって自分の人生を形成しながら生きてゆくのがよい、と。……また、ホメロスが最も詩人らしい詩人であり、悲劇創作の第一人者であることも認めなければならない。とはいえ、知っておかなければならないのは、詩作のうち、神々への讃歌と優れた人間たちへの頌歌だけしか国家に受け入れてはならないということだ。快く装われた文芸の女神ムーサを、歌つきの抒情詩においてにせよ、もしも受け入れたならば、法律および常に公共的に最善であると思われていた道理ではなく、国家の中で快と苦が王として君臨することになるだろう」（六〇六E―六〇七A）

こうして、「神々への讃歌と優れた人間たちへの頌歌」だけは理想の国家に保存されます。これらのジャンルは神や人間の徳性をほめたたえるため、模範を示すものとして、魂の理知的部分の育成に役立つからです。

この結論と、詩人追放論の開始部分で述べられた「創作のうち模倣的なものは決して受け入れない」という台詞を総合すると、理想の国家に受け入れられる「神々への讃歌と優れた人間たちへの頌歌」は模倣的なものではないことになります。他方、抒情詩と叙事詩は追放の対象とされていますから、模倣的なものと考えられています。これに対し『詩学』では、詩作は「総じて『模倣』」（第一章一四四七a一五―一六）とされるため「非模倣的な詩作」が成立する余地はありません。第四章で言及される「神々への讃歌や人間への頌歌」（一四四八b二七）もまた模倣の産物とされています。

このような差異が生じるのは、『国家』で用いられる「模倣（的）」の意味が『詩学』とはやや異なるからです。プラトンのいう「模倣的」とは「登場人物の真似をする」方式のことであり、ホメロスが叙事詩を物語る際にさまざまな人物になりきる部分と、悲劇などのように俳優が役柄を演じる場合が相当します（『国家』三九二D―三九五A）。それと区別されるのが「単純な語り」（『国家』三九二D）で、これをプラトンは「非模倣的」と考えますが、アリストテレスの場合は「模倣」の中の一つの方式と見なします。こうした整理の仕方の違いから、『国家』では抒情詩と叙事詩がともに模倣的なものと見なされるにもかかわらず、『詩学』では後者のみ主題的に扱い、前者を扱わないというずれも生じています。つまり、アリストテレスは抒情詩を『詩学』が述べる意味での「模倣」の一種ととらえつつ、「行為の模倣」すなわちストーリー創作を行う詩作ジャンルとは見なしていなかったと推測されるのです。

「模倣」に関して両者の考え方はさらに重要な点で異なりますが、それについては後述することとし、『詩学』が詩人追放論に対してどう応答したことになるのかを総括しましょう。

模倣の低劣性に対する反論

詩人追放論では模倣者が「真実在から三番目のもの」を生み出すゆえに低劣だとされていたのに対し、『詩学』では悲劇の創作者も観劇者も知的な洞察を行うとされています。「魂の三分説」に即していえば、『詩学』が論じる悲劇は基本的に魂の理知的部分に関わるわけです。かたや詩作は普遍的なストーリーを構築する「哲学的な」行為であり、かたや観劇者は作品中の人物や出来事のタイプ把握と「釣り合い」に関する普遍的判断を行うのでした。こうした普遍的判断の対象は、ソクラテスのいう真実在から遠い低劣なものというより、むしろ真実在に近い原理的なものです。なぜなら、ストーリーを作ったり理解したりする行為は、普遍的な事柄を思惟すること、伝統的な哲学用語でいえば「観想」を行うことにほかならないからです。

したがって、アリストテレスの見解では、悲劇の創作や観劇は理知的部分を滅ぼすどころか、むしろ哲学に近い知的な営為です。プラトンは詩人追放論の最後に「哲学と詩作術の間には昔から仲違いがあった」（六〇七B）と記し、理知的な哲学と非理知的な詩作術を対照づける意図があったことをほのめかしていますが、アリストテレスはそれを受け止めたからこそ、反論として詩作の哲学性を示したのでしょう。

しかし、当然のことながら哲学と詩作は同一ではありません。哲学はひたすら知的な洞察と論理的思考によって遂行され、基本的に感情とは関わらない営為であるのに対し、悲劇や喜劇の詩作は観劇者に憐れみや怖れ、滑稽さによる笑いを喚起しようとします。それらの感情をどう位置づけるかが、もう一つの論点、すなわち模倣的な創作の作品が有害かどうかをめぐる評価を分けることになります。

作品の有害性に対する反論

プラトンは、悲劇や喜劇の呼び起こす感情が魂の非理知的部分だけを満足させると見て、詩人追放論を展開したのでした。非常に単純化していえば、悲劇や喜劇は観客を感情的な人間にし、理性的に物事を考えられなくするという非難です。それに対し、アリストテレスは憐れみや怖れを認知的な感情として積極的にとらえ、感情が理知的部分を滅ぼすとは見ません。ここが両者の見解の分かれ目といえます。

理知的思考を曇らせ、妨げる有害な要素として感情をとらえるか、それとも、認知に伴う心の状態と位置づけ、むしろ認知を促進する要素として感情をとらえるか——現代哲学の感情論でも話題となる事柄が、憐れみや怖れなどに限定した範囲で扱われていたといえるかもしれません。ただし、アリストテレスはあらゆる感情を無害だと考えたわけではなく、例えば「激情」が認知を歪ませ、正しい行為から逸脱させることと（『ニコマコス倫理学』第七巻第三章一一四七a一四—一七）や、「妬み」が憐れみを妨げること（『弁論術』第二巻第九章一三八六b一六—一三八七a五）を指摘しています。

他方、プラトンが模倣的な詩作の呼び起こす感情を否定的にとらえたからといって、あらゆる感情が有害だという見解を持っていたと結論づけるのは早計でしょう。ともあれ、悲劇のストーリーが涙を誘うとしても、人間が持つ「涙もろい部分」だけを満足させ、低俗な快を与えるという理由で有害だと評価することにアリストテレスは反対するでしょう。それが「憐れみ」の涙なら、普遍的な判断が行われたしるしであり、いわば涙の源は魂の理知的部分にあるからです。すると、涙を流すことで快を得るのは、非理知的部分ではなく、むしろ理知的部分だといえるでしょう。この種の快は、知性的な洞察に伴う快であり、プラトンが非難した低次元の快ではありません。だとすれば、「快を目指す創作、すなわち模倣が、よく統治された国家の中に存在すべきだという、何らかの論拠を述べることができるならば、私たちは喜んで迎え入れるだろう」（六〇七C）というソクラテスの言葉に対し、アリストテレスは一つの回答を示したといえます。実際、『詩学』第四章は、人が模倣像を喜んで見るときに経験する快、つまり、その模倣像が何であるかをわかることの快について説明しています。悲劇の観劇者にも、その種の快が生じるわけです。悲劇を観て、その作品が何であるかをわかるとは、要するにストーリーの意味を理解するということであり、既に述べた普遍的判断がそこに含まれることはいうまでもありません。

このように、プラトンとアリストテレスとで根本的に違うのは、模倣と、それに伴う快のとらえ方です。ある意味では、その違いが、これまで述べてきた見解の対立のすべてを生み出す大本なのです。

模倣と快

先に、プラトンは「模倣」を元凶と考えていると説明しましたが、実は、『国家』の中には「模倣」を奨励する議論もあります。それは、理想国家の守護者、つまり政治家になる者は、幼少期から優れたものを「模倣」すべきだという第三巻の議論です。否定的な意味合いの「模倣」と区別するため、「真似」という訳語を用いて引用します。

「［守護者となる者たちが］もしも真似するとすれば、彼らにふさわしいもの、つまり勇気ある人々、節制ある人々、敬虔な人々、自由な気風の人々などに類するもののすべてを、子どものときからただちに真似すべきなのだ。反対に、自由人的ではない卑しいことを行うべきではないし、そういうことを真似するのに畏るべき能力を持つようであってもならない」（三九五C）

つまり、勇気や節制などの徳性の要素を持つもの（良質の音楽や文芸など）に接することで、そのような性質を真似して自分に取り込み、身につけるべきだという教育的な議論です。こうした議論が見られることから、『国家』は二種類の「模倣」概念を含むという説が生まれ、第三巻の教育論の「良い模倣（真似）」と第十巻の詩人追放論で語られる「悪い模倣」をどう整合的に理解するかが、プラトン研究における一つの論題にもなってきました。

それに対し『詩学』では、この二種類が「良い模倣（真似）」と「悪い模倣」に分裂することなく統一されています。例えば第四章は、「模倣することが人間には幼少期から自然本性的に備わっているため、他の動物とは違って、最も模倣を得意とし、最初期の学習も模倣を通じて行う」（一四四八b五—八）と説明し、模倣の自然本性を詩作の発生原因の一つ目に挙げています。つまり、アリストテレスの見方では、幼児が大人の真似をして物を食べたり、歩いたり、話したりすること、ある程度の年齢になると怪獣やヒーローの真似をしたり、ままごと遊びをしたりすることが、やがて外界の対象を模倣して絵を描いたり、言葉や音楽、身体運動を駆使して模倣したりすることと連続的かつ一体的にとらえられているのです。

それにもかかわらず、従来の『詩学』の日本語訳では、芸術活動の意味での「模倣」だけが「描写」や「再現」という、まったく別の訳語にしばしば置き換えられてきました。これは、第四章の主旨に沿いません。そこで、この新訳では、子どもが行う真似から芸術活動までを統一的に理解しようとするアリストテレスの意図を反映させるため、「模倣」という訳語で全体を統一しています。

芸術活動を、人間の自然本性に由来する「模倣」ととらえることは、アリストテレスの思想にとって極めて大きな意味を持ちます。というのも、概括的にいえば、自然本性を発揮するために人間は生きているのだからです。「よく生きる」ことの実現も、神や獣とは異なる人間の類的本性の顕現を抜きにしてはありえないというのがアリストテレスの思想の中核です。

『ニコマコス倫理学』第十巻第四〜八章が結論づける人間の最善の生は「観想」(一一七八b二一—二二)、つまり哲学的思索であり、「このような活動は最も完全で、最も快いであろう。……快は活動を完全なものにする」(一一七四b二〇—二三)といわれています。無論、観想と模倣は同一の活動ではありませんが、いずれも自然本性に由来する活動であるゆえに、人間が本来味わうべき純粋な快をもたらします。その快は、ある種の不足や欠乏を解決したときに得られる快とはまったく異質です。すなわち、空腹なとき摂食して食欲を満たすことで得られるような欠乏充足の快とは異なり、人間が本来的に持つ能力の行使、発現——アリストテレス哲学の「エネルゲイア(発現状態)」——に伴う純粋な快なのです。

この種の快は自然本性的な活動を促進するという積極的な意義を持つゆえ、詩人追放論が非難する低俗な快でないことは明らかでしょう。第四章によれば、「わかることの快さ」こそが、模倣像の生み出す快の内実ですから、悲劇に固有の快は、魂の理知的部分の働きに伴うものです。この点、憐れみと怖れが知的な判断に伴うこととも調和します。

要するに、アリストテレスがプラトンと異なるのは、「模倣」を人間本性に即した活動として積極的にとらえ、それに伴う「快」の積極的意義も同時に認める点です。かくして『詩学』は、倫理学と通底する人間本性論を根拠にして「模倣」とその「快」の意義を認め、詩人追放論に根底から反論していることになります。

模倣説の有効性

詩作と絵画がともに「模倣」であるという考え方を「模倣説」と呼ぶとすれば、この原型はプラトンやアリストテレス以前からあり、紀元前六～前五世紀に活躍した詩人シモニデスの断片にも「詩は言葉を語る絵、絵は言葉を語らない詩」という句があります。その後、紀元前一世紀ローマの詩人ホラティウスが『詩論』の中で「詩は絵のように」という有名な句を記したのも、このような伝統を受け継ぐものです。とはいえ、絵画は実物の模倣であるとはいえても、言葉で書かれた詩が実物の模倣であるとは認めにくいかもしれません。その点をあらためて考えてみましょう。

よく知られるように、十九世紀オランダの画家ゴッホはヒマワリの名画を数点残しました。そのキャンバスの上には、実物の花びらの色を真似て黄色の絵の具が塗られ、茎や葉は緑色の絵の具が塗られています。描かれたヒマワリの形も実物を真似したものです。このように考えると、絵画が対象の色や形の真似、つまり模倣であることを理解するのは難しくありませんが、詩の場合、同じようにはゆきません。視覚がとらえる特定の色彩を「キイロ」あるいは「yellow」という言葉で表すことが「模倣」といえるかどうかが問題になります。むしろ、「キイロ」や「yellow」という言葉で「描写する」とか「表現する」といった方が適切ではないかと考えたくなります。

しかしアリストテレスは、『弁論術』第三巻第一章一四〇四a二一で「名指し言葉は模倣像（mīmēmata）である」と明言しています。これは、『詩学』第四章一四四八b八—九で「人間なら誰もが模倣像を喜ぶ」といわれるときに用いられたのと同じ言葉です。また、プラトンも、言語哲学の対話篇『クラテュロス』で「名指し言葉とは、模倣の対象となるものの、音声による模倣像である」（四二三B）とソクラテスに語らせ、言葉による模倣を絵画や音楽の模倣と同類に扱った上で、事物の「あり方（ousia）」を文字と音節で模倣できるかどうか」を対話の主題に掲げています（四二三D—E）。

このように、哲学的な問題（現代的にいえば記号論的・意味論的な問題）が開かれた状態で残るにせよ、プラトンとアリストテレスは「言葉による事物の模倣」の成立に確信を持っていたと考えられます。なぜなら、言葉と事物が一致ないし対応しなければ、「言葉の中に身を置きつつ、存在するものの真実を考察しなければならない」（『ファイドン』九九E）哲学の営為が危うくなるからです。芸術的な模倣を有害視したプラトンといえども言葉が事物を模倣すると信じたのであり、ましてやアリストテレスは言葉による模倣を文字通りの意味で理解していました。この点からしても、言語芸術を扱う『詩学』では一貫して「模倣」という訳語が用いられるべきでしょう。

さらに、絵画や悲劇の創作が模倣像の制作であるというとらえ方は、現代の芸術観にも一定の示唆を与えます。なぜなら、「模倣像」は「表象」という現代の概念に通じるからです。

もしもゴッホがヒマワリの絵を描かず、実物のヒマワリを育てたならば、画家ではなく園芸農家の類になったことでしょう。実物を作るのではなく、その模倣像を作ること、つまり表象を制作することにこそ芸術創作の特徴があるのです。絵の具や言葉を用いて物事の表象を制作する、その行為をプラトンやアリストテレスが「模倣像の創作」といい表し、端的に「模倣」と呼んでいたのだとすれば、決して現代の芸術理解から遠くないといえるのではないでしょうか。

もう一つの模倣

ちなみに、アリストテレスの言葉としてしばしば引用される「芸術は自然を模倣する」という句があります。実は、これには二重の誤解が伴っています。第一に、「芸術」と「模倣」が結び付けられているため、あたかも『詩学』の模倣説に由来する句のように見えるのですが、典拠は『自然学』にあります。第二に、「芸術は」の部分は、正しくは「技術は」です。そもそも古代ギリシャ語には「技術」と区別された意味での「芸術」を一語で表す言葉がなく（英語の art の語源となったラテン語の ars は、ギリシャ語で「技術」を意味する tekhnē に対応します）、文芸の女神の名を冠した「ムーサの術」や、模倣説に基づく「模倣術」が、ほぼ代わりの役をつとめていました。「ムーサの術」や「模倣術」も広義の技術に含まれます。

誤解を解くためにも、『自然学』第二巻第八章の一節を引用しておきましょう。

「総じて技術は、一方で、自然がなし遂げられない物事を完成させるが、他方で、自然を模倣する」（一九九a一五―一七）

ここでいわれる「技術」の典型的な例は、家などの建造物を完成させる建築術です。建築術は、自然界にない人工物を作り出すわけですから、一見すると自然のしくみとは無縁のようですが、アリストテレスによれば、ツバメの巣作りやクモの網張りのような自然界の生成を真似しているのです。例えば家を建てる際、重い土台を先に置いて基礎を固め、その上により軽い建材で床、柱、壁などを組み立てた後、最後に屋根で覆います。これは、建築術が家という目的物を完成させるための合理的なプロセスですが、このようにして目的に向かう生成過程はもともと自然界のしくみにあり、それを技術が真似しているにすぎない――これが、アリストテレスの「目的論」と呼ばれる思想に基づく自然観と技術観です。

自然の目的論的プロセスの好例は、子どもの歯の生え変わりです。最初は幼少期に乳歯が生えますが、口腔が大きくなった段階で抜け、やがて大人の口で噛むのに適した永久歯に生え変わります。その最終段階となる「大人の口で噛む」ことが生成過程の目的だったのであり、この目的に達するため先立つ諸段階が適切に生じるのです。こうした自然の目的論的プロセスを技術が模倣するのは、技術を持つ人間自身が自然から生まれた存在だからにほかなりません。つまり、「目的論」の世界観によれば、目的を設定して意図的に物事をなし遂げる能力そのものの起源が、自然の目的性のうちにあるのです。

したがって、技術が模倣する対象は、自然の風景や風物ではありません。目的論的プロセスを模倣するわけですから、『詩学』の模倣説とは異なる内容です。それにもかかわらず、歴史的に「技術」が「芸術」と混同されることによって「芸術は自然を模倣する」という別の意味合いを持つ句に変貌したのでしょう。この句は十七〜十八世紀のフランスとドイツで芸術思想の標語のようなものになったほか、十九世紀後半のアイルランドの作家ワイルドが逆説的に「自然は芸術を模倣する」と述べたことで、いっそう注目を集めることになったのかもしれません。

(四)「カタルシス」は何を意味するか

さて、ここまで解説せずに残してきた『詩学』の一大問題、つまり「カタルシス」をめぐる問題について取り上げましょう。問題の発生源である第六章冒頭の「悲劇の本質の定義」には次のように書かれています。

「これまでに述べてきた事柄からすると、悲劇の本質の定義がどのようなものになるか、それを取り出しておくことにする。

悲劇とは、［①］真面目な行為の、それも一定の大きさを持ちながら完結した行為の模倣であり、［②］作品の部分ごとに別々の種類の快く響く言葉を用いて、［③］叙述して伝えるのではなく演じる仕方により、［④］［ストーリーが観劇者に生じさせる］憐れみと怖れを通じ、そうした諸感情からのカタルシス（浄化）をなし遂げるものである」

（一四四九b二二―二八）

このうち①が含む「模倣」と②の内容は第一章で、①が含む「真面目な行為」は第二章で、③の内容は第三章で説明済みですから理解できます。しかし、「カタルシス節」と呼ばれる④が含む「憐れみ」、「怖れ」、「カタルシス」は第五章までに一度も現れていません。このことから、まず、「これまでに述べてきた事柄からすると」という句が疑わしくなります。また、問題の三語のうち「憐れみ」と「怖れ」は第十三章で説明されますが、「カタルシス」についてはどこにも説明が見られません。それどころか、「カタルシス」という語は、カタルシス節以降、二度と現れないのです。より正確にいえば、悲劇を定義するという特殊な役割を持たない、いわば一般的な意味の「カタルシス」は第十七章で一度だけ用いられ、「オレステスについては、……救いが生じた原因として生贄になる前の身の浄め（カタルシス）を盛り込む」（一四五五b一四―一五）と述べられています。こうした「浄め」の意味での「カタルシス」も参考にはなるのですが、問題の「カタルシス」が何を意味するかについては多種多様な解釈が提起され続けており、統一的な解釈の成立とはほど遠い状況にあります。『詩学』の英訳と研究書などで著名な英国の西洋古典学者ハリウェルは、一九八六年までの「カタルシス」解釈を大きく六グループに分け、さらに各グループの中で数種類に細分化していますが、それから三十年以上を経た今、解釈がいっそう多様化しこそすれ、収斂してゆく気配は感じられません。

そこで、以下では、最初に「カタルシス」の基本的な意味合いと伝統的な用語法を説明します。次いで従来の『詩学』研究における有力な諸説を紹介し、その上で訳者の考え方を提示するという手順を踏みます。

「浄め」、「排出」、「知的解明」

英国オックスフォード大学のリッデルとスコットが編纂した古代ギリシャ語の語彙辞典（Greek-English Lexicon: Revised Supplement）の「カタルシス」の項には、微妙に意味合いの異なる英訳語が並んでいますが、『詩学』研究では「浄め（purification）」、「排出（purgation）」、「知的解明（clarification）」が基本的な意味合いに見定められてきました。

このうち「浄め」に関しては、「水で足を洗い浄める」場合のような日常的な「浄め」から、宗教的な儀式で「魂を浄める」、みそぎによって殺人犯を「罪から浄める」場合までを含む幅広い使い方があります。哲学史上では、ピタゴラス派や、その影響を受けたエンペドクレスなどの哲学者たちが、学問的な研究に打ち込むことで「魂を浄化する」という「浄め」の思想を持っていました。

他方、「排出」の方は、下剤の使用や瀉血によって身体から毒素を排出するという意味で使われることから、元来、医術や治療と深い関係を持ちます。とはいえ、医療とは関わりなく、馬の体から抜け毛を除去したり、土地から雑草を除去したりするのも一種の「排出（排除）」です。

このように「カタルシス」は、用いられる文脈によって「浄め」あるいは「排出」と訳し分けられますが、もともとは「本体Xから負の要素Yを分離する」という共通の原型構造を持つ作用です。同一の分離でも、本体に着目する場合は「浄め」、負の要素に焦点を合わせる場合は「排出」といわれるのです。それゆえ、下剤の使用による毒素（Y）の「排出」は、身体（X）の「浄め」といい換えることができます。みそぎによる殺人犯（X）の「浄め」は、罪（Y）の「排出」だともいえます。ただし、毒素が物理的に文字通り「排出」されるのとは異なり、罪の「排出」は比喩である点にも注意する必要があるでしょう。みそぎの儀式によって、体内から何か汚れた物質が飛び出てくるわけではないからです。

「カタルシス」が持つ分離の原型構造を踏まえると、この語が「知的解明」の意味合いを持つ理由も理解できます。すなわち、明晰な認識を妨げる負の要素Yを排出することで認識の本体Xが浄められ、精度の高い認識が可能になるのです。このことは、望遠鏡のレンズに付着したシミ（Y）を取り除くことで、眺望（X）がクリアになることにたとえられます。

従来の多様な解釈

いま述べた「浄め」、「排出」、「知的解明」のそれぞれに対応して『詩学』の「カタルシス」の意味を探ることができるのですが、それと連動して、「憐れみと怖れ」がカタルシス作用を受ける本体（X）なのか、それとも負の要素（Y）なのかが問題になります。ギリシャ語の原文はどちらの解釈も許すため、読解上の難所となるのです。加えて、「憐れみと怖れ」が、悲劇を観たときに生じる感情を指すのか、日常的に持っていた感情（心の中に蓄積した感情、あるいは、特定の感情に陥りやすい性向）を指すのかも問題になります。

かくして、カタルシス節は多様な解釈を生み出す素地を持っています。しかも、問題の語が一度しか登場せず、説明も施されていないわけですから、アリストテレスの他の著作に手がかりを求めるほかないと考えた研究者が多いのも、ある意味では当然といえるでしょう。実際、『政治学』や『ニコマコス倫理学』などがしばしば参照されてきました。以下では、従来、比較的有力と考えられてきた解釈を例示します。

まず、「カタルシス」を「浄め」ととらえる解釈では、『ニコマコス倫理学』第二巻第六章一一〇六a二六―一一〇七a二五の「中庸説」を参照した倫理的教化説が中心になります。この解釈によれば、人は悲劇を観ることを通じて、憐れむべきものを適度に憐れみ、怖れるべきものを適度に怖れる経験を積みます。その結果、過多過少の感情が「浄め」られて適正化するため、日常的にも中庸を得た感情を持つ性向が形成されます。この場合、比喩的な意味で「浄め」を受けるのは憐れみと怖れですが、それらの感情への性向が本体だというべきかもしれません。他にも、観劇時に強い憐れみを覚えることによって一種の耐性ができ、日常生活での憐れみが抑制されるという説など、解釈にはさまざまな変種があります。

倫理的教化説の利点は、憐れみと怖れを、「排出」すべき有害な感情とは見なさずに「カタルシス」が説明でき、その点でアリストテレスの見解と調和することです。

また、悲劇などの芸術が人間に良い影響を与えるという思想の根拠になることから、啓蒙的な芸術観を支持する材料にもなります。

次に、「カタルシス」を「排出」ととらえる治療的排出説は、『政治学』第八巻第七章で説明される「霊感的な旋律のカタルシス」に根拠を見出します。そこでは音楽の使用法が「教育」、「カタルシス」、「高尚な時の過ごし方」に分類された上で、霊感的な旋律について次のように述べられています。

「魂に憑依的な変化を被りやすい人々がおり、彼らに対して恍惚とさせる秘儀的な［すなわち、霊感的な］旋律を用いるとき、ちょうど治療やカタルシスを受けたときのように、神聖な旋律によって鎮まるのを私たちは見る。したがって、憐れみを感じやすい人々や怖れを感じやすい人々、さらには一般に特定の魂の状態になりやすい人々も、同じことを経験するのは必然である。それ以外の人々であっても、このような魂の状態のそれぞれに陥る程度に応じて同じことを経験するはずだから、［霊感的な旋律によって］すべての人々に一種のカタルシスが生じ、快を伴って軽やかになるはずである」

（一三四二a七―一五）

つまり、憑依の状態にある人から憑き物を落とし、鎮まらせる霊感的な旋律の作用が、「治療やカタルシス」に類比される「一種のカタルシス」といわれているのです。おそらく、魂から憑き物を排出する治療的な作用が、身体から毒素を排出するカタルシスとよく似ているからでしょう。引用文中の「憐れみ」と「怖れ」は、「憑き物」と同様に物質ではないゆえ、比喩的な意味で「排出」されることになります。その結果、本体の魂が「浄め」られるため、「霊感的な旋律のカタルシス」を宗教的な「浄め」に近い意味で解釈する研究者もいます。実際、ピタゴラス派の哲学者でアリストテレスにも師事したアリストクセノスは「音楽による魂の浄め」を説いていましたから、霊感的な旋律の作用も「浄め」と呼べなくはないのですが、倫理的教化説の「浄め」と区別するため、ここでは『政治学』と『詩学』の「カタルシス」を同一視する立場を「治療的排出説」と呼びます。

典型的な治療的排出説は、憐れみや怖れなどを鬱屈した負の感情と見なします。そして、負の感情を日頃蓄積している人が悲劇を観ると排出作用を受け、すっきりすると解釈します。この解釈によれば、カタルシス作用を受けるのは日常的に抱え込まれた憐れみや怖れなどであって、悲劇が呼び起こす憐れみや怖れはそれらを除去する役割を果たします。それゆえ、「毒をもって毒を制す」に似た「同種療法（ホメオパシー）」のようなものだと形容する研究者もいます。この解釈とは異なり、悲劇の呼び起こす憐れみや怖れだけが排出され、そのことで気分転換が果たされるため、観客は快を感じるという説もあります。

治療的排出説の利点は、何より『政治学』と『詩学』の「カタルシス」を同じように理解できることです。『政治学』が話題にする音楽と、『詩学』が扱う悲劇に共通のカタルシス作用を認めうるならば、アリストテレスが芸術一般に「カタルシス」を認めた可能性も浮上するため、その点に期待する研究者も少なくありません。先に『政治学』から引用した箇所の直前には、「カタルシスという言葉で何を意味するかについては、今は簡単に述べることとし、詩作に関する諸議論の中で今度はもっと理解が増すように述べよう」（一三四一b三八―四〇）と但し書きがあることから、「詩作に関する諸議論」が『詩学』（の失われた第二巻）を指すと確信する人々は治療的排出説を支持する傾向があります。その一方、現存する『詩学』にはカタルシス論が見られないため、この但し書きの信憑性を疑い、後世の何者かが勝手に書き加えたものだと推測する人もいれば、「詩作に関する諸議論」が指すのはアリストテレス初期の著作で亡失した『詩人論』だと主張する人もいます。

さらに、「カタルシス」を「知的解明」ととらえる「知的解明説」は、劇が進行するにつれ悲劇のストーリーそのものが次第に「浄め」られてゆくと考える「構成論的解釈」（エルスなどの解釈）とよく似た内容を持ちます。この説によれば、悲劇では殺人などの理不尽な出来事が発生するものの、観劇者がストーリーの全体構造を解明すると、なぜそのような惨劇が起こったかがわかって明晰な認識に達し、同時に忌まわしさのような負の印象も払拭されます。その結果、観劇者には、第四章が説明するような知的な快、すなわち模倣像が何であるかをわかることの快が生じます。この説の最大の特徴は、カタルシス作用すなわち知的解明の対象を「憐れみと怖れの感情」ではなく、「憐れみと怖れを生じさせる出来事」ととらえる点にあり、通常は「諸感情」と解釈されるカタルシス節内の「パテーマタ」というギリシャ語が「受難の出来事」と理解されることになります。

知的解明説の利点は、第六章に初出する「カタルシス（知的解明）」が、「わかる」という認識に触れた第四章に基づくと主張することで、「悲劇の本質の定義」が提示される際、「これまでに述べてきた事柄からすると」といわれる理由を説明できるようになることです。同時に、カタルシス解釈を媒介にして、第四章で提示された知的な快と「悲劇に固有の快」が結び付けやすくなります。

このほか、以上の類型のいずれにも収め難いカタルシス解釈が多数存在しますが、そのほとんどは倫理的教化説、治療的排出説、知的解明説からヒントを得ています。

従来の解釈の問題点

今日までカタルシス解釈が百家争鳴の状況にあるのは、いずれの説も決定的でないからにほかなりません。そこで、今度は従来の解釈の問題点を挙げてゆきましょう。

倫理的教化説の問題点は、憐れみや怖れが中庸化ないし適正化を要すると考える点です。『詩学』は憐れみと怖れを効果的に呼び起こすストーリー創作について論じているわけですから、それらの感情を観劇者のうちに起こせば起こすほどよく、適度な喚起は目標にされていません。また、教化や矯正の対象となる感情の持ち主として観客をとらえる発想がそもそも『詩学』と相容れません。優れた悲劇の創作法は優れた観客を前提に考察されるゆえ、『詩学』の規範的な議論が観客を教化の対象としてとらえることはありえないからです。理想化された観客像のもとに議論が進められていることは、喜劇的な快を求める観客の「弱さ」が悲劇論で批判されていること（第十三章一四五三a三〇―三五）や、悲劇が身振りを用いるからといって観客が低俗だということにはならないという主張（第二十六章一四六二a五―一四）によく表れています。

治療的排出説の問題点も、ほぼ同様です。もしも鬱屈した感情を排出するのが悲劇の役割ならば、劇場は治療院のようなものになってしまいます。そして、負の感情をため込んでいる人ほど最適な観劇者になるという、理不尽な事態にもなります。『政治学』における音楽の使用分類でいえば、悲劇の観劇は「カタルシス」ではなく「高尚な時の過ごし方」に該当しますから、治療的カタルシスとは無縁なのです。さらに、『政治学』の「霊感的な旋律」は憐れみや怖れを鎮めるのであって喚起するのではないこと、『詩学』の悲劇論は音楽を重視しないゆえに「音楽のカタルシス作用」を見込めないことなどからして、『政治学』の「カタルシス」をそのまま『詩学』に適用できる可能性はほとんどないといってよいでしょう。

仮に、悲劇の観劇が気分転換の機会になり、『政治学』のいう「快を伴って軽やかになる」経験ができたとしても、それを「悲劇の働き」の一部であるカタルシス作用に結び付けるのは短絡的で、経験の偶然性が顧慮されていないため正当とはいえません。例えば、鋸を繰り返し使用することで腕力が強くなったとしても、それを「鋸の働き」の一部と見なせないのと同じです。偶然に付随する事象を「働き」と混同してはならないのです。

また、『政治学』の但し書きにある「詩作に関する諸議論」が『詩学』を指すと想定した場合でも、両著作の「カタルシス」が同一だという保証はありません。むしろ、『政治学』が述べる治療的カタルシスとは別種のカタルシスも存在するからこそ、アリストテレスは他の著作で詳論すると約束したのかもしれないからです。あるいは、医療、宗教、学問などの世界における「カタルシス」の多様な用語法を包括して説明しようと考えていたのかもしれません。

最後に、知的解明説の問題点は、カタルシス節内の「パテーマタ」を「受難の出来事」と解釈する点です。「……憐れみと怖れを通じ、そうしたパテーマタからの……」という文脈ですから、「パテーマタ」を「諸感情」と理解するのが自然で、「受難の出来事」は知的解明説や構成論的解釈に都合のいいように作られた解釈にすぎません。確かに、『詩学』の中には「受難」の意味で使われる「パテーマタ」が一箇所だけ

（第二十四章一四五九b一二）あるのですが、そこではストーリーの要素である「逆転」や「再認」と並列されており、「諸感情」を意味する文脈でないことが明瞭です。

以上のような問題点があることから、いずれの解釈も絶対的な正当性を主張できずにいます。

訳者の解釈

この新訳では、カタルシス節を「憐れみと怖れを通じ、そうした諸感情からのカタルシス（浄化）をなし遂げるものである」と訳しました。「浄化」という括弧書きは、最も一般的な訳語を添えたものです。しかし、この文面だけでは、訳者がどのように「カタルシス」を解釈しているのかが伝わりませんので、ここで説明します。

結論からいえば、悲劇が観劇者のうちに生じさせる憐れみと怖れから快を分離する作用、つまり、憐れみと怖れを比喩的な意味で「排出」し、そのことによって、観劇の快を「浄め」て純化する作用が、訳者の考える「悲劇のカタルシス」です。

そう考える理由の一つは、第十四章で「悲劇から生じる快として、あらゆる種類の快を求めてよいわけではなく、『悲劇に固有の快』を求めるべきだからである。すなわち、憐れみと怖れから快が生じるよう、詩人は模倣によってこそ仕組まなければならないのだから、それをストーリー中の出来事のうちに作り込んでおくべきことは明らかである」（一四五三b一〇—一四）と述べられていることです。

この一節は、「カタルシス節」の内容を達成するために詩人は何をすべきかを考察してきた結論に当たります。「憐れみと怖れから快が生じるように悲劇を作る」のが詩人の仕事ですから、「憐れみと怖れから快を生じさせる」のが「悲劇の働き」ということになります。（二）節で挙げた鉛筆の例でいえば、「鉛筆の働き」を「紙の上に黒々と線を描く」ことだとした場合、「紙の上に黒々と線を描けるように鉛筆を作る」のが鉛筆製作者の仕事になるのと同様です。

では、なぜアリストテレスは「悲劇の本質の定義」に「悲劇とは……憐れみと怖れから快を生じさせるものである」と書かなかったのでしょうか。なぜ「カタルシス」という語を用いる必要があったのでしょうか。また、そもそも「憐れみと怖れから快を生じさせる」とはどのようなことでしょうか。

最後に挙げた問題から考えると、アリストテレスによれば憐れみや怖れは苦の感情の一種です（『弁論術』第二巻第五章一三八二a二一—二二、同巻第八章一三八五b一三—

一四）。つまり、「憐れみと怖れから快を生じさせる」とは「苦から快を生じさせる」ということです。このことを、苦の要因が時間経過とともに除去されて快へ至る過程として説明すれば、一応、矛盾のない説明にはなります。例えば、寒さ（苦）を感じているときに暖房の効いた部屋に入り、次第に心地よくなるとか、飲食によって空腹と渇き（苦）が癒されて快感へ至るといった場合（哲学では「欠乏充足モデル」と呼びます）を思い浮かべれば、説明できないことはありません。

ところが、そのような欠乏充足モデルは「悲劇に固有の快」の説明に使用できません。なぜなら、「喜劇に固有の快」こそが欠乏充足モデルに最適だからです。例えば『オデュッセイア』のように、英雄が憐れみを呼ぶ不幸な境遇を脱して幸福な結末に至る展開（勧善懲悪の「二重の構成」）は、苦の要因が除去されてゆく過程ですが、これは「喜劇に固有の快」を生みます（第十三章一四五三a三一―三三）。逆に、不幸な結末に至って憐れみと怖れの極まる作品が「最も悲劇らしい」（第十三章一四五三a二四―二八）わけですから、そもそも悲劇は欠乏充足モデルに合いません。つまり英雄叙事詩と悲劇は、優れた人物を主人公とする点は同じでも、快を生じさせる仕方は実質的に正反対なのです。そして、叙事詩と悲劇の本質を同一視する『詩学』では、不適切な「喜劇に固有の快」を含む叙事詩が劣ることになるため、悲劇の方が「詩作術の働きの点でも優っている」（第二十六章一四六二b一二―一五）と結論づけられます。

　こうした点を踏まえると、悲劇が「苦（憐れみ・怖れ）から快を生じさせる」とは、憐れみと怖れの除去過程（欠乏充足モデル）によってではなく、それらの感情の喚起を通じて同時的に快を発生させることを指すのです。それは、苦（憐れみ・怖れ）を生じさせることではじめて快を生み出せるという、逆説的な性質を悲劇がもともと持つからです。憐れみと怖れが極まるほど悲劇を観るのが面白く、観劇の快が増すことは私たちの経験に照らしても明らかでしょう。

　悲劇を観ている際、私たちは一面では登場人物に憐れみや怖れを感じつつ、一面では観劇の快を感じることができます。とすれば、理論上、憐れみと怖れの喚起に加え、そうした苦の感情から快を分離する作用も「悲劇の働き」に含まれることになります。この分離作用をアリストテレスが「カタルシス」と表現したのは、プラトンが『フィレボス』五〇B―五三C、『ファイドン』六五E―六九D、七九D―八四B、一一四B―C、『国家』五六七B―Cなどで「カタルシス」の同系語を「分離」や「純化」の意味で用いたことにヒントを得たからかもしれません。

なるほど、『政治学』の治療的カタルシスも分離作用を持ち、快をもたらす点は同じですが、霊感的な旋律によって、憑き物、憐れみ、怖れなどが次第に排出されて快に至る過程は欠乏充足モデルで説明されます。つまり、前述した「喜劇に固有の快」の発生過程と似たしくみです。加えて、アリストテレスが動物学の著作などで用いる「カタルシス」の同系語の用例は数千に上るといわれますが、やはりそれらも一様に物理的な排出や分離を意味するため、欠乏充足モデルに従います。

しかし、そのようなものばかりでなく、欠乏充足モデルに従わないカタルシスも存在することに気づいたアリストテレスは、その点を補足説明するために他の著作での詳論を『政治学』で約束したのではなかったでしょうか。それはちょうど、欠乏充足モデルに従わない快の発生を論じる『ニコマコス倫理学』第十巻第三章が、プラトンの『フィレボス』五一E―五二Dの議論を継承しているのと同様であり、快をめぐる哲学的な議論の蓄積が「カタルシス」という語の使用の背景にあると考えられます。

このように考えると、なぜ第六章の「悲劇の本質の定義」だけに「カタルシス」が用いられたのかもわかります。定義というのは物事の本質を示すものですから、「憐れみと怖れから快を生じさせる」という結果を引き起こす本質的な原因、すなわち分離作用が明示されなければなりません。鋸を定義するとき、「木材や石材を二つに分ける」という結果を用いて定義するのは誤りで、その原因となる「挽く」働きの記述が必須なのと同じです。それゆえ、「悲劇の働き」を表す「憐れみ」、「怖れ」、「カタルシス」の三語が、第六章の「悲劇の本質の定義」では新規に導入されたのです。その際、アリストテレスが「これまでに述べてきた事柄からすると」と書いたのは、カタルシス節を除く既述の部分が念頭にあったからだと考えられます。

憐れみと怖れから快を分離するカタルシス作用は、優れた悲劇作品に自ずと備わる働きです。それゆえ、詩人は憐れみと怖れを呼び起こす作品作りに専心すればよく、別途、カタルシスのための仕事をする必要はありません。カタルシス専用の詩作作業は存在しないのです。そのため、「悲劇の本質の定義」を除いては、悲劇の創作論に「カタルシス」という語の登場する場がなかったと考えられます。

以上をまとめましょう。訳者はカタルシス節を「憐れみと怖れ〔の喚起〕を通じ〔快を生じさせ〕、そうした〔悲劇に固有の種類の〕諸感情からのカタルシス（分離による快の浄化）をなし遂げるものである」と解釈します。とくに、〔快を生じさせ〕の部分をアリストテレスがあえて記述しなかったのは、記述すると欠乏充足モデルに従う

「喜劇に固有の快」との混同が避けられなかったからでしょう。そのため、苦（憐れみと怖れ）からの分離作用を意味する「カタルシス」に快の発生を暗示させたと考えられます。

なお、カタルシス論を含め、『詩学』の諸問題をめぐる訳者の見解については、次に掲げる拙論を参照して頂ければ幸いです。

①「芸術的観想の可能性」、日本倫理学会編『倫理学年報』第五十六集、毎日学術フォーラム、二〇〇七年、三―一六頁

②「〈悲劇の定義〉の規範性――『詩学』主要部の議論構造をめぐって」、日本哲学会編『哲学』第六十七号、知泉書館、二〇一六年、二四七―二六一頁（J-STAGE で閲覧する場合は https://www.jstage.jst.go.jp/article/philosophy/2016/67/2016_247/_pdf）

③「悲劇のカタルシス――憐れみ・怖れと快の分離」、日本西洋古典学会編『西洋古典学研究』第六十五号、岩波書店、二〇一七年、四八―五九頁

（五）アリストテレスの芸術哲学の可能性

既に（三）節で述べたように、古代ギリシャ語には一語で「芸術」を過不足なく表す言葉がありません。それにもかかわらず、『詩学』は芸術論の古典中の古典と目されてきました。それは、悲劇や喜劇、叙事詩のほか、音楽、絵画、舞踊など多様なジャンルへの言及があるからだけではなく、芸術活動を「模倣」という人間本性に由来する営為ととらえ、人間にとっての芸術の意義を哲学的に正当化しているからです。

その意味で、十九世紀ドイツの哲学者タイヒミュラーが『詩学』を『芸術哲学（Philosophie der Kunst）』という著作名で呼んだのは慧眼といえるでしょう。

ただ、アリストテレスの模倣説に依拠して芸術の意義を考える場合、何を模倣の対象と見るかという点に注意が必要です。また、近代美学への影響を考察する際には、『詩学』が悲劇作品のような「美しいもの」の創作を主題とし、「美」そのものを探究する理論書ではない点にも注意しなければなりません。これらの点を顧慮しつつ、『詩学』以外の著作も参照して、アリストテレスの芸術哲学の可能性を展望します。

音楽教育論の模倣説

『政治学』第八巻第三章と第五～八章で展開される音楽教育論は、その一部に「物体（あるいは身体）の美を観賞できるようにする」（一三三八b一―二）ための図画教育への言及も含むことから、全体として芸術教育論の趣を持ちます（霊感的な旋律によるカタルシスの件は、副次的な話題にすぎません）。加えて、音楽による「さまざまな模倣」（一三四〇a一二）、あるいは「さまざまな模倣物」（一三四〇a三九）という表現も見られるため、しばしば『詩学』の模倣説と関連づけられます。

しかし、両著作が述べる模倣の対象は異なります。『詩学』の悲劇論では「行為の模倣」であるストーリーが考察されるのに対し、『政治学』の音楽教育論では「性格（エートス）の模倣」が主題になります。例えば、音楽の中には「勇敢な性格」を模倣した勇ましいリズムや旋律があり、それを喜んで聴くうちに聴き手の性格が習慣づけられて勇ましい人間に育成されると説かれます（一三四〇a一四―二八）。また、さまざまな旋法（地域や民族に固有の音階）のうちドーリス旋法は、落ち着いた性格の模倣物になっているため、聴き手を落ち着いた性格に育成すると説明されます（一三四

○b三―四)。こうした内容を持つ音楽教育論は「エートス論」と呼ばれてきました。それに対し『詩学』では、演劇の中の音楽も「行為の模倣」を担うと考えられています。そのことは、第二十六章の「低劣な縦笛吹きたちは、円盤投げの場面で円盤を模倣しなければならないときに体を回転させたり、縦笛の吹奏で怪物スキュラを表さなければならないときにコロスの隊長を引きずり回したりする」(一四六一b三〇―三二)という叙述にも明らかです。そのため、『詩学』では音楽の持つ性格や調子、楽器そのものの性格が問題にされることはほとんどなく、『政治学』と違って旋法への言及もありません。

何より、「行為なくしては悲劇が成立しえないのに対し、性格を欠如させても悲劇が成立するだろう」(第六章一四五〇a二三―二五)という言明に、「性格の模倣」を主題とする『政治学』との違いがはっきりと示されています。しかし、『詩学』を叙述するアリストテレスが「エートス論」を捨てたと見るのは早計です。第六章で「悲劇においても、性格を模倣するために行為を為す、というのではなくて、行為を模倣するために性格を一緒に取り込む、という関係にある」(一四五〇a二〇―二二)と周到に説明するのは、「性格の模倣」という芸術の基本形を強く意識していたからでしょう。実際、『詩学』の要所で悲劇と比較される絵画は、性格を模倣するジャンルとして常に扱われていますから、「エートス論」は部分的に取り入れられています。

したがって、性格を模倣の対象とするジャンルなのか、行為を模倣の対象とするジャンルなのかを正当に区別することで、模倣説の有効性が確保されます。

美的認識の目的性

『政治学』が音楽教育論を長大に展開するのは、当時の教育科目であった読み書き、体育、図画と比較して音楽には実用性がほとんどないため、かえって自由人らしい高尚な時の過ごし方や美的感覚のための教育科目になると考えられたからです。ここには、後世の「自由学芸（リベラル・アーツ）」につながる教養教育の発想が見られます。

当然、音楽は聴覚を用いるわけですが、動物が生存のために聴覚を用いるのとは異なっており、その意味で実用的な使用法ではありません。絵画の場合も、生存のための手段として視覚を使用するわけではありません。感覚を生存の手段としてだけではなく、いわば人生の目的としても使うところに人間の特質があり、ここに芸術の成立基盤も認められます。この点からすると、「美とは、視覚と聴覚を通じて生じる快である」（『トピカ』第六巻第七章一四六a二一）という規定が「美の定義」の一例に挙げられているのも理解できます。

関連して、『ニコマコス倫理学』第三巻第十章一一一八a一―二三と『エウデモス倫理学』第三巻第二章一二三〇b二一―一二三一a二六には興味深い論考があります。議論の主題は芸術ではなく、人間が備えるべき四つの重要な徳のうちの一つである「節制」（他の三つは、「思慮」、「正義」、「勇気」）です。アリストテレスによれば、視覚を使って色、形、絵画を見る快楽をどんなに追求しても、節制のない人間だと非難されることはありません。同様に、聴覚を用いて音楽や演劇をどんなに喜んで聴いても、節制のない人間とはいわれません。つまり、節制の対象となるのは肉体的な快楽に対する欲望だけであって、精神的な快楽は含まれないというのです。

とはいえ、感覚は精神的でない快楽も呼び起こします。とくに獣の場合、ライオンが鹿や山羊の姿を見て喜ぶのは獲物にできるからであり、牛の声を聴いて喜ぶのも同様です。このとき、視覚も聴覚も獲物を捕る手段として使われ、そこから起こる快楽も肉体的な食欲と結び付いています。それに対し、人間が優れた絵画や彫像を見て喜んだり、ソプラノ歌手の歌声を聴いて感動したりするのは、美しさに魅了されるからであり、それ自体が目的です。「肉体的な欲望を伴うことなく、視覚を通じ、さまざまな美しいものから生じる快」(『エウデモス倫理学』第三巻第二章一二三〇b二五―二七)についてアリストテレスが語るとき、感覚による「美的認識」、すなわち「美的感覚」の成立を認めているといってよいでしょう。美のもたらす快は、この認識を完結させるのです。

美は人間に快をもたらすが、美と快はどのような関係にあると説明すべきか――これは、近代美学が抱えた難問中の難問ですが、一つの手がかりを節制論が与えているのではないでしょうか。この節制論において獣にはない人間の本性がクローズアップされている点は、人間本性論に基づく模倣説と極めてよく似た議論構造です。

原理としての美

大まかにいえば、『詩学』の主題は「美しいもの」の創作、いま引用した二つの倫理学の著作の主題は感覚を通じての美的認識です。それに対し、数学的な内容を持つ『形而上学』第十三巻第三章では、「美」の原理が次のように述べられています。

「善と美は異なる――善は常に行為のうちに存在するのに対し、美は［数学が研究対象とするような］動かないもののうちにも存在する――のだが、だからといって、数学的な学問は善と美について何も語らないと主張する人々は誤っている。というのも、数学的な諸学科は、とりわけ善と美について説明を行いもすれば、示しもするからである。たとえ『善』と『美』という言葉を用いていなくても、それらの働きの実質と、それらの説明を示していれば、善と美について何も語っていないことにはならないのである。そこで、美の最大の要素を挙げれば、『秩序』と『均斉』と『限定性（まとまり）』であり、これらこそを数学的な諸学科はとくに示している。そして、『秩序』や『限定性』が多くの物事を成り立たせる原因となっているのが明瞭である以上、明らかに数学的な諸学科は、ある意味で『美』が原因だといわれるときと同じ種類の原因を述べていることになるだろう」

（一〇七八a三一―b五）

ここに含まれる「均斉」と「限定性」は、それぞれが「秩序」の要素ですが、とくに重要性が高いため別個に取り出されたのでしょう。「秩序」は『詩学』第七章にも登場しますし、「限定性」は第六～八章で扱われる「完結性」の別の表現です。それゆえ、『形而上学』が掲げる「美」の原理は『詩学』で応用されているといえます。

ところが、『詩学』第七章には「美は大きさと秩序のうちに存する」（一四五〇b三六―三七）という一節があり、『形而上学』では挙げられない「大きさ」という要素が登場します。すなわち、生き物など「美しいもの」（一四五〇b三四）は、人間が眺めるのにほどよい大きさを持っていなければならないというのです。この点に、原理的な存在だけを扱う『形而上学』との顕著な違いが表れています。

『形而上学』の議論は「数学的な諸学科」に限定していますから、例えば「円」を取り上げてみましょう。円という図形には均斉があり、「一点からの等距離（の点の集合）」と定義されるような秩序があります。そして、直径が長くても短くても、数学的には同一の円です。つまり、円のあり方には「大きさ」が関わりません。したがって、円が持つ美質を説明するときにも、「大きさ」は関わらないのです。これは、「円」も「美」と同様に原理的な存在であり、知的に把握される対象（思惟の対象）だからです。『詩学』第七章で述べられる「全体としてのまとまりを持ってはいても、大きさを持たないものが存在する」（一四五〇b二五―二六）とは、第六章で比喩に用いられる「魂」（一四五〇a三八）のほか、こうした原理的な存在を指します。してみると、「数学的な諸学科は美について説明する」とアリストテレスがいうのは、例えば「円」について幾何学が原理的に説明するとき、均斉や秩序という「美」の要素への言及を必ず含むということでしょう。

しかし、多くの場合、私たちが美を感じるのは、見たり触れたりする具体的な「美しいもの」に対してですから、『詩学』の提示するような「大きさと秩序」を含むのが一般的です。つまり、一定の大きさと秩序を持つ「美しいもの」が宿す「美」を感じ取るのです。それゆえ、美学が「美」を研究する哲学だとしても、「美しいもの」を美学の考察対象からはずすことはできないのです。

美と善

また、「善（agathon）と美（kalon）は異なる」というアリストテレスの注意書きにも留意する必要があります。この言明とは反対に、古代ギリシャ人は「善美（kalokagathia）」という言葉でしばしば両者を統合したからです。例えばプラトンの『クリトン』四八Bでソクラテスは、〈善く生きる〉というときの〈善く〉が〈美しく〉や〈正しく〉と同じだという考え方を友人のクリトンに認めさせています。つまり、「生きる」、「作る」のような行為に限った場合、それらの質を表す〈善く〉と〈美しく〉は同義だという趣旨ですが、アリストテレスも先の引用箇所で「行為のうちに存在する」善と美の同一性を含意しています。この限りで、数学が示す「美」の要素は「善」の要素でもあることになります。

他方、「美は［数学が研究対象とするような］動かないもののうちにも存在する」とも注釈されていますので、「善」と互換的でない「美」の独自の領域が存在するわけです。ここが、美学の取り組むべき主要な領域になるでしょう。しかし、既に述べたように「美しいもの」の領域も必然的に関連してきます。美学は、一方で「美」と「美しいもの」の関係に目配りしながら、他方で「美」と「善」の錯綜した関係に留意しなければならないことをアリストテレスは示唆しています。

芸術学と美学

ポーランドの美学者タタルキェヴィチが、世界的に知られることになる『美学史』に「アリストテレスが初めて美学を体系的に考察した」と書いたのは一九七〇年でした。そして、二〇一四年に英国ケンブリッジ大学出版から刊行された『近代美学の歴史』（全三巻、ガイヤー編）にも、「プラトンの『国家』における芸術への非難に対し、アリストテレスが認識論的に悲劇の価値を擁護したところから美学は始まった」と書かれています。このようなとらえ方は、もはや定説になったかのようにも見えます。

しかし『詩学』を、近代に興隆する美学と直接、接続させるのは、予想以上に困難かもしれません。例えば、感性を重視する近代美学のあり方に対し、『詩学』の方は知性的な認識や洞察を重視しています。この点だけに注目すれば、近代美学と『詩学』は対極にあるのです。

確かに、古代の芸術に関する著作という意味で、『詩学』は芸術学の論考であるといえます。たとえそれが、近代美学に対して全面的に積極的な材料を供給する源泉になりえなかったとしても、芸術学と美学の関係をめぐって多くの知見を生み出す触媒の役割を『詩学』は果たすにちがいありません。そういう意味で、アリストテレスの芸術哲学は、なお未知の可能性を秘めているように思われます。

二　ギリシャ語の詩の韻律

「訳者まえがき」でも触れたように、古来、詩と韻律は密接な関係を持っていますから、『詩学』の中でも随所に韻律への言及が見られます。アリストテレスは第一章で、「散文」と「韻文」に当たる名称がギリシャ語には欠如していると述べていますが、そのことを指摘する必要があるほど、韻律は本書にとって無視できない存在です。五音や七音など音の拍数を問題にする日本語の韻律とは違い、ギリシャ語の詩の韻律は音節の長短を規則的に組み合わせたものです。その種類は多数ありますが、ここでは『詩学』の中で挙げられる韻律だけを説明します。

（一）三脚韻と四脚韻

まず、音節の長短は基本的に母音の長さによって決まります。a や i などの短母音を持つ音節は短い音節、āなどの長母音やaiなどの複母音を持つ音節は長い音節です。さらに、音節が子音で終わる場合（短母音の後に子音が連続している場合など）も長い音節と見なします。このルールに従うと、例えば、「kosmeō（整える）」は三音節語で、「コス・メ・オー」が長・短・長の音節になっています。

長い音節を—、短い音節を⏑で表すと、最も単純な基本リズム（詩脚）は次の二種類になります。

イアンボス（短・長）の詩脚　⏑—
トロカイオス（長・短）の詩脚　—⏑

⏑—を音符の♪♩に置き代えて、「タ・タン」というリズムだと考えると、感覚的にわかりやすいかもしれません。基本リズムとしてイアンボスの「タ・タン」を用いる韻律をイアンボス調、トロカイオスの「タン・タ」を用いる韻律をトロカイオス調といいます。ちなみに、英語の場合、音節の長短ではなく発音の強弱で韻律が作られますが、ギリシャ語の韻律と同じ名称が受け継がれており、「弱・強」の詩脚は iamb

または iambic（弱強格）、「強・弱」は trochee または trochaic（強弱格）と呼ばれます。

さて、イアンボス調やトロカイオス調では、詩脚を二回繰り返して一単位とします。その三単位分で詩の一行とするのが「三脚韻」、四単位分で一行とするのが「四脚韻」です。一般に、古代ギリシャの詩で「三脚韻」といえばイアンボス調の三脚韻（イアンビコス・トリメトロス）、「四脚韻」といえばトロカイオス調の四脚韻（トロカイオス・テトラメトロス）を指し、これらの韻律には、音節が長短いずれでも許される「アンケプス」（×で示す）と呼ばれる部分が含まれます。それらを、韻律の単位の切れ目も入れて示せば次のようになります。

三脚韻　×—◡—|×—◡—|×—◡—

四脚韻　—◡—×|—◡—×|—◡—×|—◡—×

このうち三脚韻は、第四章などで会話に適しているといわれていました。実際、会話の台詞で頻繁に使われた結果、その中から名言や格言として後世に残った句も少なくありません。紀元前四〜前三世紀に活躍し、六篇の作品が現存する喜劇詩人メナンドロスの断片の中には、とくによく知られた三脚韻の格言があります。

（神々が愛する者は、若くして死ぬ）

hon hoi theoi |philousin apo|thnēiskei neos

⏑ — ⏑—|⏑—⏑⏑⏑| — — ⏑—

途中で⏑⏑⏑となっている部分は、基本形の⏑—の長音節を短音節二つ分で置き換える音節分裂（resolution）が施されたものです。また、この例からもわかるように、語と語は連結して発音され、一つの単語の途中に韻律の単位の切れ目が来る場合もあります。

他方、四脚韻は第二十四章で舞踊に適しているといわれています。トロカイオス調の単位となる—⏑—⏑は、強拍から始まる八分の六拍子のリズムに似た雰囲気を持つため、ワルツなどの踊りの音楽の三拍子に近いのかもしれません。ソフォクレスの『オイディプス王』一五二五のコロスの言葉は、最後の音節が欠けた不完全な四脚韻になっています。

（よく知られた謎の数々を解き、最も権勢を誇った、その人が）

hos ta klein' ai|nigmat' ēdei|kai kratistos|ēn anēr

—∪——|—∪——|—∪——|—∪—

「その人」とは主人公オイディプスを指します。このコロスの言葉は後世に書き加えられたという説もありますが、不完全な四脚韻の言葉がなお数行続いて『オイディプス王』は幕を閉じます。

（二）六脚韻と哀歌調など

さらに、イアンボスやトロカイオスより長い基本リズムもあります。

ダクテュロスの詩脚　—∪∪

アナパイストスの詩脚　∪∪—

スポンデイオスの詩脚　——

　このうち、アナパイストスの詩脚を二回繰り返して一単位とするのが、ドーリス起源といわれるアナパイストス調です。この韻律は、演劇などのコロスが入退場するときに用いられ、行進に適しているといわれています。例えば、エウリピデスの『タウリケのイフィゲネイア』一四九八―一五〇〇のコロスの退場歌は、∪∪—の詩脚が—∪∪や——に置き換えられる部分を含みながらアナパイストス調になっています。最後の部分は韻律として不完全ですけれども、悲劇コンテストでの優勝を勝利の女神に祈る内容です。

（偉大なる勝利の女神よ、私の生涯に、あなたのご加護がありますように）

ō mega semnē |Nikē, ton emon

—∪∪— —|— — ∪∪ —

bioton katekhois

∪∪— ∪∪ —

（そして、やむことなく栄冠を与えてくださいますように）

kai mē lēgois|stephanousa

― ― ―|◡ ◡ ― ◡

エウリピデスは、これとまったく同じ退場歌を『オレステス』や『フェニキアの女たち』でも用いました。

また、『詩学』の中で最も数多く言及される「六脚韻」とは、ダクテュロスの詩脚を六回繰り返す六脚韻（ダクテュリコス・ヘクサメトロス）のことです。もっとも、◡◡の部分を―で置き換えることもあるため、スポンデイオスの詩脚に見える部分もあります。なお、最後の音節は長短いずれでも許されます。

六脚韻　―◡◡|―◡◡|―◡◡|―◡◡|―◡◡|― ―

例えば、六脚韻の叙事詩『イリアス』の一行目は次のようになっています。

（女神よ、怒りを歌ってください、ペレウスの子アキレウスの）

mēnin a|eide the|ā　Pē|lē i a |deō Akhi|lē os

—∪∪|—∪∪|— —|—∪∪|—∪ ∪|— —

　この六脚韻は重厚な調べを持つ上、さまざまな言葉を受け入れる韻律であることが『詩学』の随所で述べられていますが、叙事詩だけに使われたわけではありません。教訓詩や牧歌にも使われたほか、比較的古い時代には哲学者も使用していました。第一章では自然哲学者のエンペドクレスが韻律を用いたと述べられており、ホメロスと比較されていることから推察されるように、六脚韻を使っていたのです。アリストテレスは『生成消滅論』第一巻第一章三一四b二〇で、次のようなエンペドクレスの詩句（『自然について』の一節）を引用しています。

（太陽は、見るに明るく、どこでも熱い）

ē　eli|on men| leukon ho|rān kai| thermon ha |pantēi

—∪∪|—　—|—　∪　∪|—　—|—　∪　∪|—　—

このように巧みに六脚韻を使っていたわけですから、当時の人々にはエンペドクレスが立派な詩人に見えたのでしょう。だからこそ、アリストテレスはホメロスとエンペドクレスを比べてみせ、「詩人」と呼ばれる基準を韻律の使用に置くべきではなく、行為の模倣を行うこと、つまりはストーリーを創作することに置くべきだという主張を展開したのです。

また、第二十二章一四五八b七―一一では、エウクレイデスという人物が、語の母音を好き勝手に長めて六脚韻に合わせたという逸話が出てきます。その最初に挙げられた詩句はこうなっています。

（私は、エピカレスがマラトンの方へ歩いて行くのを見た）

Epikha|rēn ei|don Mara|thōnade|badi|zonta

∪∪ ∪|— —|— ∪∪|— ∪∪|∪—|— ∪

このままでは六脚韻にならないため、おそらくエウクレイデスは E と ba の部分を長い母音に変えたと考えられます。アリストテレスはこれを滑稽だと述べていますが、実際にはホメロスもこうした延長語を用いていました。エウクレイデスが揶揄した相手はホメロスだったにちがいありません。

ここまで、三脚韻と四脚韻の後にアナパイストス調と六脚韻を説明しました。それでは、五脚韻はどうかといえば、哀歌調（エレゲイオン）の一部になっています。哀歌調とは、六脚韻の後に、「長・短・短・長・短・短・長」という音節の連なりを二回繰り返す五脚韻が続き、この二行を一組とする詩形です。次に引用するのはエウリピデスの『アンドロマケ』一〇七―一〇八ですが、夫ヘクトルをトロイア戦争で失い、敵国ギリシャでアキレウスの子ネオプトレモスの妾となって、その正妻ヘルミオネに憎まれながら生きることになるアンドロマケが哀歌調で悲しみを歌います。

（私の夫ヘクトルも悲惨なもの、海の女神テティスの子アキレウスが戦車でトロイア城壁の周囲を引きずり回した）

kai ton e|mon mele|as posi|n Hektora, |ton peri|teikhē

—∪∪|— ∪∪|—∪∪|— ∪ ∪|—∪∪|— —

heilkyse| diphreu|ōn | pais hali|as Theti|dos

— ∪∪|— —|— ∪∪|— ∪∪|—

この韻律で書かれた詩が哀歌（エレゲイア）です。そして、これが英語の「エレジー（elegy）」の語源となっています。

三　各部の議論内容

『詩学』の全二十六章は極めて緻密に構成され、総論から各論へ、基本的・原理的な事項から具体的・実際的な内容へと議論が進められます。以下では、全体を四つの部分に分け、各部の議論展開と要点を解説します。

(一) 第一～五章の基礎考察

最初の五章では、「詩作が素晴らしいものとなるためにストーリーはどのように組み立てられるべきか」を研究するための準備として、基礎考察を行います。このうち第三章までは主として詩作ジャンルの分類を行い、この過程で「悲劇の本質の定義」を形成するための定義項〈類〉と〈種差〉が析出されます。それを受け、第四章からは詩作の発生原因論に転じます。これらの考察は、詩作の存在に対する二つの哲学的な問い、すなわち、「詩作とは何か」と「なぜ詩作は存在するのか」に答えようとするものです。

アリストテレスは、自然的に発生する事物（X）を研究する際、しばしば三段階から成る方法を採用しました。「Xとは何か」という本質を求める理論研究、「なぜXは存在するのか」を考究する発生原因論、それらに先立って行われるXの事例収集です。動物学でいえば、『動物誌』、『動物部分論』、『動物発生論』が事例収集、理論研究、発生原因論に相当します。また、国家（ポリス）の存在に関する研究でも、『政治学』などにほぼ同様の三段階が見られます。詩作の場合、悲劇作品などの事例収集が『詩学』執筆に先立って行われていたことは、第十六章で挙げられる「再認」の種類や第二十二章の「語法」の例などから窺い知ることができます。

まず、「詩作とは何か」という問いに対しては、「リズム・言葉・音階を素材に用いる模倣」というのが第一章の示す答えです。このうち「模倣」は詩作が属する〈類〉、素材は他の種の模倣との差異を示す〈種差〉です。例えば、鳥を「翼を持つ爬虫類」と規定できるとしたなら、「爬虫類」は鳥が属する〈類〉、「翼を持つ」は〈種差〉になるのと同様です。

しかし、詩作の中にはリズム・言葉・音階の全素材を用いるジャンル（悲劇、喜劇、ディテュランボス、ノモス、歌）、二つの素材を組み合わせて用いるジャンル（器楽演奏、叙事詩）、素材を一つだけ用いるジャンル（舞踊、ミーモス劇、対話篇）があるため、詩作の中でさらに下位分類が行われます。この際、まずリズムを用いるものと用いないものに分け、さらに各々の中で言葉を用いるものと用いないものに分けるというように二分割を繰り返す「二分割法」は用いられません。

その理由は、第一に、「リズムを用いない」などのような欠如の記述は空疎で〈種差〉にならないこと、第二に、もしも二分割法で詩作が種別化されうるのならジャンルの数は二、四、八、十六……の数列の項のいずれかになるはずですが、偶然にそうなる場合を除けば、実際にはありえないということです。プラトンが『ソフィスト』や『政治家』で用いた二分割法をアリストテレスが批判していたことは、『動物部分論』第一巻第三章で「一つのもの（類）を、多くの種差によって一挙に分けなければならない」（六四三b二三―二四）と述べている事実からもわかります。『詩学』における詩作ジャンルの分類は、動物学の著作で多くの動物種を分類した経験に根差しているのです。

そうした分類作業の途中、詩作は、韻律とではなく模倣と結び付けて理解されるべきだという重要な主張が第一章で行われますが、やや不明瞭なのは、韻律を用いないミーモス劇やソクラテス対話篇が「模倣」と見なせるか否かということです。紀元後二〇〇年頃の作家アテナイオスの断片五〇五b—cによれば、アリストテレスが初期に著した対話篇『詩人論』（亡失書）では、ミーモス劇と対話篇が模倣的作品に当たるか否かを論題にしていました。これが事実なら、散文のジャンルは、『詩学』の扱うべき模倣的詩作に該当するかどうかが判然としない境界事例であったと推測されます。

なお、ディオゲネス・ラエルティオスは『ギリシャ哲学者列伝』第三巻第一八節において、ミーモス劇を最初にアテナイにもたらしたのはプラトンだと記しています。また、プラトンの用いた対話篇という形式が、ミーモス劇の創始者ソフロンからの影響下で成立したという伝承もあり、ミーモス劇と対話篇の歴史的な関係は深いようです。

続いて第二章では模倣の対象に関する〈種差〉、第三章では模倣の方式に関する〈種差〉が挙げられてゆき、これ以上分けることのできない「最下位の種」に相当する悲劇、喜劇、叙事詩の種別性が確定されます。ここまでの議論で、「悲劇とは何か」という問いに答える「悲劇の本質の定義」のうち「カタルシス節」を除く要素が出そろっています。

そして、第四章では詩作の二つの発生原因が挙げられます。第一に、模倣を行う人間の自然本性、第二に、人間の自然本性に即して存在するリズム・言葉・音階という素材です。なぜ冒頭で「推察するに、総じて詩作術というものは二つの原因によって発生した」と述べているかといえば、第三章までに詩作が「リズム・言葉・音階を素材に用いる模倣」であることを示した以上、詩作の発生原因は、それらの素材の発生原因と、模倣の発生原因の二つになると推察されるからです。例えば、鳥が「翼を持つ爬虫類」であるとした場合、鳥の発生原因を論理的に考えると、翼の発生原因と爬虫類の発生原因の二つになるのと同じです。なお、詩作の第二原因はリズム・言葉・音階を使う人間の能力だといい換えることもできます。使われる素材と使いこなす能力の相即的な関係からして、どちらの見方も可能なのです。

ところが、これとは別の解釈として、バイウォーターらは、模倣を行う人間の自然本性を第一原因、模倣像を喜ぶ自然本性を第二原因と考えます。しかしこの解釈では、

「詩作」ではなく「模倣」の発生原因しか説明できません。そもそも「人間なら誰もが模倣像を喜ぶ」（一四四八b八―九）のは、模倣を行う自然本性のしるしです。例えば子どもは、ままごと遊びをしたり怪獣の真似をしたりして喜ぶわけですが、そのとき、子ども自身の身振りが模倣像になっています。「模倣像を喜ぶ」とは「模倣を喜ぶ」ことにほかならないのです。画家が絵画制作に打ち込むのは、「模倣を喜ぶ」からでもあれば、「模倣像を喜ぶ」からでもあります。たとえ他人が描いた絵を見て喜ぶ場合でも、その基盤にあるのは模倣の喜びでしょう。

また、第一原因を創作者（模倣者）側の原因、第二原因を観賞者側の原因と見なそうとするバイウォーターらの発想も、アリストテレスの叙述に背反します。なぜなら、創作者と観賞者、哲学者と一般人を区別せずに人間の類的本性を説明しようとする意図がはっきりと叙述に示されているからです。

第四章前半では実質的に四つの原因が挙げられています。第一原因は〈類〉である模倣の原因、第二原因は〈第一種差（素材）〉の原因、第三原因は〈第二種差（対象）〉の原因（威厳があったり軽薄だったりする詩人の性格）、第四原因は〈第三種差（方式）〉の原因（演劇的ストーリーの構築能力を持ったホメロス）です。要するに、第一～三章で詩作各ジャンルの〈類〉と三つの〈種差〉を挙げた順に、それぞれに対応する発生原因を列挙しているわけです。

ところが、第四章後半（一四四九a七以降）から第五章にかけては、もはや哲学的な発生原因論では説明できない偶然的な出来事が記述されます。例えば、「俳優の数に関しては、アイスキュロスが初めて一人から二人に増やした」（一四四九a一五―一七）のような部分がそうです。これは、時系列の文学史を述べているわけではなく、悲劇や喜劇の諸側面のうち、発生原因論で説明できない部分の発生を個別的に記述しているのです。

（二）第六〜二十二章の悲劇論

第六章は『詩学』の分水嶺に当たる章で、第五章までの議論を「悲劇の本質の定義」へ集約し、それを新たな出発点として詩作の規範的研究を開始させます。まず、数学の証明と似た手続きで定義から悲劇の六つの構成要素を論理的に演繹し、「ストーリー」が最大の要素であることが論証されます。次いで第七〜十四章では、優れた悲劇を作るための具体的なストーリー構成法が考察されるのですが、その際、定義に含まれていた二つの規範が元になります。

規範の一つ目は、「真面目な行為の、それも一定の大きさを持ちながら完結した行為の模倣」という部分で、これを受けた完結性の研究が第七章から第九章前半（一四五二a一まで）にかけて展開されます。「完結している」とは「まとまっている」ということですが、第七章では全体を構成する部分の適切な順序と適度な全体の大きさ、第八章では出来事同士が因果関係を持つ統一性という側面から説明されます。あたかも千円紙幣が二枚の五百円硬貨にくずされるように、完結性という目標が全体性と統一性に分解されたのです。

規範の二つ目は、カタルシス節が表す「悲劇の働き」です。「解説」一の（四）節で訳者の考え方を説明したように、カタルシス専用の詩作作業は存在しないため、憐れみと怖れの喚起に集中したストーリー研究が第九章後半から第十四章（悲劇の量的な構成部分を説明する第十二章を除く）にかけて行われます。

中でも、人物設定などのプロットを扱う第十三章と第十四章は『詩学』の最も重要な章になりますが、第十三章が「逆転」や「再認」を含む予期しないストーリー展開のあり方を論じるのに対し、第十四章は「受難」のあり方に照準を合わせるという違いがあります。そのことから、第十三章では優れた人物が幸福を失う『オイディプス王』型の不幸な結末が望ましいとされる一方、第十四章では『タウリケのイフィゲネイア』や『ヘレ』のように「受難」の場面が忌まわしさを含まず、結果的に幸福な結末を迎える展開が推奨されるため、両章の内容が矛盾しているかのように見えます。しかし、それは両章の考察の観点が異なるからで、観点に応じて優れた作品例が変わるのは当然のことです。もしも個別の作品の中から最高の悲劇を選ぶとしたら、結末は幸不幸いずれの可能性もあり、ともかく総合的に見て憐れみと怖れを最も効果的に呼び起こす作品ということになるでしょう。

なお、第十四章の『メデイア』の例に関しては、性格に問題のあるメデイアが実子を殺害するのは意外ではないゆえ、「彼女にふさわしくない、不釣り合いな不幸」とはいえないのではないかという議論が従来あります。しかし、メデイアの個人的な性格がどうあれ、母子間の殺人は、どんな人間にとっても最大の惨劇に属するでしょう。肉親間の殺人は、個別の人格ではなく普遍的な人間性に釣り合わないゆえ、必ず憐れみや怖れを呼び起こすのです。その点、優れた人物の不幸が憐れみを呼ぶとする第十三章とはやや異なり、第十四章が論じる受難では肉親間の殺人や『イリアス』に描かれる戦死などのような人間性に反する惨劇が主題にすえられているのです。こうした違いがあるからこそ、第十八章の悲劇の類型では「性格劇」と「受難劇」を区別しているのでしょう。

また、むごたらしい惨劇が憐れみや怖れを呼び起こす「受難劇」は、ともすれば凄惨な光景そのものが観客の感覚に訴え、詩作術からはずれる視覚効果と変わらなくなる危険性を持ちます。それゆえ第十四章では、「受難」を論じるに先立ち、視覚効果への依存を避けるよう注意が促されるのです。

第十四章までのストーリー研究を受けて第十五章で「性格」が論じられると、論理的考察を主とする議論はいったん終わります。第十六〜十八章では議論の性格を変え、「ストーリー」と「性格」を切り離すことなく、歴史的経験に学ぶ形で詩作の教訓を列挙します。例えば、素晴らしい鉛筆を作ろうとする際、「鉛筆の働き」に基づいて論理的（演繹的）に考えてゆく正攻法とは別に、補完的な手段として、過去に鉛筆を製作した人の経験談や失敗談から学ぶという方法があるのと同じです。こうして第十八章までで、悲劇創作論の主要部が終結したと見てよいでしょう。

続く第十九〜二十二章では、互いに密接な関係にある「思考」と「語法」を扱います。これらは「悲劇の働き」をなし遂げない要素ゆえ（第六章一四五〇a二九—三三）、いわば創作上の小道具となる部分です。以上で悲劇の構成要素の研究は完了します。

悲劇の構成要素の中で最も重要性の低い「歌曲」と「視覚効果」は考察主題として扱われません。その理由は、第六章の「悲劇の力は、たとえ上演されなくても、そして俳優がいなくても、存在する」（一四五〇b一八—一九）という記述に尽きるでしょう。

なお、第十五〜十八章には、従来、誤解されがちだった内容が三点あります。

第一に、アリストテレスは「機械仕掛けの神」の使用を全面的に禁じてはいません。「時間的に先立って起こったため人間には知ることのできない出来事や、時間的により後に起こるため予言や託宣を必要とする出来事」に限っては使用すべきだと第十五章で述べています。それに対し、プラトンは『クラテュロス』四二五Dで「悲劇作家たちは何かで行き詰まったとき、機械仕掛けに逃げ込んで神々を登場させる」と批判的に書いており、理解を示すようすはありません。

第二に、『詩学』は神の介入や呪いの因果といった要素を排除していません。第十七章では『オデュッセイア』に関し、「一人の男が長年、故郷を離れており、海神ポセイドンに見張られていたため、ひとりぼっちであった」と説明されています。ストーリー内の因果関係と脈絡さえ保たれれば、超自然的な力が働いても構わないのです。逆に、オイディプスが呪われた人間ゆえに不幸に陥る定めにあろうとも、それだけで憐れみや怖れを確実に喚起できるわけではなく、ストーリー展開に工夫が必要であることには変わりありません。

第三に、第十八章では「コロスも俳優の一員と捉えるべきである」といわれていますが、これは過去の作品の失敗に学んで述べられたことで、「悲劇の本質の定義」から論理的に演繹された主張ではありません。そもそも定義の中にコロスそのものは登場しませんから、その位置づけは「行為の模倣」ないし「快く響く言葉」を実現する要素として絶えず見直されるべき問題です。

(三) 第二十三〜二十四章の叙事詩論

悲劇は、その題材の多くを叙事詩に負っています。その意味で両者の結び付きはもともと強いといえますが、『詩学』では、優れた行為を模倣する悲劇と叙事詩が本質を共有すると見なされ、模倣の方式や韻律、長さなど非本質的な部分が異なるにすぎないと考えられています。実際、悲劇論の中には叙事詩への言及がしばしば見られます。その結果、悲劇のストーリーに要求された完結性が第二十三章では叙事詩にも求められ、第二十四章では悲劇と同じく四種類の叙事詩が存在することや、ストーリーに「逆転」、「再認」、「受難」の要素が欠かせないことが指摘されます。こうした両者の同一視からして、「叙事詩の本質の定義」は不要だったのでしょう。

つまり、叙事詩論で提示されるべき重要な内容は既に悲劇論で尽くされたわけですから、残された課題は、叙事詩だけが持つ特質を述べることになります。それゆえ、不合理な要素を利用して驚きを与えるという、舞台上演を伴わない叙事詩ならではの特質が詳述されるのです。

確かに、悲劇の場合でも驚きを呼び起こすことは重視され、第十四章や第十六章では憐れみや怖れを強める要素として語られていましたが、叙事詩論では憐れみや怖れへの言及がまったくありません。叙事詩が与える驚きは、「誰もが聞き手を喜ばせようとして、驚くような話を付け加える」（第二十四章一四六〇a一七―一八）行為にたとえられていることから、喜劇的な快を生むと考えられているようです。

また、挿話が多いのも叙事詩の特性だとされます。たとえそれが欠陥に見えるとしても、叙事詩というジャンルの性質なのだからホメロスの詩作能力が劣るせいではないという議論が基調になっています。「神のような存在」(第二十三章一四五九a三〇)のホメロスに対する畏敬は、プラトンからアリストテレスに継がれたものといえるでしょう。

(四) 第二十五～二十六章の総括

最後の二つの章は弁証術の形式、すなわち、ある問題に関して論敵の見解を先に示し、それにアリストテレスが反論を加える形式で書かれています。大所高所から問題を論じているため『詩学』全体の総括という趣を持ちますが、どちらかといえば第二十五章は第二十四章までの議論の補完、第二十六章は全篇を踏まえた一種の結論になっています。

まず、詩作に向けられた批判に反撃する第二十五章は、「素晴らしい詩作」のあり方をいわば裏側から補強する役割を果たしています。とくに、「ありえないことを詩に書いている」という批判と、殺人や不道徳な男女関係などを含むストーリーの「有害性」に対する批判は、それらが普遍的であるゆえに、反論して問題を解消する意義があります。問題の所在こそ違え、詩人追放論への反論と軌を一にする試みといえるでしょう。優れたストーリー構築を論じるのも『詩学』なら、詩作へのいわれない批判に反論するのも『詩学』なのです。

また、悲劇と叙事詩の優劣関係を論じる第二十六章は、プラトンが叙事詩を優位に置いた『法律』への反論だと考えられます。詩人追放論に対する反論と並び、『詩学』でアリストテレスがプラトンに放った二つ目の矢ともいえるでしょう。とりわけ最後の論述では、ストーリーの完結性と「働き」の実現という二大論点から悲劇の優位が説かれますから、『詩学』の議論の精髄がここに生かされています。この点からして、アリストテレスは執筆当初から悲劇と叙事詩の優劣を決する意図を持っていたと想像されますし、現存する『詩学』が悲劇グループを研究する巻だったのだとすれば、両ジャンルの比較で論を閉じるのは理にかなっているともいえます。

四　『詩学』第二巻と喜劇論をめぐる謎

現存する『詩学』には、喜劇について触れた箇所が時々見られるものの、まとまった形での喜劇論がありません。このことは、第六章冒頭の「叙事詩と喜劇については後に述べる」という予告に反します。第二十三〜二十四章には独立した叙事詩論があるため、喜劇論の不在がいっそう際立つ結果になっています。

果たして、喜劇論は書かれたのでしょうか。書かれなかったのでしょうか。この問題は『詩学』をめぐる謎の一つとして、大きな関心を集めてきました。もちろん、何らかの理由で、アリストテレスがまとまった喜劇論を書かずに生涯を閉じた可能性もあるでしょう。しかし、研究者の間では、喜劇論は書かれたものの伝承される過程で失われたという推測が一定の支持を得ています。そうした推測の母体ともいえるのが、もともと『詩学』は二巻本として書かれ、現存する巻は第一巻に当たり、このほかに喜劇論を含む第二巻もあったという考え方です。

（一）第二巻は存在したか

第二巻が存在したという考え方を支える有力な根拠は、第六章冒頭の予告のほかに、次の三点があります。

①ディオゲネス・ラエルティオスの『ギリシャ哲学者列伝』の著作目録の中で、アリストテレスの『詩作の技術についての論考』が「二巻」と記されており、これが『詩学』を指すと考えられること。

②『弁論術』の中には、『詩学』を指すと思われる「詩作術についての諸議論」への参照を求める記述が数カ所あり、とくに「滑稽さ」に関する参照要求（第一巻第十一章一三七二a一―二、第三巻第一章一四〇四a三五―三九、同巻第十八章一四一九b三―八）が目立つことから、失われた第二巻の喜劇論に「滑稽さ」についての詳論があったと考えられること。

③『コワスラン論考』と呼ばれる写本が『詩学』と似た内容を含み、そこに悲劇、叙事詩と並んで喜劇に関する要約風の記述が見られることから、一部の研究者によっ

て、『詩学』第二巻の喜劇論に由来する記述だと推測されていること。

これら三点が関心を集める理由には、既に述べた「カタルシス」の問題も絡んでいます。『政治学』で約束された「カタルシス」の詳論が現存の巻に見出せなくても、失われた『詩学』第二巻に含まれていたと推測すれば、ある程度説明がつくからです。かくして、喜劇論と詳細なカタルシス論を含む第二巻が存在していたという推測は、いくぶんか希望的観測を含んで、現在も根強く生き続けています。現代イタリアの思想家エーコが、その哲学的ミステリー小説『薔薇の名前』（一九八〇年刊、一九八六年に映画化）の中で、喜劇論の写本が修道院に秘蔵されていたという設定を作ったのも、『詩学』第二巻に関する推測を背景としています。

他方、『詩学』第二巻の存在を否定する見解もあります。とくに、現存する『詩学』に書かれた内容がアリストテレスの喜劇論のすべてなのだと考える研究者たちは、先の三点に対し、ことごとく反論を提出しています。
①に対しては、ディオゲネス・ラエルティオスの記述には不正確な内容が散見されるゆえ、『詩学』を指していると見られる巻数を必ずしも信頼できない。
②に対しては、『弁論術』や『政治学』において『詩学』の参照を求める記述は著

者自身が書いたものではなく、アリストテレス学派の流れを汲む人物ないし写本を作った後世の人物が加筆したり、欄外にメモした言葉が誤って本文に挿入されたりした可能性がある（いわゆる「写本の腐敗」）。

③に対しては、『コワスラン論考』には『詩学』と合致しない内容や言葉づかいも含まれることから、『詩学』をもじって作成された文書にすぎず、アリストテレス自身の論考に由来するとは考えられない。

このうち①と②への反論は、『詩学』に限らず古代の著作一般に関して指摘されうることですが、③は問題の性格がやや異なります。『コワスラン論考』という文書の実質的な内容を吟味しない限り、『詩学』との関係を判断できないからです。そのため、『詩学』第二巻の存在を認めるか否かにかかわらず、『コワスラン論考』そのものを考察の対象に据えてきた研究者が十九世紀以来、少なくありません。

その結果、多くの研究者は、『コワスラン論考』のうち「滑稽さ」について述べた部分だけはアリストテレスの喜劇論に関連する可能性を認めます。しかし、それ以外の部分は、紀元前一世紀に活躍した哲学者フィロデモスの著作に由来するという説もあれば、複数の思想家による多くの論考を折衷したものだという説もあり、懐疑的な見方が支配的です。実際、『詩学』と不整合な内容が少なからず見られることから、後世の誰かが『詩学』のスタイルを真似た一種の偽作的な文書という可能性が小さくありません。例えば、詩作を「非模倣的なもの」と「模倣的なもの」に分けていることや、悲劇の働きを示す記述に「カタルシス」という語を用いていないなど、重要な内容において『詩学』との不一致が見て取れるのです。したがって、「滑稽さ」など喜劇をめぐる記述が、往時の喜劇論の一端を伝えるという意味で一定の意義を持つとしても、『コワスラン論考』の全体が、失われた第二巻を含む『詩学』の原本に由来すると認めることは、少なくとも現段階では困難です。

それでもなお、『詩学』の読者にとって『コワスラン論考』は興味の尽きない対象でありうるでしょう。そこで、最初に概要を説明し、その後に全訳を掲載することにします。

(二)『コワスラン論考』の概要と全訳

まず、現代における『コワスラン論考』研究の代表的存在であるヤンコの校訂本

(R. Janko, *Aristotle on Comedy*, London, 1984) に従って、この文書の概要を説明します。ヤンコは、大部分の研究者の見解とは異なり、『コワスラン論考』の内容のすべてが『詩学』全二巻の原本に由来すると考える研究者です。

『コワスラン論考』(*Tractatus Coislinianus*) とは、フランスのコワスラン公爵(一六六五〜一七三二年)が所有していた紀元後十世紀のギリシャ語写本集(二部構成)の第一部に含まれる著者不明の「コワスラン写本一二〇番」のことで、一八三九年に英国の古典学者クラマーが初めて公刊しました。この無題の文書が、箇条書きに近い簡略な文体で書かれていることに加え、同じ写本集の第二部にアリストテレスの『分析論前書』や他の著述家の著作からの抜粋が含まれていることから、古典的哲学書の要約や抜粋が盛んに作られた紀元後六世紀に、この写本の元になった原本が編まれたと推測されています。

また、『コワスラン論考』の一部(次に訳出するうちの3、10節)は、別の写本で伝えられてきた四つの文書と部分的に内容が一致します。すなわち、十一〜十二世紀に遡れる文書で著者不明の『喜劇への序論』Ⅵ節、十四世紀に遡れる文書で著者不明の『喜劇への序論』XⅠb節、十二世紀にコンスタンティノープルの文献学者ツェツェスが著した『喜劇のイアンボス』、十四世紀初期の文書中などに含まれる著者不明の『喜劇への序論』Ｘd節です。これら四つの文書と『コワスラン論考』に共通の原文が存在したと推察するヤンコは、その内容に紀元前四世紀後半以降の「新喜劇」（次節を参照）の特徴に当たる記述が見られないことを根拠として、アリストテレス自身の喜劇論に由来すると考えます。

『コワスラン論考』は便宜的に1〜10節に分けられています。写本上、1、3、6、9、10節は単語を線で結ぶなどした図を含んでいますが、読みやすくなるよう全訳では文章に直します。また、3節に関しては、ヤンコの編集に従い、『喜劇への序論』Ⅵ節などの邦訳（別の字体で表記）も添えます。

［全訳］

1

詩作は非模倣的なものと、模倣的なものに分かれる。[1]

非模倣的なものは、歴史記述的なものと教育的なものに分かれ、さらに教育的なもの[2]は、［児童教育に当たる］教導的なものと［成人教育に当たる］鑑賞用の（観想的な）

ものに分かれる。

模倣的なものは、叙述して伝えるものと、演じて行為するものに分かれる。(3) さらに、演じて行為するものは、喜劇、悲劇、ミーモス劇、サテュロス劇に分かれる。

2

悲劇は、憐憫と畏怖を通じ、魂が持つ怖れの諸感情を除去する。(4) そして、怖れの均斉を持つことを目指す。(5) 悲劇は、苦を母として持つ。(6)

3

喜劇とは、滑稽な行為の、それも大きさを備えてはいないが完結した行為の模倣であり、(7) 作品の部分ごとに別々の種類の快く響く言葉を用いて、叙述して伝えるのではなく演じる仕方により、快と滑稽さを通じ、そうした諸感情のカタルシスをなし遂げるものである。(8) 喜劇は、滑稽さを母として持つ。

滑稽さは語法から生じ、そして行為（出来事）からも生じる。(9)

滑稽さが語法から生じるものとしては、同音異義語によるもの、異音同義語によるもの、［不必要に同じ語を繰り返す］冗語によるもの、［語の一部の］付加や除去から生じる派生語によるもの、縮小語によるもの、音声もしくは何らかの類似性にちなむ語の変形によるもの、[10]もじり（パロディー）によるもの、音声もしくは何らかの類似性にちなむ転用語によるもの、話し方の型によるもの、がある。

『喜劇への序論』VIなど

喜劇の滑稽さは、構成上、語法と行為（出来事）から生じる。そのうち、語法から滑稽さが生じる仕方は七通りある。

第一に、同音異義語によるものがある。例えば、「ディアフォルーメノイス」という語のようにである［この語は、「異なっている」という意味と「利益になる」という意味を持つ］[11]。あるいは、「メトロン」という語もそうである［この語は、「韻律の単位」という意味と「容積の単位」という意味を持つ］[12]。

第二に、異音同義語によるものがある。例えば、「私はここに来ていて、ここに着いている」[13]というようにである。つまり、同じことなのである。

第三に、冗語によるものがある。例えば、同じ言葉を二度使うことになる場合のようにである。

第四に、［語の一部の］付加から生じる派生語によるものである。例えば、〈……〉[14]のように、常用語に外部から別の何かが接合された場合である。また、［語の一部の］除去による場合は、例えば、「私は、ボーモロコス（祭壇かっぱらい屋）と呼ばれる代わりにボーマクス・ミダス（かっぱらいミダス）[15]と呼ばれている」というようにである。[16]さらに、［指小辞の働きを持つ］縮小語の使用によるものがある。例えば、「ソクラテスちゃん」、「エウリピデスちゃん」という場合のようにである。[17]さらに、語の変形によるものがある。[18]

第五に、もじりによるものがある。例えば、「ゼウスよ」という代わりに、「ブデウ・デスポテース（支配者たる暴風）よ」という場合のようにである。[19]

第六に、転用語によるものがある。これは、音声もしくは何らかの類似性にちなんで生じる。

第七に、話し方の型によるものがある。

滑稽さが行為から生じるものとしては、あざむきから生じるもの、[20]より優れたもの、あるいは、より劣ったものへの同化[21]から生じるもの、ありえないことから生じるもの、ありうるけれども［通常］そのような結果にはならない展開から生じるもの、予想に反する展開から生じるもの、登場人物たちを劣悪な者に造形することから生じるもの、猥雑な踊りの使用から生じるもの、力を持つ者が最も重要なものを失い、最もつまらないものを取ってしまうときに生じるもの、言論が脈絡を欠き、連続性がないときに生じるもの[22]、がある。

『喜劇への序論』Ⅵなど

［滑稽さが］行為から生じる場合には、二つの仕方がある。

第一に、あざむきによるものである。例えば、［アリストファネスの喜劇『雲』に登場する］ストレプシアデスが蚤についての話を真実だと信じてしまった場合のようにである[23]。

第二に、同化によるものである。同化は二種類に分かれ、一方は、クサンティアスがヘラクレスに同化させられたように、より優れたものへと同化する場合であり、他方は、ディオニュソスがクサンティアスに同化させられたように、より劣ったものへと同化する場合である。[24]

4　喜劇は、罵りとは異なる。なぜなら、罵りは［当人に］付随する劣悪さについて、包み隠さず、一切を述べ立てることであるのに対し、喜劇は、いわゆる当てこすり（暗示的表現）を要するからである。[25]

5　揶揄する人は、心身の欠陥をあげつらおうとする。

6　悲劇では怖れの均斉が、喜劇では滑稽さの均斉が目指される。[26]

7　喜劇の構成要素は、ストーリー、性格、思考、語法、歌曲、視覚効果である。[27]

喜劇的ストーリーは、多くの滑稽な行為に関して構成を持ったストーリーである。

喜劇の［登場人物の］性格は、道化者、自己卑下者、ほら吹きである。(28)

思考には二種類あり、意見と証明である。(29)証明には五つあり、宣誓、契約、証言、拷問自供、法律である。(30)

喜劇の語法は、普及している大衆的な語法である。

喜劇詩人は、登場人物たちに彼ら自身の母語を割り当てるべきであるが、喜劇詩人自身には当地の言語を割り当てるべきである。(31)

歌曲は音楽(32)に固有のものである。それゆえ、音楽から自己完結的な原理を受容する必要があることになるだろう。(33)

視覚効果は、さまざまな演劇に対し、それらに調和した仕方で大きな効用を提供する。

8

ストーリーと語法と歌曲はすべての喜劇作品に見られるが、思考と性格と視覚効果は少数の喜劇作品に見られる。

9　喜劇の［量的な］構成部分は四つある。導入部（プロロゴス）、合唱舞踊（コロスが担う部分）、挿話（エペイソディオン）、終結部（エクソドス）である。[34] 導入部とは、喜劇の中でコロスが入場するまでの部分である。合唱舞踊とは、コロスによって歌われる歌曲で、十分な長さを持つときのものである。挿話とは、コロスによる二つの歌曲の間にあるものである。終結部とは、最後にコロスによって語られるものである。

10　喜劇は、古い時代には滑稽なものに富み、新しい時代には滑稽なものを捨てて真面目なものへと傾いてゆき、それらの中間の時代には両方を混合している。[35]

注

（1）『詩学』において「非模倣的な」詩作は語られないゆえ、アリストテレスの見解と相容れない記述である。ただし、プラトンの『国家』第三巻三九四B—C、第十巻五九五A—Bなどでは、詩作に「模倣的なもの」とそうでないものがある旨が述べられている。

（2）ヤンコの校訂本に掲載された写本の写真を見ると、「歴史記述的なもの」を起点として「教導的なもの」と「鑑賞用のもの」へ線が引かれているが、これ以外の箇所での描線も含め、精密に書き込まれているとは認めがたい。「教育的なもの」を起点とすべき線の位置がずれて描かれた結果であろう。ヤンコのほか、カイベルの校訂（G.Kaibel,*Comicorum Graecorum Fragmenta*, Berlin,1899）でも同様に解釈しているので、「教育的なもの」が二つに分かれると考えて訳した。なお、非模倣的な詩作に関してではなく、模倣的な音楽について述べる文脈ではあるが、『政治学』第八巻第五章一三三九a二一—三一が音楽の使用法の分類として、児童教育と並んで成人の高尚な時の過ごし方（diagōgē）を挙げていることは一つの参考になるだろう。

（3）『詩学』第三章の用語や内容と一致する。

（4）『詩学』第六章の「悲劇の本質の定義」と極めてよく似た文だが、「カタルシス」に代わって「除去する」働きが示され、その対象は「怖れ」に限られている。また、ここで使用されている「憐憫（oiktos）」と「畏怖（deos）」の二語は、『詩学』第十四章一四五三b一四に同系語が見られるものの、「悲劇の本質の定義」が含む「憐れみ（eleos）」、「怖れ（phobos）」とは異なる。

（5）「均斉（symmetriā）」は、『形而上学』第十三巻第三章一〇七八b一で美の要素の一つに挙げられているほか、『トポス論』第三巻第一章一一六b二一―二二では身体の美の条件とされているが、『詩学』には見られない語である。ただ、前後の文脈から判断すると「怖れの均斉を持つ」が、カタルシス作用に当たる「感情の均斉化」を述べている可能性もある。もしもそうならば倫理的教化説に近く、治療的排出説のカタルシス解釈とは相容れない。治療的排出説を主張する研究者の多くが、「滑稽さ」に関する記述を除いては『コワスラン論考』を信頼できないと論評する傾向を持つのは、この点にも由来するといわれる。

（6）『詩学』には見られない表現であるが、怖れを苦の感情の一種とする説明は『弁論術』第二巻第五章一三八二a二一―二二、同巻第八章一三八五b一三―一四にある。

（7）この部分の解釈に関しては諸説あるが、『詩学』第七章一四五〇b二五―二六の「全体としてのまとまり［つまり完結性］」を持ってはいても、大きさを持たないものが存在する」とほぼ同じ意味で理解し、ヤンコに従って「大きさを備えてはいないが完結した行為」と訳した。少なくとも、『詩学』の叙述に従うならば「完結した大きさ」と読むことはできないであろう。なぜなら、「完結性」と適度な「大きさ」は、相異なる二条件として美しいものに要求されているからである。しかしまた、ヤンコが「大きさ」を「壮大さ（grandeur）」と解釈しているのは、『詩学』の叙述と二重の意味で合致しない。「悲劇の本質の定義」が述べる「大きさ」は明らかに分量的な意味での大きさ、長さを意味しているのに加え、『詩学』第四章一四四九a五―六では悲劇と喜劇が古い時代の詩「よりも壮大（meizō）」といわれ、喜劇が壮大さを欠くという見方とは相容れないからである。真相は不明だが、この一文の書き手は「大きさを持つ」悲劇と「大きさを持たない」喜劇を対照的に理解しようとしていたのかもしれない。

（8）「カタルシス」が用いられるなど、『詩学』の「悲劇の本質の定義」と極めてよく似た文であるが、酷似しているがゆえに、もじりとして後世の人物が書いたという推測もなされている。仮に、「快と滑稽さを通じ」の部分が悲劇の「憐れみと怖れを通じ」に相当するとすれば、カタルシス作用に関わる感情が喜劇にも二種類あることになる。しかし、「喜劇のカタルシス」を認める場合、「喜劇に固有の快」と、ここで「滑稽さ」と並記される「快」との関係が問題となろう。『詩学』そのものも同様の問題を抱えており、第十三章で批判的に述べられる勧善懲悪の「二重の構成」がもたらす快と、第五章で言及される「滑稽さ」

がもたらす快との関係が不明瞭で、研究者の間でも見解は一致していない。

(9)『弁論術』にも似た説明があり、第一巻第十一章一三七一b三六—一三七二a一では「滑稽なものは、人間にせよ言葉にせよ行為にせよ、必ず快い」といわれるほか、第三巻第十八章一四一九b六—七では「滑稽なものの種類がいくつあるかは『詩学』で述べられた」とされている。

(10)『詩学』第二十一章一四五八a五—七が説明する「変形語」とは異なり、ある言葉を、発音などが似た滑稽な言葉に変える語呂合わせ、しゃれのことであろう。次に挙げられる「もじり」に類似した語法と想像される。

(11) ヤンコによれば、この同音異義語が使われている喜劇作品は見つかっていない。

(12) この同音異義語は、アリストファネスの『雲』六三七以下に見られる。そこでは、ソクラテスが詩の「韻律の単位」の意味で「メトロン」という語を使うが、対話相手の農民、ストレプシアデスは「容積の単位」と勘違いし、粉屋に掠め取られた小麦の量を語る。

(13) この異音同義語は、アリストファネスの『蛙』一一五三以下に見られる。

(14) この部分は写本の破損により文字が判読できない。

(15)「ミダス」は、よくある奴隷の名前。もともとは実在した個人の名前が、喜劇では特定の種類の登場人物を指す定型的な呼び名として使われることが多かった。

(16)「ボーモロコス (bōmolokhos)」の一部が除去され、「ボーマクス (bōmaks)」と短縮された例であるが、出典は不明。ただ、紀元後五世紀か六世紀に活躍した文法家ヘシュキオスの辞典などには、「ボーマクス」という語が収録されている。

(17) 縮小語は、紀元前五世紀頃の古喜劇でよく用いられた。とくにアリストファネスは作品中でソクラテスとエウリピデスを揶揄したため、これらの例が挙げられたものと考えられる。

(18) 注(10)参照。

(19)「ゼウス」を音声的に変形して「ブデウ・デスポテース」と呼ぶのは喜劇の習慣であった。このように、ある語を変形して別の語と同一化する語法がここでは「もじり」の例にされているが、前項の「語の変形」に該当する可能性もある。ヤンコが指摘するように、「語の変形」と「もじり」は、一方が他方を含むような包含関係にあるのかもしれない。

(20) 例として考えられるのは、アリストファネスの『雲』一四五―一五五において、蚤が飛ぶ距離をソクラテスがどのように計測したかを話す際、それをストレプシアデスが真面目に受け取り、あざむかれる結果になる場面である。

(21) アリストファネスの『蛙』において、酒神ディオニュソスが奴隷のクサンティアスに似せて描かれる場面(四九四―四九七)はより劣ったものへの同化、クサンティアスが自らを英雄ヘラクレスと思い込んでいるものとして描かれる場面(四九九)はより優れたものへの同化の例となろう。

(22) 言葉の表現が滑稽な場合は「語法」として先に整理されていたが、ここでは登場人物の言論の筋が通らないゆえに滑稽な場合を挙げているのであろう。『詩学』に従う限り、完結性や統一性は喜劇にも求められるから、ストーリー展開が脈絡を欠くというのではなく、喜劇的人物の非論理的な言論が滑稽さを生む場合を述べていると考えられる。

(23) 注(20)参照。

(24) 注(21)参照。ヤンコが述べるように、『王子と乞食』の物語で乞食が王子になったのも滑稽なら、王子が乞食になったのも滑稽である。反対方向への同化はともに喜劇的であるといえる。

(25) 「罵り」と「当てこすり」の対比は、『ニコマコス倫理学』第五巻第八章で言及される「誹謗」と「揶揄」の対比に似ている。また、「罵り」は『詩学』第四章で言及される「諷刺詩」の個人攻撃に関連するのかもしれない。

(26) 悲劇だけでなく喜劇の場合にも「均斉」はカタルシス作用を意味している可能性がある。注(5)参照。

(27) この六要素は、『詩学』第六章が悲劇の要素として挙げるものと同じである。

(28) 『ニコマコス倫理学』第二巻第七章一一〇八a二一―二五では、世間で高く評価されるものを自分が持つことに関し、事実より過大に語る人が「ほら吹き」、反対に過小に語る人が「自己卑下者」、ふざけて過度の快をかきたてる人が「道化者」と説明されている。また、同書第四巻第八章一一二八a四―五では、道化者が「滑稽さにおいて超過している人」とされている。

(29) 『詩学』第六章一四五〇a六―七でも、ほぼ同様のことが述べられている。

(30) この五つの証明は『弁論術』第一巻第五章一三七五a二四―二五が挙げるものと同じである。

(31) この部分の解釈は研究者の間で意見が一致していない。しかし、ギリシャ語の方言などを念頭におけば、喜劇の登場人物たちはそれぞれ自分の出身地の方言を話す一方、それ以外の部分は喜劇の上演地の標準語で書かれると考えられよう。

(32) 原語の mousikē は「文芸の女神ムーサの術」を意味し、広く「学芸」や「文芸」を指すが、ここでは「歌曲」が主語であることから限定的に「音楽」を意味すると解釈される。
(33) 音楽に固有の原理を認める内容は『詩学』には見られないものである。
(34) この四部分は『詩学』第十二章が挙げるものと同じであり、以下の説明もほぼ同じである。
(35) ここでいわれる三つの時代が喜劇史上のどの時期を指すかは不明瞭である。次節を参照。

(三) 喜劇の変遷を叙述する視点

『詩学』の中に散在する喜劇への言及は、想像されるアリストテレスの喜劇論の全体像を復元するにはあまりにも乏しい材料ですが、その中でも様式の変遷に関する叙述は比較的多いといえます。加えて、『ニコマコス倫理学』の中にも、短いながら喜劇の歴史的な変遷への言及があります。それゆえ、両著作の叙述内容を総合すると、アリストテレスの視点を、より鮮明に浮かび上がらせることができます。

また、『コワスラン論考』の10節には、「喜劇は、古い時代には滑稽なものに富み、新しい時代には滑稽なものを捨てて真面目なものへと傾いてゆき、それらの中間の時代には両方を混合している」と記されていました。ここでいう「古い時代」、「中間の時代」、「新しい時代」が、一般に喜劇の三つの時代区分と考えられている紀元前五世紀の「古喜劇」、紀元前四世紀前半の「中期喜劇」、紀元前四世紀後半の「新喜劇」と一致するかどうかということについても研究者の間で議論があります。この点も念頭に置き、『詩学』が喜劇の変遷を叙述する視点について整理してゆきましょう。

中期喜劇の時代に生きたアリストテレス

『詩学』では、六人の喜劇詩人の名前（以下、初出のときに太字）が挙げられています。その中で最古の人々は紀元前六世紀後半から前五世紀前半に活躍したと考えられるエピカルモスとフォルミスです。第三章と第五章の記述によれば、二人はシチリア島の出身で、アテナイで喜劇の創作や上演が活発になる時代より以前の詩人たちでした。実際、アテナイの大ディオニュシア祭で喜劇コンテストが始まったのは紀元前五世紀前半ですから、彼らの方が古い時代に属します。

また、紀元前三四二年頃に生まれたメナンドロスは『詩学』に登場しない喜劇詩人ですが、この人物を加えて、喜劇コンテスト開始後の簡略な喜劇史年表を作ると次のようになります（「紀元前」は省略します）。

四八六年　大ディオニュシア祭で喜劇コンテストが始まり、キオニデスが優勝（作品は不詳）

四七二年　マグネスが大ディオニュシア祭で優勝（作品は不詳）

四五〇年　クラテスが大ディオニュシア祭で優勝（作品は不詳）

四四〇年頃　レナイア祭で喜劇コンテストが始まる

四二六年　大ディオニュシア祭でアリストファネス『バビロニア人』優勝

四二五年　レナイア祭でアリストファネス『アカルナイの人々』優勝

四二四年　レナイア祭でアリストファネス『騎士』優勝

四二三年　大ディオニュシア祭でアリストファネス『雲』三位

四〇五年　レナイア祭でアリストファネス『蛙』優勝

三九三〜三九〇年頃　アリストファネス『女の議会』上演（祭典名とコンテストの結果は不詳）

三八八年　アリストファネス最後の作品『福の神』上演（祭典名とコンテストの結果

は不詳)

三八五年頃　アリストファネス死去

三二一年　レナイア祭でメナンドロスが『怒り』により初優勝

三一六年　レナイア祭でメナンドロス『人間嫌い』優勝

三〇一年頃　メナンドロス『インブロス島の人々』が政治的理由で上演されず

二九一年頃　メナンドロス死去

このように約二百年の経過を俯瞰してみますと、おおよそ最初の百年間にアリストファネスの活躍期までが含まれます。そして、紀元前三八四〜前三二二年にわたるアリストテレスの生涯は、ちょうどアリストファネスが世を去った直後から、メナンドロスがデビューしようとする時期に当たっていたことがわかります。

それゆえ、メナンドロス、フィレモン、ディフィロスなどの詩人がいた「新喜劇」(紀元前三二〇年頃以降)、それらに先立つ時代でアリストファネス晩年の二作(コロスが作者の主張を観客に訴えるパラバシスの場面を欠く『女の議会』と『福の神』)を含む

「中期喜劇」（紀元前四〇〇年頃から前三二〇年頃まで）、それ以前のクラティノス、エウポリス、アリストファネスを三大喜劇詩人に擁した「古喜劇」（紀元前四〇〇年頃まで）を判別する一般的な三区分に従えば、アリストテレスは「中期喜劇」の時代に生きたことになります。

ここで『ニコマコス倫理学』第四巻第八章を参照すると、教育の有無などによる人間性の差異に応じて娯楽のあり方が異なると指摘した後、次のように述べられています。

「このことは、昔の喜劇と新しい喜劇の違いからもわかるだろう。前者は下品な言葉づかいで笑いを誘ったのに対し、後者は当てこすりのような暗示的表現で笑いを誘う」（一一二八a二二—二四）

この章の中心的な主題は、不法なものも含む「誹謗」と洗練された「揶揄」の対比ですから、「昔の喜劇」は個人への誹謗に近い内容を持つのに対し、「新しい喜劇」は穏やかな揶揄を用いるというのが論旨です。『ニコマコス倫理学』執筆の時点での「新しい喜劇」とは、おおむねアリストテレスが生きた紀元前四世紀の喜劇を指し、

「昔の喜劇」とはそれ以前の紀元前五世紀の喜劇を指すと考えられます。これを一般的な三区分と重ね合わせれば、「新しい喜劇」は「中期喜劇」の作品全体、もしくは、その中の比較的新しい部分を指し、「昔の喜劇」はだいたい「古喜劇」に一致すると考えられるでしょう。実際、アリストテレスが「昔の喜劇」の特徴に挙げる「下品な言葉づかいで笑いを誘った」方法はアリストファネスなどの古喜劇に見られます。

滑稽さと普遍性

しかし、『詩学』の第四章、第五章、第九章には、いま引用した『ニコマコス倫理学』とは異なる観点から喜劇の変遷を見た叙述があります。すなわち、滑稽な題材と普遍的なストーリーという二つの要素を喜劇の様式に認め、この様式が成立する前後の時代を見比べる叙述です。

まず第四章では、ホメロスが「諷刺ではなく、滑稽さを主題とする演劇的ストーリーを創作した」ゆえに、「喜劇の様式を暗示した最初の詩人となった」といわれます（一四四八b三六―三八）。ここに含まれる「演劇的ストーリー」は第二十三章で「一つの全体として完結した行為」（一四五九a一八―二一）を描くものと説明され、さらに第九章では、完結した行為を描く詩作が「普遍的な事柄を語る」（一四五一b六―七）と述べられていますから、滑稽な題材と普遍的なストーリーを併せ持つ詩作の元祖がホメロスだということになります。ただし、「喜劇の様式を暗示した」という控え目な表現が示すように、アリストテレスはホメロスの作と見なした『マルギテス』を最初の喜劇作品だと考えてはいません。

その点、第五章で喜劇の滑稽さの特質を説明し（一四四九a三二―三七）、「アテナイ人の中ではクラテスが最初に諷刺詩の姿を脱し、普遍性を持った話、つまりストーリーを創作し始めたのである」（一四四九b七―九）と述べているのが注目されます。あくまでもホメロスは喜劇の原型を暗示しただけで、アテナイにおける最初の喜劇はクラテスの作品だということです。つまり、アリストテレスの尺度で「喜劇」と呼べる作品が出現したのは古喜劇の時代の途中からで、喜劇コンテストが始まって数十年後ということになります。

ただ、紀元前八世紀に活躍したと推測されるホメロスから、紀元前五世紀のクラテスの時代までには数百年の隔たりがあります。もしもアリストテレスが喜劇史を書くつもりでホメロスやクラテスに言及したのなら、その数百年の歩みを時間軸に沿って記そうとしたことでしょう。なるほど、「喜劇の場合、初期には真面目に取り合われなかったため、経緯が忘れ去られてしまった」（一四四九a三八―b一）、「仮面や導入部や俳優の数などの一切を誰が設定したかはわかっていない」（一四四九b四―五）と伝承や史料の欠落を指摘してはいますが、そのことが理由で喜劇史を叙述しないわけではありません。悲劇史も含め、実在した詩人や作品に関して「事実がどうであるか」を時系列で記述することはそもそも『詩学』の課題に属さないのです。第四～五章の主題は哲学的な「詩作の発生原因論」であって文学史の叙述ではないことを、強く認識する必要があります。

とはいえ、アイスキュロス、ソフォクレス、クラテスなど実在の人物に言及する第四章後半（一四四九a七以降）と第五章が、あたかも文学史を記述しているかのように見えるのも事実です。こうした記述と第四章前半までの発生原因論との関係を明確にしておくことにしましょう。

個別性から普遍性へ

第四章前半の論述は、詩作の二つの発生原因を挙げた後、詩作が悲劇的なものと喜劇的なものに二大分岐した原因（すなわち、詩人の性格）を示します。さらに、実在の個人を標的にする諷刺詩から、滑稽なタイプの人物を登場させて普遍的なストーリーを構築する喜劇への転換、つまり詩作の個別性から普遍性への転換を生じさせた原因が考察され、その結論が「演劇的ストーリーとなりうる行為の模倣も行った唯一の詩人」（一四四八b三五―三六）、すなわちホメロスなのです。このように「原因」に位置づけられたホメロスは、もはや実在した特定の個人というよりも「演劇的ストーリーを構築できるタイプの詩人」と考えたほうがよいでしょう。

さらに第九章では、諷刺詩の個別性と喜劇の普遍性の対比が、歴史記述の個別性と詩作の普遍性に重ね合わせられます。それによれば、悲劇より喜劇の方が普遍性をうまく実現しているのは、「喜劇詩人たちは、もっともな展開でストーリーを組み立てておき、その上で、たまたま案出した固有名を設定するからである。これは、喜劇詩人に先行する諷刺詩人たちが、特定の個人を題材に決めてから創作したやり方を脱している」（一四五一b一二―一五）からです。つまり、特定の個人ではなく、滑稽なタイプの主人公を造形することにより、「どのようなタイプの人物にとって、どのようなタイプの事柄を述べたり行ったりすることが、もっともな展開、あるいは必然的な展開で起こるか」（一四五一b八―九）を喜劇詩人が普遍的に構想できるようになったということです。他方、諷刺詩人が作品中で個人攻撃したり、歴史家が出来事を記述したりする場合は、「特定の個人であるアルキビアデスが何を行ったか、あるいはどんな目に遭ったか」（一四五一b一〇―一一）というような個別の事柄を扱うため、普遍的なタイプの把握を必要としません。実際、アルキビアデスは、個人攻撃の性格を持つ古い喜劇作品ではしばしば標的にされました。

このように、個別性と普遍性の対比は、諷刺詩と喜劇の比較、歴史記述と詩作の比較という形で二重に打ち出されていますが、大変興味深いことに、アリストテレス自身がこの対比を意識的に用いて第四～五章を叙述しています。

まず、第四章前半の詩作の発生原因論は、普遍的なタイプを扱っています。例えば「威厳のある詩人たち」や「軽薄な詩人たち」（一四四八b二五―二六）という表現は詩人をタイプでとらえたものですし、先にも述べたようにホメロスは実質的に「演劇的ストーリーを構築できるタイプの詩人」と見なされています。つまりアリストテレスは、「どのようなタイプの詩人が、どのようなタイプの詩作の発生原因となるか」を普遍的に考察しているのです。この点が文学史の記述とは最も異なるところであり、詩作の発生原因論は哲学的な論考ですから、普遍的なタイプが「原因」の地位を持つわけです。

他方、第四章後半の「俳優の数に関しては、アイスキュロスが初めて一人から二人に増やした」（一四四九a一五―一七）や、第五章の「アテナイ人の中ではクラテスが最初に……ストーリーを創作し始めた」（一四四九b七―九）などの事柄は個別的な記述で、第九章がアルキビアデスの例で示す歴史記述と同様です。つまり、古代のある時点で、たまたまアイスキュロスやクラテスが行った個別的な事柄は歴史の偶然に左右される出来事ですから、その発生原因は、もはや哲学的・論理的に説明できず、固有名を持つ「誰々が何々をした」という表現で発生を記述するほかないのです。こうした個別的な発生の記述が文学史の記述に見えるわけです。

このような事情から、アリストテレスは「別の話になる」（一四四九a九）と断って第四～五章を二部に分け、第四章前半で普遍的な発生原因論の主部を終えた後、第四章後半から第五章まで（一四四九a三二―三七で喜劇の滑稽さを述べる部分などは除く）を、伝承の情報は乏しいながら、偶然的で個別的な出来事の発生についての記述に充てたのでした。あくまでも第四～五章の主題は詩作の発生原因論ですから、古代ギリシャの詩の歴史が網羅されていないと非難するのは見当違いです。また、第二十六章や失われた『詩学』第二巻が「別の話」に当たるという説にも道理がありません。

アリストテレスの視点

では、諷刺詩の個別性から喜劇の普遍性への転換を認める『詩学』の視点は、「下品な言葉づかいで笑いを誘った」古喜劇から「当てこすりのような暗示的表現で笑いを誘う」中期喜劇への変化を述べる『ニコマコス倫理学』の視点と一致するでしょうか。

先にも述べたように、『ニコマコス倫理学』では特定の個人に対する「誹謗」との関係で「下品な言葉づかい」を古喜劇の特徴に挙げているわけですから、そこでいう「下品」が個人を罵る言葉の下品さを含むことは容易に理解できます。すると、個人攻撃する諷刺詩の性格をなお色濃く持っていた古喜劇は、たとえクラテス以降、普遍的なストーリーを構築したとしても「下品な言葉づかい」を含み、その限りで諷刺詩の個別性の残滓を含んでいたといえるかもしれません。

この点、一つの示唆を与えるのが、紀元前四二二年にレナイア祭で上演され、喜劇コンテストの二位になったアリストファネスの『蜂』です。古喜劇に属する『蜂』五六一―六三の前口上では、次のように書かれています。

「私たちの劇から、あまりたいそうなことや、メガラから盗んできたような笑いは期待されぬように。観客に向かって籠から木の実をばらまく奴隷たちや、ご馳走をだまし取られるヘラクレスもいない。ふしだらなまねをするエウリピデスも登場しない。また、もしもクレオンが幸運にも手柄をあげたとしても、同じ男を再び俎上に載せて粉砕することもしない」

エウリピデスのほか、アテナイの政治家クレオン、ギリシャ神話の最大の英雄ヘラクレスの名も挙げて、こうした人物たちをからかい、個人攻撃するようなことはしない、いい換えれば「メガラから盗んできたような笑い」を与えはしないとアリストファネスは書いているわけです。

この「メガラ」は、『詩学』第三章によれば、ドーリス人が主張する喜劇誕生の地です。歴史的な真相はどうあれ、アリストファネスはメガラ由来の喜劇が個人を茶化して笑いをとる性格を持つと考えていたのでしょう。実際、シチリア島に建設された新都市メガラの喜劇詩人エピカルモスは、ヘラクレスを食いしん坊として描くなど、ギリシャ神話の英雄たちや神々を滑稽に描き、笑いの種にしました。つまり、最も古い時代の喜劇――アリストテレスの尺度では喜劇と認められないにしても――では、戯画的な作品の滑稽さが、ストーリーの普遍性にではなく個人攻撃に結び付いていたといえます。そのメガラ流を踏襲しないと前口上が述べている『蜂』の中ですら、アリストファネスはアルキビアデスを揶揄し、「koraks（カラス）」を「kolaks（追従者）」としか発音できないことなどを槍玉にあげて「アルキビアデスめ、舌足らずで真理をいい当てたわい」と書いていますから、古喜劇が持つ個人諷刺の性格は根強いといわなければなりません。

するとアリストテレスが中期喜劇の特徴に挙げる「当てこすりのような暗示的表現」とは、個人を諷刺する言葉づかいが比較的穏健になった状態を指すと考えられます。言葉づかいが穏健になることと、滑稽な普遍的ストーリーを持つようになることは事柄として別ですが、個人攻撃の性格が薄まるにつれ、これら二つの特徴を併せ持つ喜劇作品が増加する傾向にあったのでしょう。いわば、個人攻撃の過激さから純粋な滑稽さが濾過されて残り、滑稽なタイプの人物を造形する発想が促されたのかもしれません。

このように見てくると、諷刺詩の個別性から喜劇の普遍性への転換を認める『詩学』の視点と、「下品な言葉づかいで笑いを誘った」古喜劇から「当てこすりのような暗示的表現で笑いを誘う」中期喜劇への変化を述べる『ニコマコス倫理学』の視点は、極めてゆるやかな形で結び付いているといえます。詩作の発生原因論に定位した前者の論理性に比べ、喜劇の変遷に関する印象を簡単に記した後者は曖昧ですが、少なくとも矛盾してはいません。

新喜劇と『詩学』

アリストテレス没後の新喜劇についても付け加えておきましょう。

新喜劇を代表するメナンドロスは、中期喜劇の詩人アレクシスの甥で、その作品には『詩学』の悲劇論が説明する「再認」などの手法が使われています。アリストテレスの友人テオフラストスに師事したことから『詩学』の内容に通じていたと想像されるほか、エウリピデス崇拝者としても知られています。

こうした事情を考慮すると、『詩学』の校訂と研究で著名なバイウォーターが、第九章で普遍的ストーリーを構築したと説明される喜劇と、メナンドロスなどの新喜劇を同一視した理由も理解できなくはありません。しかし既に述べたように、年代の上で新喜劇は『詩学』より後です。したがって、新喜劇の動向を参照して『詩学』が書かれたのではなく、逆に『詩学』が新喜劇に影響を与えた可能性を認めうるだけでしょう。

また、『コワスラン論考』10節が述べる「滑稽なものを捨てて真面目なものへと傾いて」いった喜劇を新喜劇と同一視する研究者もいますが、決定的な論拠や証拠があるわけではありません。「真面目なもの」という意味を、人間観や運命観に立脚した真剣な主題を持ち、悲劇に近い要素と作劇法を持つ喜劇と解釈した場合、メナンドロスの作風との近縁性がわずかに認められるだけでしょう。それゆえ、『コワスラン論考』がアリストテレスの喜劇論を反映した文書かどうかという問題とともに、「真面目なもの」についての解釈が抱える問題は、少なくとも現時点では解決困難だといわなければなりません。

ただ、「ビザンティオンのアリストファネス」（紀元前二五七年頃～前一八五年頃）と呼ばれた古典学者によるメナンドロス評は、今も箴言のように響きます。「メナンドロスと人生よ、おまえたちのうち、どちらがどちらを模倣したのか」。プラトンやアリストテレスが用いた「模倣」という言葉が、新喜劇の時代以降も使われ続けたことを、この評言は図らずも証し立てています。

五　後世への影響

『詩学』は後世の芸術論や美学に大きな影響を与えた書です。しかし、アリストテレスの死後、ローマ時代まで続く古代においてどう扱われていたかはよくわかりません。アリストテレスが創設した学園リュケイオンで『詩学』が読まれ続けたことは想像に難くないものの、古代に『詩学』の研究書や注釈書が書かれた形跡はないのです。わずかに哲学者のヤンブリコス（紀元後二五〇年頃〜三三〇年頃）やプロクロス（紀元後四一〇年頃〜四八五年頃）が著作の中で「カタルシス」に関連する内容に触れ、同時に悲劇や喜劇にも言及しているのですが、これらは『政治学』と『詩人論』に基づいている可能性もあります。現在、世界的に研究が進められているエピクロス派の哲学者フィロデモス（紀元前一一〇年頃〜前三五年頃）の『詩論』には、「カタルシス」を「魂の非理性的部分の浄め」ととらえた形跡が見られるものの、『詩学』に基づく「カタルシス」の解釈かどうかは、もっと研究が進展しなければ判断できないでしょう。

中世以降に関していえば、ローマの詩人ホラティウスが残した『詩論』は文人たちによって読まれたのに対し、『詩学』それ自体が脚光を浴びた形跡はやはりありません。ただ、『詩論』の原型のようなものとして『詩学』が認識されていたようです。

文化史の表舞台に『詩学』が現れるのは、ビザンティン帝国（東ローマ帝国）の滅亡に引き続きイタリア・ルネサンスが起こった十五世紀以降です。印刷術の発達によって原典版や翻訳版の『詩学』がイタリアで刊行され、その影響が英国、フランス、ドイツなど北方諸国に広がってゆきます。概略的にいえば、近代までは権威ある古典的芸術論として讃美されますが、現代にさしかかると、その権威ゆえに警戒されるべき著作として批判にさらされることになります。

（一）イタリアでの『詩学』ルネサンス

十五〜十六世紀のイタリア・ルネサンス期に『詩学』がよみがえったことは、〈『詩学』ルネサンス〉と呼べるでしょう。まず、一四九八年にヴァッラがヴェネツィアで『詩学』のラテン語訳を出版しました。それ以前にも、九世紀のシリア語訳からアラビア語訳が作られ、それをラテン語に翻訳したものなどがあったのですが、印刷本の普及力は写本とは大違いだったことでしょう。一五〇八年には、杜撰な編集ながらギリシャ語原典が印刷本として初めて刊行され、出版業者の名を冠して「アルドゥス版」と呼ばれます。これが、後に他の国々でも読まれるようになります。

さらに、一五四八年にはロボルテッロが最初の『詩学』注釈書を刊行し、これにはギリシャ語原典とラテン語訳（訳者はパッツィ）が付されていました。翌一五四九年にはセーニが最初のイタリア語訳を、一五七〇年にはカステルヴェトロが注釈付きのイタリア語訳を出版します。そして、カステルヴェトロの恣意的な注釈が発信源となり、実際には『詩学』で提唱されていない「三一致の法則」が北方諸国に広がってゆくことになります。

（二）曲解から生まれた「三一致の法則」

「三一致の法則」は、「三統一の法則」とか「三単一の法則」とも呼ばれる作劇法のルールで、「時の統一」、「場所の統一」、「ストーリーの統一」から成ります。「時の統一」とは、劇中の出来事が一日の中で起こること、「場所の統一」とは、劇中の出来事が一つの場所で起こること、「ストーリーの統一」とは、一つの行為が貫かれることで統一されたストーリーになっていることを意味し、とくに十六世紀から十七世紀にかけて、ラシーヌ、モリエールらのフランス古典演劇で規範とされました。「三一致の法則」を最終的に定式化したのはフランスの詩人ボワローの『詩論』（一六七四年）だといわれますが、むしろコルネイユが代表作の悲劇『ル・シッド』（一六三七年）でこの規範に従わず、論争を巻き起こした事件の方が著名なようです。そのコルネイユも『劇的詩に関する三つの会話』（一六六〇年）で「三一致の法則」に触れ、もとになったアリストテレスの議論を自由に解釈すべきだと説いています。

『詩学』を通読すれば明らかなように、ストーリーの統一性については悲劇の「完結性」との関連において第七〜九章前半で周到に考察していますが、「時の統一」と「場所の統一」について述べた箇所はなく、曲解の産物だと推測されます。

まず、「時の統一」に関わりそうな記述は第五章と第二十三章にあります。第五章で「悲劇は、［上演時間が］できるだけ太陽がひとめぐりする間におさまるようにするか、おさまらない場合でもわずかな超過にとどめるよう努める」（一四四九b一二―一三）といわれるのは、叙事詩と違い野外劇場で日の出から日没まで上演される悲劇を念頭に置いた記述で、「劇中の出来事が一日の中で起こるようにする」という解釈は不自然です。「わずかな超過にとどめる」とは、日の入り後の薄暮の中でも多少は観劇できることを含意しているでしょう。また、第二十三章には歴史記述が「一つの時間」（一四五九a二二―二三）を提示するという説明がありますが、これは「同一の時」か「同一の時系列」を意味し、「一日」ではありません。そもそも、歴史記述がいかに叙事詩の創作と異なるかを述べた部分ですから、詩作の規範になるはずがないのです。

また、「場所の統一」を述べた章は『詩学』に存在しませんが、第二十四章の「悲劇の場合には、同時に多くの部分を演じることができないため、行為の模倣は、舞台上で俳優たちが目下取りかかっている部分だけに限定されるのに対し、叙事詩では叙述の方式をとるため、同時になし遂げられる多くの部分を詩に盛り込むことができる」（一四五九b二四―二七）という箇所が、わずかに関係づけられそうです。つまり、舞台上でタウリケの出来事が演じられているのなら、同時にアルゴスの出来事を扱えないという意味に解釈すれば、「場所の統一」と結び付けられなくはありません。とはいえ、ストーリー全体の出来事を一つの場所で発生させるという規範を導くことは、やはりできないでしょう。そもそも、ここで述べられているのは悲劇の制約であって規範ではないのです。したがって、「時の統一」と「場所の統一」は『詩学』に根拠を持ちません。

カステルヴェトロの理念

しかし、「三一致の法則」を流布させたカステルヴェトロには、明確な意図があったようです。それは、アリストテレスとは異なる二つの理念に基づきます。

第一に、カステルヴェトロは演劇の観客を教養人ではなく、限られた知性を持つ一般大衆と想定し、彼らに快や息抜きを与えるのが詩作の役割だと考えました。それゆえ、ロボルテッロが解釈に悩んだ「太陽のひとめぐり」を「十二時間」と数値化し、この長さの上演時間なら飲食や休憩の時間を含め、観客がつらい思いをせずに観劇できると説きました。また、想像力の低い観客は、数時間だけ観劇している間にストーリー中の出来事が何日間にもわたって起こることを理解できないため、上演の時間進行と劇中の時間進行との接近も望まれます。その結果、劇中の出来事は十二時間程度の中で起こるべきだとする「時の統一」が規定されるのです。

さらに、劇中の出来事が半日程度の中で起こるのならば、場所を移すとは考えにくいことから、「場所の統一」を随伴したと推測されます。もっとも、カステルヴェトロは「町や村、野原などの〈一つの場所〉に限るというよりも、ひとりの人間の眼で見える範囲の場所、つまり、俳優たちが演じる舞台よりも大きくない場所に設定されるべきである」と記していますので、第七章の「物体にしても生き物にしても、「美しいものであるためには」大きさを持ちながら、その大きさが一挙に視野に収めやすいものでなければならない」（一四五一a三―四）という叙述が念頭にあったのかもしれません。

第二に、詩作を「歴史の模倣」ととらえ、虚構のファンタジーではなく、現実の出来事を忠実に描くのが最もよいとする理念があります。それゆえ、歴史記述に関して『詩学』の述べる「一つの時間」が、逆にカステルヴェトロの場合には詩作の規範となり、この理念が前述の「十二時間」と一体化されたと考えられます。

なお、カステルヴェトロの「カタルシス」解釈は、ロボルテッロと同様、倫理的教化説に類するものです。悲劇の中で憐れみや怖れを激しく引き起こすような出来事は、現実世界では稀にしか起こりません。そうした出来事を観劇中に頻繁に経験すると、日常生活で憐れみや怖れを感じにくくなるため、それらの感情を防除（排出）するようなカタルシス効果が生じるというのです。いわば、観劇によって観客の心が鍛えられるということなのでしょう。

このように、「カタルシス」解釈にせよ、「三一致の法則」にせよ、観客本位の詩作論を展開するのが人文主義者カステルヴェトロの特徴です。おそらくその背景には、「詩人は読者を改善するか、快を与えるか、その両方を行うかすべきだ」というホラティウスの理念からの影響があったのでしょう。カステルヴェトロはホラティウスの言葉をしばしば引用しますから、ホラティウスが唱えた作品の「統一性」を具体化したのが「三一致の法則」なのかもしれません。『詩学』に直接由来するルールではないにもかかわらず、カステルヴェトロの注釈書刊行から約二世紀の間、「三一致の法則」はアリストテレス的な詩作の規範として権威を保ちました。

英国での受容

「三一致の法則」は北方の国々にも伝えられましたが、その過程で「カタルシス」解釈も普及しました。ここで、英国での『詩学』受容を見ておきましょう。

一五八三年、シドニーが『詩の弁護』の中でプラトンの詩人追放論を批判しながら『詩学』の内容を紹介し、「三一致の法則」を「アリストテレスの規則」と叙述しました。とくに「時の統一」に関しては「一日」と説明しています。また、詩の模倣とは「教え、かつ喜ばせること」であるとするシドニーの啓蒙的な思想は、ホラティウスの理念を継承している上、「カタルシス」の倫理的教化説にも通じます。ほぼ同じ頃、エリザベス一世の教師を務めていたアシャムは、ケンブリッジ大学の講義でホラティウスの『詩論』とアリストテレスの『詩学』を比較していましたから、詩の役割を擁護する思想はエリザベス朝（一五五八〜一六〇三年）時代の思潮だったのでしょう。

ただし、同時代のシェイクスピアは、最後の作品といわれる『テンペスト』（一六一一年）を除き、「三一致の法則」に従っていません。これについては、「文壇の大御所」と呼ばれた文学者ジョンソンが『シェイクスピアの戯曲集への序章』（一七六五年）でこう述べています。

「三一致の法則をシェイクスピアが知っていて意図的に拒否したのか、それとも、幸いにも知らずにいたために法則から逸れたのかを決めるのは不可能だし、詮索しても無駄なことだと私は思う。しかし、こう考えることには道理があるのではないだろうか。シェイクスピアが三一致の法則を知るようになったとき、学者たちや批評家たちに助言や忠告を望まなかったし、たまたま始めただけだったかもしれない［三一致の法則に従わない］実践の習慣を、熟慮の末に、どこまでも続けたのだろうと。物語にとって不可欠なのは行為の統一性だけであり、時と場所の統一性というのは明らかに誤った仮定から導かれたものなのだから――設定に制限を設けることで、ドラマの幅が持つ多様性は減少してしまうのだから――シェイクスピアが三一致の法則を知らなかったこと、あるいは、守らなかったことを嘆き悲しむべきだとは、私にはとても思えない」

ジョンソンが述べている通り、シェイクスピアが「三一致の法則」を知っていたかどうかは不明です。しかし、シェイクスピア晩年の名作『冬物語』（一六一〇年）の中で、「時」という名のコロスが物語を十六年進めると告げるのは、「三一致の法則」に対する批判あるいは揶揄として解釈されることもあります。

一方、カステルヴェトロの注釈書を通じて『詩学』を知った詩人ミルトンは、「古代の規則にして最良の模範」と認める「三一致の法則」に従って『闘士サムソン』（一六七一年）を書きました。その序文では、「憐れみや怖れが優れた仕方で模倣されたものを読んだり観たりすることによって一種の喜びがかきたてられ、それらの感情をちょうどよい程度まで鎮めたり減らしたりする」と「カタルシス」を説明した上で、自身がそれまでに『失楽園』（一六六七年）などで用いてきた叙事詩の形式をやめ、カタルシス作用を持つ悲劇の形式で『闘士サムソン』を書くと宣言しています。このように「三一致の法則」と「カタルシス」を規範として詩作したミルトンは、歴史上の大きな曲折を経た末とはいえ、『詩学』が掲げた二大規範、すなわち「完結性（統一性）」と「悲劇の働き」を忠実に守ろうとした詩人といえるかもしれません。

十八世紀には『詩学』の英訳が数種類刊行され、フランスやドイツに劣らず研究も進展します。そして、十九世紀以降の英国の大学では世界をリードする『詩学』研究が続き、「三一致の法則」の不当性は明らかにされますが、カタルシス解釈はかえって多様化します。エディンバラ大学のブッチャーは『詩学』の注釈書（一八九五年）で、「個人の狭隘な感情を悲劇が排出し、憐れみや怖れを普遍的な感情へと浄める作用」がカタルシスだと説きましたが、オックスフォード大学のバイウォーターによる校訂本（一八九八年）とケンブリッジ大学のルーカスによる校訂本（一九六八年）はともに治療的排出説を提唱しています。また、セントアンドリュース大学のハリウェルによる注釈書（一九八六年）は一種の倫理的教化説を支持しており、これらを列挙するだけでも、いかにカタルシス解釈が分かれているかがわかります。

戦後米国の動向

なお、第二次世界大戦後の米国では、シカゴ大学に「新アリストテレス主義者」と呼ばれる学派が誕生し、「新批評主義（ニュー・クリティシズム）」の文芸思想家たちと論争を繰り広げました。論争に加わった文化人の中には、『詩学』が示す規範を演劇作品の実作や批評に生かそうとする人々もおり、極めて実際的な活用が模索されたようです。この「解説」で何度か名を挙げたエルスは、こうした戦後米国の動向を背景に『詩学』の研究を本格化させた西洋古典学者です。

（三）近代文芸や美学に対する貢献

フランス古典演劇で「三一致の法則」が規範となったことは既に述べましたが、アルドゥス版『詩学』のフランス語訳は一七五三年にドイツの文学者クルティウスによってドイツ語にも翻訳され、これが十八世紀以降のドイツの大詩人たちによる芸術論争で重要な役割を果たします。クルティウスはコルネイユから影響を受けており、カタルシス節を「恐怖と同情を通じ、上演して見せられる激情という誤りから私たちを浄化する」と訳しましたが、これを読んだゲーテとシラーは違和感を示し、同時期にレッシングも独自にカタルシス解釈を提起しました。

ドイツの大詩人たち

アルドゥス版のギリシャ語原典を読んだレッシングは『ハンブルク演劇論』（一七六七～六九年）の中で、古代ギリシャに成立したユークリッド幾何学と同じように『詩学』が「誤りのない書物」だとほめたたえました。「三一致の法則」については、この規則に盲目的に従うフランスの作家たちを批判しています。その論拠として、古代においては「時の統一」と「場所の統一」が厳格には守られなかったことを挙げ、それらは「ストーリーの統一」を守ると結果的に付随するものにすぎないと解説しています。また、「カタルシスの本質は、倫理的完成に向かって感情を変化させることにほかならない」と説明し、倫理的教化説を採用しています。

『ハンブルク演劇論』はロシアのフィローノフという文学者の著書に引用されましたが、それを読んだ二葉亭四迷が一八九二年（明治二十五年）の『歌舞伎新報』一三四八号で「『アリストーテリ』悲壮體院劇論解説」と題して紹介しました。「悲壮體院劇」とは悲劇のことで、カタルシス節の部分は「観る者をして恐怖相痛の念を起さしめて以て此種の情欲を洗濯する者なり」と和訳されています。おそらく、これがアリストテレスの悲劇論を日本に紹介した最初の文章と思われますが、二葉亭は『詩学論』という著作名で呼んでいますから、『詩学』という邦題はこの記事に由来するのかもしれません。

さて、レッシングに続いて『詩学』を話題にしたのがゲーテとシラーです。ゲーテはシラーに宛てた一七九七年の書簡で「『詩学』を読み、この上もない満足を得た」

と書いたほか、『アリストテレスの「詩学」補遺』(一八二六年)では「アリストテレスは悲劇の構成について語っている」と論じ、当時としては珍しい構成論的解釈ないし知的解明説に近いカタルシス解釈を示しています。これは、レッシングの倫理的教化説を批判するものでしたが、ゲーテの後、ドイツの西洋古典学者ベルナイスが治療的排出説を唱えたため、「カタルシス」の三大解釈が奇しくも出そろうことになりました。

一方、シラーの主な関心は「芸術は自然を模倣する」という思想にあり、芸術の模倣とは自然物の「形式的類似」を作ることだと『カリアス書簡』(一七九三年)で説明しています。形式と実質的な素材を分ける思考様式は、カントの『判断力批判』(一七九〇年)からも示唆を得たものでしょう。シラーは「カタルシス」にさほど関心を示していませんが、悲劇が喚起する「憐れみ」を他者に対する同情や共感と見なし、崇高な道徳性や義務感と結び付けます。このような姿勢もカント的です。

なお、フランスの歴史家デュボスの『詩と絵画についての批判的考察』(一七一八年)と並び、レッシングの『ラオコオン』(一七六六年)は、詩と絵画を比較する詩画論の名著として知られています。ここにも、『詩学』を含む古代芸術論からの影響が認められます。

バウムガルテンの『美学』

カントの『判断力批判』に先立って近代美学を確立したといわれるのが、ドイツの哲学者バウムガルテンのラテン語著作『美学』(一七五〇年)です。『美学』の中でアリストテレスの名が挙げられたり、その著作が引用されたりする回数は二十三回にとどまり、ローマの哲学者キケロの著作からの引用と比較すると十分の一以下ですが、アリストテレスの思想に負うと思われる内容が無数に見受けられます。例えば、『美学』の基本的な着想を示す「美しく思惟する(pulcre cogitare)」なども、『詩学』の「素晴らしく(美しく)詩作する(kalōs poiein)」という表現からヒントを得たものと推測されます。そもそも、『美学』の原題 Aesthetica は「感覚的なこと」を意味するギリシャ語に由来しますし、本文中でギリシャ語の重要な単語が提示される場合もありますから、『詩学』を含めた古代の著作の影響下にあることは疑いえないでしょう。

(四)現代思想からの批判を超えて

十五〜十八世紀の西洋では『詩学』が古典的芸術論としての地位を高めてゆく傾向があったのに対し、十九世紀以降になると、権威を帯びた書物ゆえに懐疑や批判が向けられる対象となってゆきます。そうした批判者の代表格が哲学者ニーチェと劇作家ブレヒトです。この二人のドイツ人は、単に悲劇論の観点からアリストテレスに異議を申し立てたというより、人間観と芸術観を含む現代思想の立場から『詩学』批判の論陣を張ったというべきでしょう。

ニーチェの悲劇観

ニーチェの『悲劇の誕生』(一八七二年)は、酒神らしい興奮と陶酔的なもの、つまり「ディオニュソス的なもの」こそが根源的な芸術衝動だという主張で著名ですが、その対極にある理知的なもの、すなわち太陽神に由来する「アポロン的なもの」を『詩学』は唱道したとして非難されます。より正確にいえば、ソクラテス、プラトン、アリストテレスと継承された哲学の理知主義が、陶酔的なものであるはずの悲劇を没落させる原因を作ったという主張です。

『悲劇の誕生』によれば、ディテュランボスにおけるコロスの合唱舞踊こそが最もディオニュソス的であったのに、これに逆行してコロスを俳優に近づけたソフォクレス、それを『詩学』で支持したアリストテレスは共犯者です。さらには、理知的な芸術観である「美学上のソクラテス主義」に同調したエウリピデスも悲劇を滅ぼしたというのが、ニーチェの審判なのです。ある意味では、ストーリー重視の『詩学』が悲劇の創作と観劇に知的な洞察を認めたことを、実に鋭く見抜いた論評といえます。

ニーチェは一時期、ギリシャ悲劇の復活を目指した音楽家ワーグナーに共感していましたから、陶酔性を持つワーグナーの楽劇に鼓吹されて、こうしたアリストテレス批判を展開したのでしょう。ニーチェがワーグナーと対面したライプツィヒが、かつて『詩学』を讃えたレッシング、ゲーテ、シラーゆかりの地だったことは、皮肉な歴史の事実です。

ブレヒトの叙事詩的演劇

『三文オペラ』（一九二八年）などで知られるブレヒトは、断続的に書き継いだ「非アリストテレス的作劇法」（一九三三〜四一年）という演劇論の中で『詩学』を批判しています。すなわち、カタルシス作用の前提となる憐れみと怖れの喚起というのは、観客が悲劇の登場人物に感情移入することによって生じますが、このとき批判的な思考は不可能になります。このような感情の同化で成立する演劇を「ドラマ的演劇」とブレヒトは呼び、自身が目指す「叙事詩的演劇」と対置します。

叙事詩的演劇とは非アリストテレス的な演劇のことで、同化ではなく異化の効果を持ち、当然だと思っていたものに対する驚きや好奇心、違和感を作り出します。例えばシェイクスピアの『リヤ王』において、恩知らずの娘たちに対するリヤ王の怒りを当然の感情として観客に受容させ、同化させるのではなく、リヤ王の怒りが驚きを与えるように異化して表現し、怒りの原因となった時代の状況を考えさせるのが叙事詩的演劇です。それゆえ、ブレヒトにいわせれば「異化するとは、歴史化すること」です。

ブレヒトは「カタルシス」に関して同種療法的、な排出説を採ったようですが、観客が好奇心を持ち、批判的かつ能動的な姿勢で叙事詩的演劇を観れば「古いアリストテレス的なカタルシスに劣らない」楽しみを得られるとも書いており、「叙事詩的演劇の働き」を独自に主張しています。また、「非アリストテレス的作劇法」は『詩学』そのものだけでなく、シラーやニーチェの悲劇論にも触れていますので、ドイツで『詩学』がどう読まれてきたかをよく知った上での立論になっています。しかし何といっても、アリストテレスとは異なる仕方で悲劇と叙事詩の差異を打ち出し、前者の主観性・感情同化と後者の客観性・異化効果を対立させたのがブレヒトの最大の特徴でしょう。この点、二十世紀に活躍したドイツの指揮者フルトヴェングラーが「叙事詩的な」バッハと「悲劇的な」ベートーヴェンを比較してみせた視点を先取りしているともいえます。

現代のギリシャ悲劇

ニーチェのアリストテレス批判が理知主義を標的にしたのとは反対に、ブレヒトは『詩学』がなお感情効果の追求にとどまっているとし、演劇における批判的思考の重要性を主張したのでした。この影響は演劇界の外部にも及びます。初期にブレヒトの叙事詩的演劇から影響を受け、一九七〇年代に大作を作り始めた現代ギリシャの映画監督アンゲロプロスは、何年もの時間を経て「アリストテレスと、その悲劇の定義に戻った」と一九九五年の講演で述べています。つまり、当初身を置いていた『詩学』批判の陣営から離れ、アリストテレスの悲劇論に回帰したというのです。

実際、三部作の『エレニの旅（原題は『泣いている草原』）』（二〇〇四年）、『エレニの帰郷（原題は『時の塵』）』（二〇〇八年）、『もう一つの海』（未完成の遺作）は、現代のギリシャ悲劇とも呼べるストーリーを持ちます。最後の完成作品『エレニの帰郷』では、女性版オデュッセウスというべきヒロインのエレニ（「ギリシャ人」を意味する名前）が病床で息絶えるほか、彼女を慕い続けたユダヤ人ヤコブが自死する惨劇も描かれ、アンゲロプロス自身、「この作品は、かつてないエレジー（哀歌）である」と解説しています。この続篇となるはずだった『もう一つの海』も、現代ギリシャの深刻な社会状況を背景に、父と娘の葛藤が死をもたらす悲劇として構想されていましたが、二〇一二年、撮影中に監督が急逝したため制作は途絶され、最終版の脚本だけが残されました。

注目されるのは、『もう一つの海』の劇中劇として『三文オペラ』が組み込まれる構想になっていたことです。アンゲロプロスと親交のあった映画評論家ホルトンの著書によれば、『もう一つの海』の脚本では、ストライキの労働者たちが占拠した工場で『三文オペラ』が上演される設定になっていました。果たして、ブレヒトの叙事詩的演劇とアンゲロプロス自身のアリストテレス的映画はどう調和するはずだったのでしょうか。二千四百年前のアリストテレスが予想もしなかっただろう試み、すなわち、現代の悲劇に現代の叙事詩を組み込む試みがどのような結果を生んだかは、もはや誰にも知りえません。

しかし確実にいえるのは、アンゲロプロスが『詩学』やブレヒトの理論に出会わなかったなら、悲劇的な作品のうちに反悲劇的な劇中劇を象嵌するという、いかにも鬼才らしい着想に至りはしなかっただろうということです。だとすれば、古代のホメロスに執筆を動機づけられた『詩学』が、「現代のホメロス」とも呼ばれたアンゲロプロスを読者のひとりに獲得したことの意義は、やはり小さくなかったといえるのではないでしょうか。

アリストテレス年譜

アリストテレス誕生以前

紀元前四六九年、ソクラテス、アテナイに生まれる。前四三一年、アテナイとスパルタのあいだでペロポネソス戦争勃発。前四二七年、プラトンがアテナイに生まれる。前四〇四年、アテナイがスパルタに降伏し、ペロポネソス戦争はアテナイの敗北で終結。敗戦後のアテナイでは、クリティアスを中心とする親スパルタ派三〇人の独裁政権が樹立される（翌年の前四〇三年に崩壊）。前三九九年、ソクラテス、政治家アニュトスを後ろ盾とする詩人メレトスにより不敬神の罪で告発される。裁判が行われ、死刑判決が下される。一月《ひとつき》後の三月に刑死。前三八七年、プラトンがアテナイ郊外に学園アカデメイア創設。

紀元前三八四年　　プラトン四三歳

アリストテレス、北部ギリシャのカルキディケ地方スタゲイラ（今日のテッサロニキ付近の町）に生まれる。父はニコマコス、母はファイスティスで、両親ともイオニア系ギリシャ人の医者の家系。父ニコマコス自身も医者であり、マケドニア王アミュンタス三世の侍医となった。父母はともにアリストテレスが若い頃死去。

紀元前三六七年　　プラトン六〇歳　アリストテレス一七歳

後見人のすすめでアリストテレスはアテナイのプラトンの学園アカデメイアに入学、プラトンの弟子となる。この年からアカデメイアを離れる前三四七年頃までは、アリストテレスの「修業時代」と呼ばれる。プラトンはこの年、弟子ディオンによりシチリア島シラクサに招聘されていたため、アカデメイアにはいなかった。シラクサでは政争が起こりディオンは国外追放となり、プラトンも一年あまりシラクサ王ディオニュソス二世により監禁される。その後解放され帰国し、『ソフィスト』『政治家』『ティマイオス』『フィレボス』『法律』などの後期対話篇を執筆。

紀元前三五九年　　プラトン六八歳　アリストテレス二五歳

マケドニア王フィリッポス二世即位。

紀元前三五六年　　プラトン七一歳　アリストテレス二八歳

マケドニア王家に王子アレクサンドロス（後の大王、アレクサンドロス三世）

生まれる。

紀元前三四八年　プラトン七九歳　アリストテレス三六歳

マケドニアのフィリッポス二世、ギリシャ北部のオリュントスを攻略する。この一件でアテナイには反マケドニアの気運が高まった。

紀元前三四七年　プラトン八〇歳　アリストテレス三七歳

プラトン死去。アリストテレスは学友クセノクラテスとともに小アジアのアッソスの支配者ヘルミアスに招かれ、厚遇をうけて研究を行う。この年からアテナイで学園リュケイオンを創設するまでの十数年間の時期は、アリストテレスの「遍歴時代」と呼ばれる。アカデメイアでは第二代学頭選出の際アリストテレスとクセノクラテスも候補となったが、プラトンの甥スペウシッポスが学頭となって引き継ぐ。学園アカデメイアは後五二九年まで存続した。

紀元前三四五年　アリストテレス三九歳

ヘルミアス、ペルシャ軍の捕虜となる。マケドニアとの同盟の密約について白状するよう拷問され、やがて処刑される。アリストテレスは敬愛する友人で恩人のヘルミアスの死を悼み、彼を讃える詩を作るが、その中の表現が二二年後の前三二三年にアテナイで、不敬神にあたるとして告発者に利用された。

アリストテレスは翌年、友人テオフラストスの故郷レスボス島ミュティレネに移り、研究を続行するとともに、ヘルミアスの養女（姪）ピュティアスと結婚する。ピュティアスはアリストテレスよりかなり前に亡くなり、アリストテレスはその後ヘルピュリスという女性（奴隷の身分の人）と暮らす。ピュティアスの産んだ娘のほか、ニコマコスという名の男児がアリストテレスにはいたが、ディオゲネス・ラエルティオス『ギリシャ哲学者列伝』「アリストテレス」の項目の中に伝えられる彼の遺言状の言葉を信ずるなら、母親はヘルピュリスの方である。この息子ニコマコスは夭折したと伝えられる。アリストテレスは後にミュティレネから一度故郷スタゲイラに戻る。

紀元前三四三年　アリストテレス四一歳

アリストテレスはフィリッポス二世の要請によりマケドニアに移り、一三歳の王子アレクサンドロスの家庭教師になる。アリストテレスのマケドニア滞在はフィリッポス二世暗殺、アレクサンドロスの王位継承まで続く。

紀元前三四一年　アリストテレス四三歳

この年、ヘレニズム期を代表する学派の一つであるエピクロス学派を開いた古代快楽主義者エピクロスが、サモス島に生まれる。

紀元前三三九年　アリストテレス四五歳
アカデメイア第二代学頭スペウシッポス死去。第三代学頭選出の際もアリストテレスは候補に挙がったが、学友のクセノクラテスが就任。

紀元前三三八年　アリストテレス四六歳
カイロネイアの戦いでフィリッポス二世のマケドニアがギリシャ連合軍を破る。

紀元前三三六年　アリストテレス四八歳
フィリッポス二世が暗殺され、二〇歳のアレクサンドロスがマケドニア王となる。

紀元前三三五年頃　アリストテレス四九歳
アリストテレスはアテナイに戻り、学園リュケイオンを創設する。これ以後をアリストテレスの「学頭時代」と呼ぶ。この頃、後にヘレニズム期の哲学の学派の一つとなるストア派の始祖ゼノン（「ストアのゼノン」ないし「キティオンのゼノン」）がキプロス島キティオンに生まれる。

紀元前三三四年　アリストテレス五〇歳
アレクサンドロス大王の東方遠征開始。

紀元前三三二年　アリストテレス五三歳
アレクサンドロス大王、エジプトを占領。エジプトでは、後に文化の一大中心地となるアレクサンドリア市の建設が始まる。

紀元前三三〇年　アリストテレス五四歳

アケメネス朝ペルシャ帝国滅亡。

紀元前三二七年　アリストテレス五七歳

アレクサンドロス大王に同行してペルシャに赴いていた歴史家でアリストテレスの甥カリステネスが、アレクサンドロス大王により大逆罪とされ、拷問を受けた末に死ぬ。

紀元前三二三年　アリストテレス六一歳

アレクサンドロス大王、遠征先のバビロンで病を得て三三歳の若さで急逝。激烈な後継者戦争が勃発する。アテナイでは反マケドニア運動が起こり、アリストテレスは不敬神で告発される。

紀元前三二二年　アリストテレス六二歳

前年末かこの年の初めに、アリストテレスはリュケイオンを第二代学頭テオフラストスに委ね、母の生まれ故郷ボイオティアのカルキスに移るが、まもなく病気で没する。この年マケドニアのアンティパトロスがアテナイに占領体制を布き、アテナイ民主政は終わりを迎える。

紀元前三一八年

アテナイ最後の有力将軍で政治家のフォキオンが市民に不敬神で訴えられ、裁判の結果有罪となり刑死する。

紀元前二八八年

リュケイオン第二代学頭テオフラストス死去（一説では前二八五年）。ストラトンが第三代学頭となる。

紀元前四〇〜前二〇年頃

リュケイオンの学頭、ロドス島出身のアンドロニコスにより、アリストテレス全集（Corpus Aristotelicum）が編集され、公刊される。この著作集に、『ニコマコス倫理学』や『形而上学』『自然学』『政治学』『詩学』など、今日著名なアリストテレスのリュケイオンにおける講義録的主要著作はすべて入る。この著作集公刊以前には、リュケイオンの外部のローマなどでは、アリストテレスは対話篇形式の今日散逸している別の作品群によってのみ知られていた。

訳者あとがき

アリストテレスの文章を翻訳していると、巨大な本棚に本を一冊ずつきっちりと並べてゆくような感覚を覚えます。選び抜かれた重厚な書物が最下段の端から端へと並べられてゆき、揺るぎなく土台を固めると、今度は二段目の端から、配列順を熟慮して必読の書が置かれてゆきます。上の段への移動が必ずしも常に告知されるわけではありませんが、本棚の論理的な構造に気づきさえすれば、告知のないことも気になりません。透徹した論理に気圧されるようにして作業を続けるうち、いかにもアリストテレスらしい、堅牢で緻密な哲学の本棚が次第に威容を現してくるのです。

この実感があるからでしょうか、歴史上、最初に『詩学』を日本語に訳した人物が、アリストテレスの研究者でも、ギリシャ哲学の研究者でもなかったことは、驚くべきことに思えます。一九二四年（大正十三年）、夏目漱石の門下に連なる英文学者、松浦《まつうら》嘉一《かいち》が最初の日本語訳を生み出しました。この年が、宮澤賢治の詩集『春と修羅』の刊行年だったことを付け加えれば、現代と往時を隔てる歳月の長さが実感できるかもしれません。

松浦訳以来、本書は、アリストテレスの著作の中ではかなり異例といえるほど、数多くの日本語訳に恵まれてきました。旧・河出書房の企画によるアリストテレス全集（一九三八～五五年）の一書となるはずだった木下正路訳は実現しなかったようですが、訳者が知りえた限り、次の十種類がほぼ一世紀の間に世に送られています。

①松浦嘉一訳『アリストテレス　詩学』、「哲学古典叢書1」、岩波書店、一九二四年（改訂版『詩学』岩波文庫、一九四八年）

②阿部保訳『アリストテレス　詩学（藝術論）』、碓氷書房、一九五〇年

③北条元一・戸張智雄訳『アリストテレス　詩学』、「世界大思想全集」哲学・文芸思想篇21、河出書房新社、一九六〇年

④村治能就訳『詩学』、『アリストテレス』、「世界の大思想2」、河出書房新社、一九六六年

⑤藤沢令夫訳『詩学（創作論）』、田中美知太郎編『アリストテレス』、「世界古典文

学全集16」、筑摩書房、一九六六年（同訳『詩学』、田中美知太郎編『アリストテレス』、「世界の名著8」、中央公論社、一九七二年）
⑥笹山隆訳『詩学』（バイウォーターの英訳からの重訳）、研究社出版、一九六八年
⑦今道友信訳『詩学』、「アリストテレス全集」17、岩波書店、一九七二年
⑧松本仁助・岡道男訳『アリストテレース　詩学』、世界思想社、一九八五年
⑨松本仁助・岡道男訳『アリストテレース　詩学』（⑧とは異なる訳。ホラーティウス『詩論』も併録）、岩波文庫、一九九七年
⑩朴一功訳『詩学』、「アリストテレス全集」18、岩波書店、二〇一七年

今回、この新訳を練り上げるに当たり、どの訳からも教えられるところがありました。先達が彫琢を尽くした訳文には讃嘆の思いと敬意を覚えるばかりですが、この新訳では近年の研究動向も参照して正確な解釈を目指すとともに、できるだけ現代の日常語に近い訳語を選ぶよう努めました。従来のいずれかの訳と読み比べられる読者は、さまざまな違いに気づかれるでしょう。

松浦訳がさきがけとなったことに象徴されるように、これまでの訳者の多くは哲学

以外の分野を専門とする人々でした。ギリシャ・ローマの文化を研究する西洋古典学の研究者を中心に、文学、美学・芸術学、演劇理論などの専門家たちが大半を占めます。読者層としても、そうした文化領域のいずれかに関心を持つ人々が多かったのではないかと想像されます。それは本書の強みであり、哲学に限られない広大な分野に熱心な読者や研究者の存在することが、西洋古典としての『詩学』の認知度を高め、日本社会で百年近く読み継がれるのに貢献したことは疑いえません。

半面、アリストテレスの他の著作と比べてみますと、『詩学』が哲学の中心地点から遠く離れたところに位置し、異彩を放つ著作だという印象も強まっているように思われます。つまり、哲学書としての素性がやや見えにくくなっている感があります。

本書で繰り返し言及されるエウリピデスの『タウリケのイフィゲネイア』になぞらえていえば、あたかも『詩学』は、故郷のアルゴスから遠く離れたタウリケへ人知れず運ばれていったイフィゲネイアのようです。離郷は不可避な運命だったとしても、エウリピデスが結末をそう決めたように、帰郷を遂げてこそ運命の成就になるのではないでしょうか。訳者は、イフィゲネイアをアルゴスに帰還させる「機械仕掛け」の女神アテナほどの力を持ちませんが、『詩学』に貫かれた哲学的論理を訳文の中で明瞭にすることによって、アリストテレス哲学への帰郷を後押ししたいと考えました。同時に、本書との出会いをきっかけにして多くの方々にアリストテレス哲学の世界に近づいて頂くこと——これが、訳者としてのささやかな野心です。

また、『詩学』を哲学という故郷へ帰すこととは一見、正反対のようですが、本書を現代芸術の視点から読み直す意義もあるように思います。とりわけ、現代の総合芸術である映画は、古代の総合芸術であった悲劇と共通点が多いとはいえないでしょうか。確かに映画では、美しい映像や音楽そのものに大きな魅力がありますが、優れたストーリーを持っていなければ真に優れた作品にはなりえないでしょう。その点で、アリストテレスの悲劇論が強調するストーリー構成法は、普遍性を持つゆえに、現代にも生かせる可能性を持ちます。

訳者は、本書第十～十四章の「逆転」、「再認」、「受難」についての議論を追うたび、現代の名作映画を思い出さずにはいられませんでした。とくに「再認」に関しては、チャールズ・チャップリンの『街の灯』（一九三一年）で花屋の娘が主人公を再認する感動的なラストシーンが、「受難」に関してはケン・ローチの『麦の穂を揺らす風』（二〇〇六年）で急進的な政治活動家の兄が幼い弟を処刑する凄惨なシーンが、幾度も脳裏をよぎりました。さらに、テオ・アンゲロプロスの『旅芸人の記録』(一九七五年)の終結部で姉エレクトラが遺体になった弟オレステスと対面するシーンは、「再認」と同時に「受難」の惨劇を描く現代悲劇の名場面といえるでしょう。こんなふうに巨匠たちの名作を思い浮かべると、『詩学』はあたかも現代の創作論のように見えてくるのです。

この新訳のもとになったのは、二〇一一年に英国ケンブリッジ大学古典学部で客員研究員として『詩学』の研究に取り組んだ際、アリストテレスの他の著作と関連する語彙や論述内容を書き留めたメモです。帰国後、メモの内容を体系化する作業を進めるうち、新たに認識したことを反映する全訳がやはり必要だと痛感するにいたりました。折しも二〇一二年には、ラテン語訳、アラビア語訳、シリア語訳を含む『詩学』の全写本を精査したタランの大校訂本が刊行され、文献学的に強力な支援を得た気がしたものです。

こうして完成した全訳が「光文社古典新訳文庫」のシリーズに並ぶことについては、何よりも光文社翻訳編集部の中町俊伸編集長にお礼を申し上げたいと思います。原稿を細部まで丹念に読んでは、いつもあたたかい言葉を寄せてくださる中町さんに励まされ、翻訳作業の難所を乗り越えることができました。

関西大学の中澤務教授は、このシリーズの先輩として役立つアドバイスをくださいました。かつて中澤さんとは、ラテン語で書かれた十六世紀の哲学書の翻訳で共同作業をさせて頂きましたが、今回もお世話になり、感謝の念に絶えません。また、訳者がケンブリッジ大学客員研究員となるに当たってご助力頂いた東京大学の納富信留教授、専修大学の高橋雅人教授に対しては、この新訳が一つのご恩返しになるよう祈念しつつ、ここにあらためてお礼を述べさせて頂きます。本当にありがとうございました。

多くの方々のご厚意に助けられた新訳ですが、身近にいる妻と二人の息子の協力なしには決して完成できませんでした。ケンブリッジでの悲喜劇の日々をともにした家族に感謝を込めて、本書を捧げます。

二〇一九年二月　　粉雪の舞う札幌にて　　三浦　洋

kobunsha classics
光文社古典新訳文庫

詩学《しがく》

著者　アリストテレス
訳者　三浦《みうら》 洋《ひろし》

2019年3月20日　初版第1刷発行
2024年4月30日　第4刷発行

発行者　三宅貴久
印刷　萩原印刷
製本　ナショナル製本

発行所　株式会社光文社
〒112-8011東京都文京区音羽1-16-6
電話　03（5395）8162（編集部）
03（5395）8116（書籍販売部）
03（5395）8125（制作部）
www.kobunsha.com

ISBN978-4-334-75397-9 Printed in Japan

いま、息をしている言葉で、もういちど古典を

長い年月をかけて世界中で読み継がれてきたのが古典です。奥の深い味わいある作品ばかりがそろっており、この「古典の森」に分け入ることは人生のもっとも大きな喜びであることに異論のある人はいないはずです。しかしながら、こんなに豊饒で魅力に満ちた古典を、なぜわたしたちはこれほどまで疎んじてきたのでしょうか。

ひとつには古臭い教養主義からの逃走だったのかもしれません。真面目に文学や思想を論じることは、ある種の権威化であるという思いから、その呪縛から逃れるために、教養そのものを否定しすぎてしまったのではないでしょうか。

いま、時代は大きな転換期を迎えています。まれに見るスピードで歴史が動いていくのを多くの人々が実感していると思います。

こんな時わたしたちを支え、導いてくれるものが古典なのです。「いま、息をしている言葉で」――光文社の古典新訳文庫は、さまよえる現代人の心の奥底まで届くような言葉で、古典を現代に蘇らせることを意図して創刊されました。気取らず、自由に、心の赴くままに、気軽に手に取って楽しめる古典作品を、新訳という光のもとに読者に届けていくこと。それがこの文庫の使命だとわたしたちは考えています。

このシリーズについてのご意見、ご感想、ご要望をハガキ、手紙、メール等で翻訳編集部までお寄せください。今後の企画の参考にさせていただきます。
メール　info@kotensinyaku.jp

kobunsha
classics